山东省社科规划办资助项目：半岛政治关系紧张背景下鲁韩经贸合作障碍、风险

外贸出口
制约因素研究

山东省对韩国出口视角

隋红霞　李萍　著

A STUDY ON THE

RESTRICTIVE FACTORS OF

FOREIGN TRADE EXPORT

江苏大学出版社
JIANGSU UNIVERSITY PRESS

镇　江

图书在版编目(CIP)数据

外贸出口制约因素研究：山东省对韩国出口视角 /
隋红霞，李萍著. — 镇江：江苏大学出版社，2023.12
ISBN 978-7-5684-2052-5

Ⅰ. ①外… Ⅱ. ①隋… ②李… Ⅲ. ①对外贸易－出
口贸易－制约因素－研究－山东 Ⅳ. ①F752.852

中国国家版本馆 CIP 数据核字(2023)第 222751 号

外贸出口制约因素研究：山东省对韩国出口视角
Waimao Chukou Zhiyue Yinsu Yanjiu：Shandong Sheng Dui Hanguo Chukou Shijiao

著　者/隋红霞　李　萍
责任编辑/柳　艳
出版发行/江苏大学出版社
地　　址/江苏省镇江市京口区学府路 301 号(邮编：212013)
电　　话/0511-84446464(传真)
网　　址/http：//press. ujs. edu. cn
排　　版/镇江市江东印刷有限责任公司
印　　刷/镇江文苑制版印刷有限责任公司
开　　本/710 mm×1 000 mm　1/16
印　　张/14
字　　数/250 千字
版　　次/2023 年 12 月第 1 版
印　　次/2023 年 12 月第 1 次印刷
书　　号/ISBN 978-7-5684-2052-5
定　　价/68.00 元

如有印装质量问题请与本社营销部联系(电话：0511-84440882)

前　言

　　以联合国及世界贸易组织、世界银行、国际货币基金组织等多边制度为支柱，各种区域、次区域和双多边的机制和组织为补充的国际政治经济体系给世界经济互动发展提供了重要的机制保障。长期以来，尽管有分歧，各国政府在对外经贸政策实践中的主流思想还是倡导全球经济合作发展，各国的经贸合作在争论中不断前行，分享着由自由贸易投资带来的市场规模扩大、生产效率提高等合作成果。

　　次贷危机爆发后，美国、欧盟等国家和联盟的经济遭受重创，中等收入国家与发达国家的经济总量对比发生了一定的变化。发达国家自身内在矛盾激化，逆全球化思潮不断蔓延，保护主义兴起，这些导致经济全球化进程严重受阻。突然暴发的新冠疫情，又打破了现行全球产业链的正常运转，世界经济进入衰退期，而俄乌冲突的突然爆发，全球大宗商品的涨价，也使得全球经济的不确定性风险增大，世界经济面临多种挑战。在经历了多年的高速增长后，中国经济与外贸发展同时降速换挡，进入了中速发展的"新常态"，经济发展面临着内部转型的巨大压力。

　　中韩地理相近、文化相通、经济互补，建交三十多年来，双方在政治、经济、人文等领域得到了重大发展，为地区和平、稳定与发展做出了重要贡献。受半岛核武问题困扰，中韩都希望能够持续稳步推进朝鲜半岛和平进程，但美国不断加强东北亚地区军事存在，使半岛不稳定因素增大，对中国国家安全构成了潜在威胁，尤其是2017年韩国不顾中国坚决反对，执意部署"萨德"反导系统，导致中韩政治关系受到严重影响，经贸合作也受到牵连。

　　中韩经贸在合作与竞争中继续前进。中韩两国共同秉持开放态度，积极签订自由贸易协定，拥抱多边自由贸易体系，发出共同反对逆全球化呼声。在以韩国生产中间品、中国生产最终产品的分工模式下长期开展合作，中韩构建了互补性强、分工效率高的产业链合作生产网络。在重大金融危机及国际突发卫生事件面前，两国政府能够携手合作。但随着中国自主创新投入加大与产业结构的升级，双方在技术和市场上的互补关系逐步向竞争关系转变，中韩经济传统合作模式面临转型考验。后疫情时期，两国仍然会面临供应链调整、域外势力干扰、国际市场竞争等诸多障碍，如何在复杂国际形势下，推动中韩经贸合作稳步发展，考验着两国的智慧。

山东省与韩国隔海相望，一直以来被认为具有与韩国开展经贸合作的得天独厚的地理条件，山东省政府一直致力于扩大与韩国在经贸领域的合作，特别是大力吸引韩国企业到山东省投资，扩大对韩国的产品贸易。韩国是山东省吸引外资的主要来源国及外贸出口的重要市场之一，山东省与韩国经贸合作对于山东省与韩国经济发展发挥着重要作用。在签订的中韩自由贸易区中明确将山东省威海市和韩国仁川自由经济区作为地方经济合作示范区加以建设，为山东省与韩国的经贸合作提供了巨大机遇。

在新的区域经济与国际经贸形势背景下，认真研究山东省与韩国经贸合作的制约因素，努力发掘各种机遇，并采取切实可行的措施降低各种障碍带来的影响，捕捉扩大机遇带来的利益，这对于山东地区的经济稳定发展意义重大。

本书包括十章。第一章介绍了当前中韩经贸合作面临的复杂国际与国内环境；第二章对有关贸易、投资和区域经济合作理论做了简单回顾，为后面的分析提供理论支撑；第三章在回顾中韩经贸合作发展历程之后，对山东省与韩国货物贸易、旅游服务贸易和相互直接投资进行了分析；第四章基于掌握的现状资料，运用产品进出口匹配度、贸易结合度和贸易依存度指标对山东省与韩国贸易的竞争性进行了比较，又运用贸易竞争力（TC）指数与显示性比较优势（RCA）指数两个指标进行了依赖性分析，得出结论，山东省与韩国贸易的互补性与竞争性共存，未来竞争会趋于激烈；第五章分析了韩国国内经济发展情况，并实证分析了有关经济发展指标同山东省与韩国贸易变化的关系，尤其是对韩国从山东省进口产品的影响效果；第六章分析了汇率与经济危机事件对山东省与韩国贸易的影响，并依据分析结论提出了对策思路；第七章对中韩文化价值观进行了比较，回顾了文化与经贸发展关系的研究成果，基于调查数据，比较了中韩消费者的民族中心主义倾向的高低，基于研究结论给出了贸易发展思路；第八章分析了有助于中韩贸易深入开展的区域经贸合作协议，重点分析了《区域全面经济伙伴关系协定》（RCEP）的签署为山东省与韩国合作提供的巨大机会，并在实证分析了区域经合组织对山东省与韩国贸易影响的基础上，提出了扩大区域经合组织积极效应的对策思路；第九章对近年发生的重大公共卫生事件、经济危机及俄乌冲突等事件对山东省与韩国贸易带来的现实与潜在的影响进行了综合分析；第十章基于放眼未来、突破贸易障碍、捕捉机遇的思路，从五个方面提出了扩大山东省与韩国经贸合作的对策建议。

本书在完成过程中，参考了大量学者的研究成果，已经在注释及参考文献中注明，在此对他们表示衷心的感谢。新南威尔士大学的张景宇同学和山东财经大学的李文进同学在资料搜集方面提供了帮助，在此表示感谢。潍坊学院经济管理学院的有关领导和同事为本书的写作提供了帮助，在此一并表示感谢。

由于作者水平有限，书中难免存在疏漏和不当之处，我们会在今后的研究中不断改进，同时敬请专家和读者批评指正。

目　录

第一章

国际经贸合作环境新特点

第一节　国际经贸合作面临多种挑战

一、贸易与投资发展放缓，全球经济艰难复苏

进入 21 世纪，在全球一体化发展的大趋势下，世界经济展现了强大的发展活力，各国之间的经济关系日益紧密，世界经济总量与贸易额不断增加。然而，由 2008 年全球金融危机（又称次贷危机）引发的经济危机，改变了这种发展势头。尽管金融危机爆发距今已经过去十多年，在世界各国迅速而强有力的经济刺激措施下，全球经济逐步走出危机，但发展仍呈现低迷的趋势。按照 2015 年不变价格统计，2010—2019 年世界 GDP 年均增长率仅为 2.95%，远低于危机爆发前 2000—2007 年的 3.56%。正当各国努力探究如何在复杂的国际政治经济环境下合作发展之时，新冠疫情突然暴发，把本就艰难恢复的世界经济又拉回了下坡路，根据联合国发布的有关数据，2020 年全球 GDP 增长率为 -3.4%，2022 年全球实际 GDP 增长率从 2021 年的 5.7% 降至 2022 年的 3.3%。

贸易与投资对经济的贡献在下降。根据世界贸易组织（WTO）数据，2000—2007 年全球货物贸易出口额年均增长速度高达 11.73%，但 2010—2020 年同一指标的增长率仅为 1.42%，其中 2015 年和 2016 年，2019 年和 2020 年是负增长，低于同期的全球 GDP 增长率，由国际贸易带动的世界经济增长动力正在弱化。2008 年之前全球外商投资保持了较高的增长率，在经历了 2008—2009 年的回落后，从 2010 年开始进入低速增长。2015 年的投资增长率已经从 5 年前的 10% 下滑至 3.4%，尽管 2015 年全球投资增速加大，但 2017 年和 2018 年又大幅度下降，2019 年在低位徘徊，2020 年全球外国直接投资同比下降 42% 至 8590 亿美元，比 2008—2009 年全球金融危机之后的投资低谷时还要低 30% 以上。尽管 2021 年全球外国直接投资强劲反弹，但 2022 年出现回落。

进入 2021 年，随着多款新冠疫苗研发成功并批准上市，全球疫苗接种迅速展开，截至 2023 年 1 月 14 日，牛津大学 Our World in Data 统计全球累计报告接

种新冠疫苗 132.1 亿剂次，接种率 69.18%。随着新冠疫苗的推广，世界各国经济逐步恢复，各国有望逐步恢复疫情前的经济秩序。但世界银行预测局局长阿伊汗·高斯认为，2021 年全球经济开始从衰退中逐步复苏，新兴市场和发展中经济体面临的经济形势向好，但全球经济复苏不平衡。世界银行中国、韩国和蒙古局局长马丁·芮泽认为，疫情仍未被全面控制的现实和国际贸易关系中不断出现的紧张局势都有可能影响国际投资的信心，局部地区的疫情复发也有可能阻碍消费的回升。总体来看，当前全球投资环境逐步向好，但仍将继续充满不确定性，尤其是新冠病毒变异、发达国家供应链调整、原材料价格上涨、全球通货膨胀、中国增速放缓、地区军事对峙及贸易摩擦等多种障碍因素仍在，使得共同应对与管控不确定因素更加需要全球各国加强合作。

二、发达国家右翼执政党影响扩大，逆全球化逐步显现

次贷危机爆发后，经济危机迅速蔓延至全球，经济的衰退导致西方国家失业率居高不下，社会不公平与贫富差距进一步拉大，社会撕裂加剧，加之难民潮、地区冲突等国际安全问题突出，民众对精英执政日益不满，迫切需要找到能够代表其利益的渠道和声音。2014—2015 年的难民危机以来，欧洲各种民粹主义力量的影响迅速扩大，民粹政党迅速崛起，其中影响较大的包括德国选择党、英国独立党、法国国民阵线、奥地利自由党、荷兰自由党、意大利北方联盟及五星运动党、西班牙民声党等。民粹主义政党反全球化和反对建制派的执政理念，主张民众绕过现行政治框架而直接参与政治，反对外来移民及少数群体对本土白人所造成的经济、政治与文化冲击，具有强烈的种族主义和极端民族主义倾向。这种鲜明的意识形态和政策主张，迎合了普通民众寻找政治代表性的愿望，满足了特定群体的利益诉求，拥有了迅速发展的土壤。

世界范围内，更多右翼政党执政参政。2014 年欧洲议会选举，一些国家右翼民粹主义政党取得历史性突破，时任法国总理曼努埃尔·瓦尔斯将其称为一场"地震"。2015 年波兰右翼政党法律与公正党上台，2017 年德国极右翼民粹主义政党选择党进入德国联邦议院，2019 年西班牙极右翼政党民声在议会选举中成为第五大党。英国脱欧派在赢得 2016 年 6 月举行的脱欧公投之后，政府就启动了脱欧程序，2020 年 1 月 31 日，英国正式"脱欧"。在英国脱欧的示范下，法国、希腊、意大利等国家也表现出一定的脱欧倾向，欧盟一体化进程在未来几年内会受到较大的考验。在美国，以反奥巴马政府政策为目标的茶叶党运动崛起并

直接影响了 2010 年的中期选举。2016 年特朗普赢得美国大选是这一进程转向的标志性事件，尽管特朗普输掉了 2020 年的总统大选，但他仍然拥有庞大的支持者。反建制的民粹主义政治势力所显示的力量大有撼动各国既有政治秩序的势头。

右翼民粹的立场是反自由贸易、反跨国公司、反生产外包和海外建厂、反移民，政治基础是白人工薪阶层和中产阶层选民中那些自认为被全球化和经济转型抛弃的群体。当民粹政党把经济复苏乏力、国内社会问题归咎于经济全球化带来的结果时，必然会推动西方质疑甚至反对全球化，引导舆论和执政党采取逆全球化的政治经济与外交政策。例如，英国坚持脱欧政策，对欧洲经济一体化进程冲击较大；区域贸易协定不断升级，多边贸易体系日渐边缘化。最典型的是美国右翼共和党总统特朗普上台后采取的一系列措施。特朗普政府提出"美国优先"，主张美国应避免在同盟和国际组织上浪费资源，坚持"零和博弈"，外交带有一定孤立主义色彩，以霸主国强势破坏多边主义规则的形式打破了国际关系领域的众多基础性共识。①

三、发达国家实施"再工业化"战略，全球产业链面临调整

全球产业链的形成是经济全球化发展的必然结果，是市场主体追求效率最大化而进行生产要素全球配置的结果，具有较强的稳定性和路径依赖性。经过多年的经济全球化发展，基本形成了发达国家从事研发、设计与销售，发展中国家主要从事原材料供应、产品组装与加工制造的全球产业链布局。尽管全球价值链布局带来的收益并没有被平等分享，但所有参与方均能从中获益。据世界银行估计，全球价值链参与率每增加 1%，人均收入增长将超过 1%，远高于标准贸易带来的 0.2% 收入增长。然而，这种全球分散的产业链布局在充分发挥比较优势和规模经济优势的同时，也增加了整个产业链断裂的风险，任何一个国家的生产出现问题，都会给整个产业链带来巨大冲击。

2008 年国际金融危机爆发后，欧美国家为尽快走出危机，恢复经济增长，相继推行工业尤其是制造业重振计划，实施"再工业化"战略，旨在推动高端制造业回流，并争夺未来全球产业竞争的制高点。例如，美国制订了"先进制造业振兴计划"；德国推行了"工业 4.0"战略；法国则注重加强科学技术创新与行业生产的联系；英国政府通过加强战略调整，采取一系列政策和措施促进学院

---

① 秦亚青. 新冠肺炎疫情与全球安全文化的退化 [J]. 国际安全研究，2021，39（1）：4-27.

与企业结合，加快知识转移和高技术产业化步伐。欧美主要发达国家积极推行再工业化政策，冲击了现有的全球价值链分工，影响了东南亚、东亚、北美的区域经济一体化进程。

突如其来的新冠疫情大流行造成全球部分产业链客观断裂，因此，越来越多的国家意识到产业链安全的重要性，通过制定相关法律法规及制度保证推动战略性产业供应链回归本土。跨国公司在考虑经济效率的同时，更多地强调关键核心环节自给自足，将追求产业安全、自主可控作为产业链布局的重要考量，特别是在医药卫生、粮食安全、重要能源资源、先进技术、高端制造等与国家安全和发展潜力高度相关的敏感领域或行业。

处于产业链上游的发达资本输出国，出于自保，纷纷与"链式经济"脱钩，退回"块式经济"，组织国内实体经济振兴。接受资本输入的发展中国家，在资本流出、企业缺乏核心技术的境况下，难以独立支撑现有"链式经济"，结果必然引发劳动力下岗、国内消费不足、出口减少、限制进口，等等。当全球范围内主要国家都在反思产业链的稳定性与安全性的问题时，全球产业链重构或将推动生产要素与经济运行成本上升，这将给世界经济带来新的风险。

四、世界贸易保护主义抬头趋势明显，全球贸易条件恶化

全球经济正面临结构性改革滞后、有效需求不足、生产效率下降等多重障碍，处于金融危机爆发后的深度调整中，主要发达经济体及部分发展中国家贸易保护主义措施日趋增多，世界贸易保护主义抬头趋势明显。一国政府采取的贸易保护政策有助于在短期内保护民族幼稚工业、维持就业并控制逆差，有利于本国经济发展，但长时间的贸易保护不但无益于本国经济发展，还会对全球经济发展造成危害。在新贸易保护主义思想下，各国更多通过非关税措施来限制外国商品进入本国市场，例如技术壁垒、环境壁垒、社会壁垒、反倾销和知识产权保护等，但特朗普政府上台后，不仅运用非关税措施，还直接运用关税措施限制他国商品进入，依赖本国强大的经济与市场直接对贸易伙伴发起制裁，由此引起的伙伴国的报复也将世界贸易保护推向了新的阶段。

许多国家大幅削减促进贸易和投资的政策措施，出台贸易保护措施，给国际贸易和世界经济运行带来压力。据全球贸易预警组织（GTA）公布的数据，2017年以来，各国制定的保护主义措施逐渐增加，而同期全球贸易促进措施却在减少。根据中国国际贸易促进委员会发布的年度全球经贸摩擦指数报告，2020年

全球经贸摩擦指数多数月份处于高位，且总体呈波动上升趋势；从国家（地区）来看，大国竞争呈现出扩大趋势；2021 年全球经贸摩擦指数同比稳中有降，但较大经济体间经贸摩擦仍呈上升趋势。

我国仍然是全球贸易救济调查的最大目标国。WTO 统计数据显示，1995 年以来，我国一直是遭遇反倾销调查最多的国家。据中国贸易救济信息网资料，2010—2022 年全球共发起贸易救济案件 3476 起，其中针对中国的有 1172 起，全球占比 33.7%；全球共发起反倾销案件 2821 起，其中针对中国的有 797 起，全球占比 28.25%。而同期我国发起的反倾销调查有 116 起，全球占比 4.1%。① 除了反倾销，外国还对中国进行反补贴和保障措施调查，中国未来遭遇的反倾销调查短期内不会减少，总体还会增长，且反补贴调查还会更加严重。

美国政府奉行单边贸易制裁主义，遭到伙伴国反击，全球贸易条件恶化。特朗普上台后，"以对美国人更自由更公平的方式扩大贸易"为原则，对美国对外经贸政策进行了一系列重大调整：不仅高调宣布退出跨太平洋伙伴关系协定，重启北美自由贸易区谈判，表明世界贸易组织对美国不具直接约束力，而且无视国际体系与规则，实行高关税，以"国家安全"为由，对贸易伙伴国连续发起贸易"337""232"和"301"调查，对相关国家实行单方面制裁，还强势挑起中美贸易摩擦。面对美国单方面制裁，贸易伙伴国被迫纷纷出台反制措施，一边诉诸世界贸易组织争端解决机制，一边精准反击。例如，在美国正式宣布对来自加拿大、欧盟及墨西哥等地的钢铝产品加征关税后，美国向这些地方出口的摩托车、威士忌、猪肉等产品同样也被征收高额关税；俄罗斯就美国钢铝关税诉诸世界贸易组织，并对美国向俄罗斯出口的部分产品加征关税；加拿大也对美国的番茄酱、割草机、纸牌等原产美国的商品加征关税。

拜登上台后，在寻求与盟友国家关系缓和的同时，仍然保留了特朗普时期的多项政策，例如维持了特朗普时期的关税政策，以"国家安全"为由继续制裁中国高科技企业。经济合作与发展组织指出，持续的贸易紧张局势是影响世界经济的主要因素，贸易冲突正在损害制造业，破坏全球价值链，造成严重的不确定性。

---

① 根据中国贸易救济信息网公布的资料整理得到。

第二节　中国经贸发展面临的复杂内外部环境

一、经济稳步发展，贸易投资稳步扩大

伴随着对外开放和经济体制的改革与调整，中国在经济领域取得了巨大成就，综合国力和国际竞争力不断提升，从一个封闭落后的农业国转变为全球第一制造业大国，成功实现了从低收入国家向中等收入国家的跨越，创造了世界经济发展史上的中国奇迹。相较于 1978 年，2021 年我国 GDP、人均 GDP 分别增长了307 倍和 209 倍；经济总量占世界的份额由 1.8% 提高到 16.4% 左右；人均国民收入增长了 207 倍；外汇储备与财政收入分别增长了 19461 倍和 178 倍。① 自2010 年超过日本跃居世界第二，中国经济总量一直保持第二并与美国的差距逐步缩小。2021 年中国 GDP 为 17.7 万亿美元，达到了美国的 77.12 %；人均 GDP为 12551 美元，连续三年超过 1 万美元。按照世界银行 2018 年的标准②，我国已经进入中等偏上收入国家行列。到 2020 年年底，中国消除了绝对贫困，提前 10年完成了联合国 2030 年可持续发展议程的减贫目标，为解决人类贫困问题提供了全新方案。

加入 WTO 以来，中国货物贸易总量和贸易顺差规模迅速增加，成为世界最大贸易国、全球吸引外资最多的经济体之一。2002—2022 年我国出口年均增长11.55%，进口年均增长 10.53%，远高于同期世界货物贸易 6% 左右的平均增速，2013 年起超越美国成为全球货物贸易第一大国。在全球经济遭受新冠疫情冲击的背景下，2020 年全球货物贸易额同比下降 5.6%，我国成为全球唯一实现货物贸易正增长的主要经济体，2022 年保持了 7.7% 的增长，凸显了中国经济的韧性与活力。

招商引资作为我国改革开放的重要举措，得到了各级政府的高度重视，也取得了显著的成绩。截至 2021 年年底，我国外商直接投资企业累计达 663562 家，实际利用外资额累计达到 17.96 万亿美元，中国已经连续多年成为全球第二大外商直接投资国。中国吸收 FDI（外商直接投资）占发展中经济体吸收 FDI 的比重

---

① 有关数据根据国家统计局网站信息按照当年价格计算得出。

② 世界银行以国民人均年收入为主要标准，把不同国家划分为 4 类，即高收入国家、中等偏上收入国家、中等偏下收入国家和低收入国家。按世界银行公布的数据，2018 年的最新收入分组标准为：人均国民总收入（GNI）低于 995 美元为低收入国家，996～3895 美元为中等偏下收入国家，3896～12055 美元为中等偏上收入国家，高于 12055 美元为高收入国家。

持续稳定在 20%左右，我国已经连续三十多年成为利用外资最多的发展中国家。外商直接投资的稳步发展，不仅促进了国民经济的发展，引进了国外先进的技术与管理经验，而且带来了大量就业，促进了人民生活水平的提高，同时也带动了我国进出口贸易的快速发展。

我国已经成为世界第一制造业大国，建立了世界门类最全的工业生产体系，在全球产业链合作分工中占据重要地位，制造业向高端化和高附加值方向积极迈进。中国已跃升为新兴经济体的代表，新兴市场国家的典范，不仅自身综合国力大幅提升，而且也给世界其他国家带来了更多发展机会。联合国贸易和发展会议秘书长里库佩罗评价，"中国的经济改革开放是近几十年来最广受关注、最富有戏剧性、最引人入胜的经济发展过程，它已成为世界经济增长的重要引擎"。作为规模庞大、增长迅速的经济体，中国在逐步走入世界经济舞台中心的同时，努力与全球其他国家建立更可预测、互惠互利的贸易关系。

二、经济面临内部转型压力，经济发展进入"新常态"

经过快速粗放的发展，中国原有的高投入、高耗能、低产出的经济发展模式带来了环境污染、生产效率低下、重复建设与内卷严重等一系列问题，低质量的发展模式难以为继，经济结构急需调整。2014 年习近平总书记首次提出中国经济发展进入"新常态"，即经济增长速度放缓、经济结构优化升级、发展动力转换，我国经济进入了产业结构升级和比较优势转换的新时期。2015 年 10 月，李克强总理对当时中国经济进行判断——"我国经济正处在新旧动能转换的艰难进程中"，提出要实现经济结构转型升级，须加快新旧动能转换，这种转换既来自新技术、新业态、新模式，也来自传统产业改造升级，最终实现数量增长型向质量增长型、外延增长型向内涵增长型、劳动密集型向知识密集型经济增长方式转变。随着国内经济发展进入"新常态"，我国对外贸易也进入了"新常态"。

国际复杂形势下，我国外贸出口增速回落，外贸发展步入"新常态"。2008年金融危机爆发前，在经济全球化和国际分工合作大背景下，世界经济总体维持健康发展，全球产业链、供应链、价值链高度融合，各国在公平、公正、非歧视的国际规则下，开展互利共赢的多边合作，共建开放包容的市场环境。在危机前长达 20 年的时间里，我国外贸出口年均保持了两位数的高增长，对外贸易在我国经济增长中发挥着重要的"发动机"作用。2008 年金融危机爆发后，全球经济增速放缓，外部需求下降，尤其是主要发达经济体经济复苏乏力，加之欧债危机与贸易保护抬头，我国对外贸易增速连续回落，2014 年我国政府首次提出对外贸易进入了中高速增长的"新常态"。面对金融危机，在相对平稳的大国关系和世界大格局下，主要经济体联手合作，全球经济出现了持续平稳发展的阶段性好景象，各国经济逐步走出危机阴影。但 2018 年美国开启的贸易战使普遍上升的经济增长势头被打压，给全球贸易带来严重的不确定性。2020 年全球蔓延的新冠疫情使全球产业链供应链循环受阻，对全球货物贸易与服务贸易发展造成严重阻碍。

国家调整招商引资产业扶持政策方向，跨国公司在我国布局发生调整。随着劳动力成本的上升、资源条件的约束、环境问题的凸显及国际环境的变化，我国开始重视外商投资项目对产业结构调整的促进作用，招商引资鼓励项目由传统的劳动密集型产业逐步向资本和技术密集型产业转变，加大对大型跨国公司总部的引资力度，强调重点产业、重点企业、重点项目，支持中西部承接东部加工贸易产业转移。跨国公司对华投资逐步呈现高端化、服务化发展态势，那些重视中国市场规模、重视产业配套能力、拥有高技术的外商投资企业进入步伐加快，成为带动和支撑中国产业结构优化升级的重要因素之一。

我国外商投资受外部环境影响明显，招商引资面临双重挤压。越南、老挝、菲律宾等一些新兴国家依靠资源、劳动力比较优势，主动招商引资，大力发展加工制造业，积极承接劳动密集型产业，吸引追求低成本的跨国公司投资，这导致部分原本在中国的外商投资企业外迁。而与此同时，为避免对中国的过度依赖，有关国家主张分散投资，开启产业链重塑与全球分工格局调整。例如，日本政府提出产地多样化、减少供应链过度集中；韩国政府实施"新南方政策"，加大与东盟十国的投资合作，这都将影响跨国公司对我国的直接投资。

世界主要发达经济体推进"再工业化"。金融危机的爆发导致全球经济深度调整，实体经济与虚拟经济的过分背离被认为是美国金融危机发生的重要根源。为重振实体经济，美欧国家加大措施促进实体经济回归，以高新技术为依托，发展高附加值制造业，努力构建具有强大竞争力的新工业体系。例如，奥巴马政府在金融危机后大力推行"再工业化"和"制造业回归"；特朗普政府采用税收优惠加"大棒"双重政策施压美国大型制造业企业回归美国；拜登政府把重振美国制造业当作首要任务。早在 2012 年欧盟委员会就提出通过"增强型工业革命"扭转欧盟工业比重下降的趋势；英国政府发布了《制造业战略》《先进制造业增长评述框架》等一系列战略。由于全球产业链的布局是跨国公司在既有约束条件下优化资源配置、追求利益最大化的结果，具有相对稳定性和依赖性，因此欧美企业回流并不积极。但新冠疫情冲击造成的供应链断裂，在客观上坚定了有关国家政府制造业本土化的决心，也让跨国公司意识到供应链收缩与产业链区域化的必要性与重要性，未来我国对发达国家的招商引资将面临挑战。

三、持续扩大对外开放，深度融入全球经济

伴随着改革开放，中国积极参与国际经贸合作，在自身综合实力不断提高的同时，成为推动全球经济增长的重要引擎。2001 年加入 WTO 后，中国不断完善社会主义市场经济体制，对接世界贸易组织规则，全面履行入世承诺，持续开放市场，积极参与国际竞争与合作，深度融入世界分工体系，在全球经济体系中的地位持续提升，2020 年对世界经济增长贡献率高达 30%。为顺应区域经济一体化发展大趋势，我国积极开展区域贸易安排。自 2002 年签订了第一个自由贸易协定（中国—东盟自由贸易协定）之后，至 2021 年《区域全面经济伙伴关系协定》（RCEP）① 成立为止，中国已经达成了 19 个自由贸易协定，涉及 26 个国家和地区。2021 年，我国与协定已生效的自贸伙伴进出口总额达到 10.8 万亿元，占我国外贸总额的比重接近 35%，对自贸伙伴的投资约占中国对外投资的 70%，吸引外资的 84% 来自自贸协定伙伴。加入这些自贸协定，不仅为我国产品出口拓展了市场空间，进一步优化了对外贸易和投资布局，也促进了同贸易伙伴间的政治互信与民间交流，为实现我国国际大循环发展战略奠定了坚实的基础。

为进一步融入全球经济，我国建设性提出"一带一路"合作倡议。2013 年，习近平主席在访问哈萨克斯坦与印度尼西亚时，分别提出了建设"丝绸之路经济带"与"21 世纪海上丝绸之路"的合作倡议，希望世界各国能够携手参与区域合作。"一带一路"国际合作以基础设施互联互通建设为起点和重点，加强互联互通伙伴关系建设，打造更加开放包容的国际合作模式，实现全球经济共同繁荣发展。该倡议得到了绝大多数国家和国际组织的理解与认同，赢得越来越多国家的参与和支持，取得了丰硕成果。截至 2023 年 1 月，中方已与 151 个国家、32 个国际组织签署了 200 多份共建"一带一路"合作文件。中国作为倡议发起国，

---

① RCEP 是《区域全面经济伙伴关系协定》（Regional Comprehensive Economic Partnership）的简称，是由 15 个环太平洋东岸和南岸国家共同签署的亚太地区自由贸易协定。成员国包括马来西亚、印度尼西亚、新加坡、菲律宾、文莱、泰国、柬埔寨、缅甸、老挝、越南、中国、韩国、日本、澳大利亚和新西兰这 15 个国家。

真诚探讨与"一带一路"国家合作项目，并将"一带一路"建设方面的合作同落实联合国 2030 年可持续发展议程，以及同二十国集团、亚太经合组织、东盟等国际和区域发展规划协调对接，为世界共同发展增添新动力。

为对接国际高标准，推动全面深化改革向纵深发展，我国政府不断推进改革。2013 年 9 月，自由贸易试验区①发展战略正式开启，自贸试验区建设承担着全面深化改革与实施新一轮高水平对外开放的责任，把扩大开放与体制改革相结合、把培育功能与政策创新相结合，努力形成与国际投资、贸易通行规则相衔接的基本制度框架，通过制度改革倒逼政府转变职能，把形成的可复制成果在全国推广，为我国在更高起点上推进改革开放提供制度建设经验。为进一步利用外资，提高对外开放水平，2017 年至今，国务院陆续发布了《关于扩大对外开放积极利用外资若干措施的通知》、《关于积极有效利用外资推动经济高质量发展若干措施的通知》、修订扩大《鼓励外商投资产业目录》等多项通知。为对接国际标准，在外资管理中，我国主动实行准入前国民待遇加负面清单管理制度，不断放宽外资准入范围，《市场准入负面清单（2022 年版）》已从 2013 年的 190 条缩减到 117 条，中国（上海）自由贸易试验区负面清单更是缩减到了 27 条。为创造更加开放和稳定的市场化、法治化、国际化的营商环境，2020 年 1 月 1 日《外商投资法》和配套的《外商投资法实施条例》正式生效，进一步确立了外资的全面准入前国民待遇加负面清单的管理模式。正在积极推进的双边投资协定、自贸区谈判也将进一步推动跨境投资的便利化，这些都将有力推动中国对外开放，加快形成更加透明、稳定、法制化、可预期、国际化的营商环境。

四、美国宣传"中国威胁论"，企图围堵中国经济发展

冷战结束后，中国成为唯一一个让西方国家感到威胁的社会主义大国，"中国威胁论"一直主导着西方的对华思维，并深刻影响着西方国家的对华战略。美国《国家安全战略报告》及前总统特朗普首份国情咨文均将中国定性为挑战美国国家安全利益的"修正主义国家"，并贴上"主要战略竞争对手"的标签。拜登上台后，白宫国家安全委员会发布了《国家安全战略中期指导方针》，明确指

---

① 2013 年 9 月，我国第一个肩负着制度创新试点的自由贸易试验区——"中国（上海）自由贸易试验区"正式挂牌。截至 2020 年年底，成立的 21 个自贸试验区包括：上海、广东、天津、福建、辽宁、浙江、河南、湖北、重庆、四川、陕西、海南、山东、江苏、河北、云南、广西、黑龙江、北京、湖南、安徽。

出："对美国而言，中国是唯一具有潜在综合实力挑战国际体制的主要竞争对手。"美国参议院外交事务委员会紧接着提出并通过了《2021年战略竞争法案》的涉华法案。法、德、意等欧洲大国怀疑"一带一路""16+1"等合作倡议动机不纯，是中国图谋分裂、插手欧洲事务的"楔形战略"，质疑中欧关系的非对称现状。

为遏制中国发展，从实际行动来看，美国对中国采取了一系列的经济打压、制裁措施，在全球范围内围堵中国企业，并操控舆论，在涉及中国台湾、香港、新疆、南海等问题上屡搞小动作，打着"自由主义""天赋人权"等幌子，粗暴干涉中国内政，并强迫其他国家选边站。在美国的煽动之下，澳大利亚、日本、新西兰、英国等十几个国家也先后禁用华为5G设备或拒绝华为、中兴参与5G建设，而且这一国家数还有进一步增多的趋势。加拿大司法部门在毫无证据的前提下，配合美国无端扣押孟晚舟女士，严重破坏两国关系。立陶宛政府不顾中国反对，一意孤行允许台湾当局以"台湾"名义在立陶宛设立"代表处"，严重挑战"一中原则"底线。跟随美国，以所谓的"中国人权问题"为由，澳大利亚和立陶宛也对北京冬奥会实施"外交抵制"。2021年年初，澳日领导人会晤联合声明在一系列涉及中国主权和领土完整的问题上罔顾事实、颠倒黑白，对中国进行无端指责，并在涉疆、涉港、涉台等问题上粗暴干涉中国内政。

西方国家之所以能强烈感受到"中国威胁"，根本原因在于根深蒂固的西方模式"优越论"和传统殖民主义思维的影响。多年来不论国际政治形势如何变幻，中国始终坚定不移走中国特色社会主义道路，探索出了适合中国实际国情的发展模式，不仅在经济上保持了高速发展，而且与非洲、南美洲及周边国家的关系日益密切，从"韬光养晦"到"有所作为"，积极参与世界和平共建，国际地位与国际形象得到大幅提高，中国用改革开放的实际成果向世界人民展示了东方大国正在和平崛起。尽管我国是快速崛起的新兴经济大国，但在人均GDP、基础技术、军事实力、金融实力、软实力等方面还跟美国差距很大，而且"中国不会走国强必霸的道路，也无意挑战现行国际秩序和规则"，美国对中国经济的崛起过度反应完全没有必要。一些西方国家利用其在国际社会中的主导地位，操纵媒体和智库，不断唱衰中国经济，歪曲和抹黑中国的发展，目的就是企图全面遏制中国进步。俄罗斯媒体"今日俄罗斯"在2021年4月17日的一篇文章中指出，美国不断煽动对中国的恐慌，是因为美国不能接受一个不是由自己主导的世界。

中国和美国是全球最大的两个经济体，两国经济具有高度互补性，保持密切合作符合两国人民的根本利益，也有利于带动世界经济复苏。然而，以美国为首的部分西方国家政客、媒体持续抹黑中国，会导致中国国际形象被歪曲或误读，如果中国形象长期被歪曲丑化，会引起周边国家民众的焦虑并对中国的和平崛起保持警惕，对中国"一带一路"倡议心存芥蒂，不利于中国在国际化道路上的顺利发展。

五、中国始终以开放态度拥抱世界，积极参与国际多边事务

中国既是经济全球化的受益者，也是国际多边经贸合作的践行者、推动者和坚定维护者，始终秉持"合作共赢、共同发展"的理念，在深度融入全球产业分工合作的同时，也为合作伙伴提供了发展机遇，愿意让伙伴国搭上中国快速发展的列车，共同奔向富裕。正如习近平总书记所说："一个更加开放的中国，将同世界形成更加良性的互动，带来更加进步和繁荣的中国和世界。"国际货币基金组织总裁拉加德也曾表示，"世界需要中国，全球经济增长离不开中国的持续发展"。

中国主动开放市场，坚定支持贸易自由化和经济全球化。逆全球化与新冠流行背景下，我国通过主动降税与举办进口博览会等形式扩大进口、向全球输出需求，让更多的国家享受到中国经济发展的红利，推动经济全球化朝着更加开放、包容、普惠、平衡、共赢的方向发展。按照WTO要求，我国2010年货物降税承诺全部履行完毕，关税总水平从2001年的15.3%降到9.8%，远低于入世时的承诺水平。2018年起，我国主动降低部分产品的最惠国税率，经过连续多次自主调整，我国关税总水平由2017年的9.8%降至7.5%。2022年1月1日起，我国又对954项商品实施低于最惠国税率的进口暂定税率，调整后我国关税总水平维持在7.4%。如果说下调关税是降低进口的"硬成本"，那么举办进口博览会则搭建了国际交流平台，有助于降低进口的制度性交易成本。2018年我国举办第一届中国国际进口博览会，如今已经连续成功举办了六届。在贸易保护主义升温的背景下，举办进口博览会，有利于缓和我国与一些主要贸易伙伴的矛盾，减少贸易摩擦，体现了中国不搞贸易保护主义并带头开放市场的姿态，表明了推进互利共赢的开放战略和维护自由贸易的一贯立场。

中国政府致力于同世界各国保持良好关系，为世界经济发展贡献中国智慧。习近平总书记在谈到对周边国家外交政策时曾强调，"要诚心诚意对待周边国家，争取更多朋友和伙伴。要本着互惠互利的原则同周边国家开展合作，编织更加紧

密的共同利益网络，把双方利益融合提升到更高水平……以更加开放的胸襟和更加积极的态度促进地区合作"。面对美欧国家的忧虑，习近平总书记也强调，"中国无论发展到什么程度，永远不称霸、不扩张、不谋求势力范围，不搞军备竞赛。中国将继续做世界和平的建设者、全球发展的贡献者、国际秩序的维护者"。在 2021 年第七十六届联合国大会上，习近平主席首次提出"全球发展倡议"和"全球发展命运共同体"，全球发展倡议顺应全球发展大势，符合国际社会实现可持续发展目标的共同愿望，得到国际社会广泛认同。目前，已有近百个国家和联合国等多个国际组织表达支持。联合国秘书长古特雷斯也表示，"全球发展倡议对促进全球平等和平衡可持续发展具有重要积极意义，联合国方面完全支持，愿同中方就此加强合作"。

全面加强同周边国家关系，努力推动地区形势趋稳向好。中国积极参与上合组织、二十国集团、东盟与中日韩、中亚区域经济合作等相关全球和区域合作机制，重视同非洲和拉美地区国家的经贸往来，推动各方在经济、科技、人文方面加强合作，不断加深友谊与互信，共谋发展。尽管地区和国际形势风云变幻，在坚持相互尊重、合作共赢、守望相助、包容互鉴的原则下，中国—东盟自贸区各方始终牢牢把握历史正确方向，维护地区稳定，推动经贸合作。2021 年中国—东盟全面战略伙伴关系的建立表明双方政治互信达到了新的高度，也助推双方关系行稳致远。在逆全球化的背景下，中国与东盟十国、日本、韩国、澳大利亚、新西兰于 2020 年 11 月正式签署《区域全面经济伙伴关系协定》（RCEP），向世界发出了反对单边主义和保护主义的强烈信号，有力支持了自由贸易和多边贸易体制。中国和巴基斯坦签订了《中国—巴基斯坦自由贸易协定》，并启动了中巴经济走廊建设，双方政治上始终保持高度互信，经济上务实合作。作为包含与中国接壤国家最多的地区性组织，上合组织①在"上海精神"②的引领下，为地区乃至全球安全稳定和可持续发展贡献了独特力量。

中韩关系在复杂地区环境下经受考验。鉴于韩国政府的频繁更迭，外交政策缺乏连贯性，如何在中美博弈面前，仍然保持中韩关系趋暖，推动经贸合作发展，是两国面临的共同课题。中国提出的"一带一路"倡议，成为当今世界规

---

① 上合组织的全称是上海合作组织，是于 2001 年 6 月 15 日在中国上海宣布成立的一个永久性政府间国际组织。到 2021 年年底，拥有 8 个成员国、4 个观察员国和 6 个对话伙伴国。8 个成员国中，有 6 个是跟中国接壤的邻国，即哈萨克斯坦、吉尔吉斯斯坦、俄罗斯、塔吉克斯坦、巴基斯坦和印度。

② "上海精神"即"互信、互利、平等、协商、尊重多样文明、谋求共同发展"。它不仅是"上海五国机制"的基础，也是"上海合作组织"的灵魂。

模最大的合作平台和最受欢迎的公共产品，韩国提出的"欧亚战略"构想与"一带一路"倡议拥有共同的出发点。做好二者的合作对接，不仅有利于"欧亚战略"的积极推进和"一带一路"倡议纵深发展，更有利于增进两国互信，开拓新型合作模式与空间。新冠疫情发生后，中韩紧密合作联合抗疫，客观上拉近了两国的关系，向外界发出了中韩两国坚定发展双边经贸关系的明确积极信号。后疫情时期，两国关系的发展尽管仍然会面临诸多问题与障碍，但只要双方能够顾全东北亚和平大局，照顾彼此核心利益，继续强化彼此政治信任，推动企业合作与民间文化交流，两国关系的前景必定会更加美好。

第二章

国际贸易与投资相关理论回顾

第一节　对外贸易相关理论

对外贸易促进了贸易参与方的经济增长是一个不争的事实，但关于对外贸易促进经济增长的机理研究却形成了不同的学派。绝对优势理论、比较优势理论、要素禀赋论、"经济增长发动机"理论同属于静态比较优势理论，从静态视角解释了对外贸易产生的原因、运行机理；动态比较优势理论从要素资源动态变化的视角研究出口商品的结构变化，共同支持贸易促进经济发展这一观点。诺克斯对"经济增长发动机"理论进行了修正，认为即使对外贸易确实促进了经济的增长，它的作用也达不到"发动机"的效果那样明显。克拉维斯承认对外贸易促进经济增长，但其促进作用的发挥及作用的大小与客观条件直接相关。

一、静态比较优势理论

亚当·斯密提出的绝对优势理论、大卫·李嘉图提出的比较优势理论，以及赫克歇尔和俄林提出的要素禀赋论构成了静态比较优势理论的基础。

英国古典经济学派奠基人亚当·斯密认为，国际贸易产生于同种商品在国与国之间的价格差异，价格差异产生于国与国之间劳动生产率的绝对差异，各国都应该选择自身具有绝对优势的产品进行专业化生产，然后进行交换，就会使剩余产品在国际市场上实现价值，从而推动经济增长，增加国民收入。但该理论不能解释当一方没有任何绝对优势产品时为什么仍然存在国际分工与国际贸易。大卫·李嘉图提出的比较优势理论，对这一问题进行了解释。

比较优势理论认为，国际分工产生的基础并不限于产品成本的绝对优势，一个国家即使生产每种商品的成本都高于另一个国家，该国仍然可以选择专业化生产具有相对成本优势的产品并出口，进口具有相对比较劣势的产品，即"两弊取轻，两利取重"，这样双方均可以节省劳动力，共同获得专业化分工带来的效率提高。

基于比较优势理论而提出的要素禀赋论认为，商品价格的绝对差异是导致国际贸易的直接原因，但决定价格的因素除了劳动效率以外，还有资本、土地、技术等生产要素。因此，一国应该出口使用本国相对丰富要素生产的产品，进口使用本国相对稀缺要素生产的产品，这样两国间的贸易能使两国都受益。根据要素禀赋论，一国的要素禀赋状况决定了该国的对外贸易商品结构，每个国家都应该主要出口以本国相对丰富要素生产的产品，进口以本国相对稀缺要素生产的产品，从而实现各国福利最大化。

比较优势理论与当时的国际贸易现实比较吻合，在很长一段时间内，成为指导各国参与国际分工、确定出口商品结构的重要贸易理论。但是，无论是比较优势理论还是要素禀赋论，都有很多假设前提条件，例如，商品与要素市场是完全自由竞争的；生产要素在国内可以自由流动但在国际不流动；不考虑规模效应；不考虑国际的运输成本与政策限制；等等。而实际上这些苛刻的假设条件在现实世界中是难以全部存在的。

二、动态比较优势理论

二战后，在第三次科技革命的推动下，世界经济迅速发展，静态的国际分工和国际贸易理论无法解释国际贸易中出现的新变化。列昂惕夫通过研究得出一个结论：美国参加国际分工是以劳动密集型产业专业化分工为基础的，即美国进口的是资本密集型产品，出口的是劳动密集型产品。这与一般认知的美国是资本相对富裕而劳动力相对短缺的观点相悖。在列昂惕夫悖论提出后，许多经济学家重新审视这种将要素禀赋视为外生变量的比较优势理论的适用性，并放宽假设前提，考虑更多新的要素，尤其是人力资本、技术进步、要素密集度逆转等，从动态视角来解释国际贸易与国际分工的变化。

列昂惕夫与基辛等提出了人类技能说，用劳动效率和劳动熟练或技能的差异来解释进出口商品结构差异；凯南等提出人力资本说，认为人力资本投入的多少决定了劳动熟练程度的高低，进而决定了一国对外贸易商品结构；波斯纳的技术差距论将国家之间的贸易商品结构与技术差距联系起来，认为技术资源相对丰裕的或者在技术发展中领先的国家，享有出口技术密集型产品的比较优势；克鲁格曼的技术外溢效应、阿罗的"干中学"观点及杨小凯的内生比较优势理论都从技术进步的角度解释了国际贸易格局及国际分工的变化，认为技术与知识是内生变量，可以通过后天的学习获得，从而一国可以依据新的技术比较优势来确定出口商品结构。由于上述理论均从要素资源动态变化的视角研究出口商品的结构变化，因而形成了动态比较优势理论。

根据动态比较优势理论，一国参与国际分工的基础仍然是比较优势，竞争优势必须建立在比较优势的基础上，因此，一国或地区的出口商品结构也是由所具有的比较优势来决定的。但一国的比较优势是随着人力资源的投入、资本的积累与技术的进步而动态变动的，是可以通过学习、创新及经验积累等后天因素人为地创造出来的。要素的质量与增量可以改变一国现有的比较优势及参与国际分工的层次，应该注重把要素积累增量和技术创新相结合。一国既要注重依托比较优势参与国际分工以获得资本积累，更要注重加强技术创新投入与人力资本开发，培育技术优势，提高人力资源技能，根据新的比较优势确定出口商品结构。同时，动态比较优势理论强调了政府在推动出口商品结构转变中的重要作用，并且认为产业升级是产品升级的基础。按照动态比较优势理论，发展中国家在经济发展的初期，由于劳动力丰富而资本和技术短缺，其出口商品结构以劳动密集型为主，但随着经济发展，该国资本不断积累，技术不断创新，要素禀赋状况发生了新的变化，此时，发展中国家的比较优势体现在资本和技术密集型产品的生产上，而不再是劳动密集型产品的生产，出口商品结构也随之发生调整，向更高产业层次及更高附加值产品发展。

三、需求偏好相似说

上述动态比较优势理论考虑的影响国际分工与贸易的要素相较于静态比较优势理论更加全面，尤其是把人力资本与技术创新考虑进去并给出合理解释。但是，上述理论主要是从供给的视角对国际分工进行解释，对市场需求的解释则显不足。瑞典经济学家林德提出了需求偏好相似说，第一次从需求角度对国际贸易开展的原因进行了分析。

需求偏好相似说又称收入贸易说，是用国家之间需求结构相似来解释工业制成品贸易发展的理论。林德认为：工业制成品和初级产品之间的贸易是由供给方面决定的，而工业制成品之间的贸易主要是由需求方面决定的。需求偏好相似说有几个重要观点：一是出口只是国内生产和销售的延伸。企业最初的研发与生产都是为了满足国内的需求，当国内有大规模需求时，就给企业带来规模经济效应，降低产品的生产成本，使本国该种产品具有了国际竞争优势。二是两国的需求结构越相似，彼此之间的贸易量就越大。偏好和需求越相似的国家之间的需求结构重叠部分越高，两国之间的贸易可能性就越大。三是人均收入水平与消费品、资本品的需求类型紧密相关。人均收入较低的国家选择的消费层次也较低；为了满足国内市场的需求，企业往往选择通用的且技术简单的资本设备，这又导致了该国资本品结构的低级化。人均收入越相似的国家，产品的相互适应性越强，也就越容易进行贸易。

需求偏好相似说对于解释当前发达国家间的"产业内贸易"现象比较有说服力，指导企业在国际上优先开拓与本国消费结构、需求偏好相似的国家的市场。但该理论忽视了一国国内收入的差异性与层次性问题，当前世界各国国内的贫富差异化有随着经济发展而扩大的趋势，在一个人均国民收入较高的国家，也会存在较低消费层次的群体，反之亦然。如果能够对各国市场进行细分，就会发现在人均收入不同的国家之间照样存在需求重叠，同样蕴藏贸易机会。林德采用单一的人均收入水平作为确定需求偏好类型的变量也存在局限性，因为影响需求偏好类型的因素很复杂，生产要素、生产技术和工艺流程不同导致商品的相对价格与质量差异、品牌定位及政府的贸易管制措施等都会使贸易结构发生偏离。需求偏好相似说抛开了供给因素谈国际分工，研究视角狭窄，更没有考虑到跨国公司为降低成本、避税而进行全球产业链布局带来的商品的国际流通。

四、技术差距论

技术差距论又称技术差距模型，由美国学者波斯纳于 1961 年最早提出，是把技术作为独立于劳动和资本的第三种生产要素来探讨技术变动给国际贸易带来的影响的理论，是对要素禀赋论的动态扩展。该理论通过引入模仿时滞的概念来解释国家之间开展贸易的可能性。在只有创新国和模仿国的两国模型中，创新国成功开发出一种新产品后，在模仿国掌握该项技术之前，凭借具有的技术领先优势，可以向模仿国出口该种产品；随着专利转让、技术合作、对外投资和国际贸易的开展，模仿国在引进、消化、吸收的过程中逐步掌握该项技术，并开始生产同种商品并减少进口；随着模仿国该项技术的成熟，创新国完全失去该产品在模仿国的优势；最终，技术差距消失，以技术差距为基础的国际贸易也随之终止。

第二节　国际区域经济合作相关理论

国际区域经济一体化正向更高层次和更广范围发展，并已成为当代世界经济发展的主要趋势之一。国际区域经济理论很丰富，最为基础的是关税同盟理论与自由贸易区理论，而经济相互依赖理论与国际合作层次较低的次区域经济合作理论比较贴近当前国际合作实际，自出现后也得到广泛的关注，为各国参与区域合作提供了理论指导。

一、关税同盟理论

关税同盟理论是最为完善的国际区域经济一体化理论之一，它对其他一体化理论的发展起到了奠基作用。基于 19 世纪德国经济学家李斯特提出的保护幼稚工业理论，美国经济学家维纳在 1950 年出版了《关税同盟问题》一书，运用局部均衡分析考察了关税同盟对贸易的影响，提出了贸易创造效应和贸易转移效应。维纳将定量分析应用于关税同盟的经济效应研究，为关税同盟理论的发展奠定了坚实的基础。但有学者认为，尽管很难衡量，关税同盟的动态效应比静态效应更为重要。由于各国反倾销措施、反补贴措施、保障措施、技术贸易壁垒等的增加，以及全球成立的自由贸易区数量的上升，给一国的出口和整个国际经济秩序及国际贸易自由化目标带来了影响，因此有必要认真分析关税同盟带来的效应。

（一）关税同盟的静态效应

维纳认为区域内自由贸易带来了贸易创造效果，对外实行贸易保护则带来了贸易转移效果。关税同盟的福利效应就是贸易创造和贸易转移共同作用的结果。当贸易创造效应大于转移效应时，关税同盟成员国就会获得正的综合福利效应，成员国的总体经济福利水平也可以得到提高。

贸易创造效应提高了社会整体福利水平。关税同盟内部取消关税后，一成员国国内成本高的产品被同盟内其他成员国成本低的产品替代，各成员方的生产专业化水平得以提高，可以引导本国资源从原来使用效率低的部门向使用效率高的部门转移，从而提高了资源配置效率。成员国由原来自产自销高价产品，转向购买其他成员国的低价产品，会促使本国市场价格下降，从而扩大社会总需求，增加社会福利。

贸易转移效应降低了资源配置效率。由于关税同盟对内取消关税，对外实行统一的保护关税政策，成员国把原来从世界上生产效率最高、成本最低的国家进口的产品转为由同盟内生产效率最高、成本最低的国家进口，但同盟内的该国并不一定是世界上该产品生产效率最高的国家，因此进口成本较关税同盟成立之前增加，消费者开支扩大，使同盟国的社会福利水平下降。

(二) 关税同盟的动态效应

在维纳提出上述关税同盟理论后，有经济学家指出，维纳只研究了同盟组建所产生的静态效应，忽略了对其所产生的动态效应的研究。一般认为动态效应主要包括规模经济效应、竞争效应和投资效应。

规模经济效应是指在关税同盟建立以后，打破了原来的单个国内市场的界限，形成了统一的大市场，市场范围迅速扩大，使生产者获得更多机会提高专业化分工水平，组织大规模生产，从而获得规模经济递增效益。但也有学者认为，如果成员方的企业规模已达最优水平，那么建立关税同盟后再扩大规模反而会导致平均成本的上升。

竞争效应源于成员国企业之间竞争的加剧。在组成关税同盟之前，成员国国内企业面临的竞争少，企业创新动力不足；组成关税同盟以后，面临来自其他成员国企业的竞争，为取得有利地位，各企业会增加研发投入，促进技术进步，从而提高经济效率。在激烈的竞争环境下，落后企业最终会被淘汰，关税同盟内的垄断企业形成，这有助于抵御关税同盟外部企业的竞争，也有助于关税同盟企业参与全球竞争。

投资效应源于关税同盟建立后区域内部与外部投资的同时扩大。关税同盟市场成立后，同盟内市场容量的扩大会促使企业为了获得规模经济效益而增加投资；同盟外的国家为了绕开关税等壁垒，会到同盟内国家直接投资生产并销售，客观上促进了大量外国资本进入关税同盟成员国。

关税同盟理论是以发达国家为基础建立起来的，在欧盟等发达国家的国际区域经济一体化组织中得到了应用，但不太适用于发展中国家。发展中国家要想实现经济一体化，必须探寻适合发展中国家的一体化理论。

二、自由贸易区理论

英国学者罗布森将关税同盟理论应用于自由贸易区，提出了系统的自由贸易区理论。自由贸易区有两个重要的特征：一是在内部实行自由贸易的同时，对外不实行统一的关税和贸易政策，即自贸区成员方有权自主决定自自由贸易区外进口商品的关税税率，自贸区内部的财政、金融、经济等政策协调度也很低；二是实行严格的原产地规则，只有原产于区域内或主要在区域内生产的产品才能进行自由贸易。通过分析，罗布森证明自由贸易区也可以产生贸易创造效应与贸易转移效应，但与关税同盟的这两种效应在实践中存在差异。他认为，自由贸易区给成员带来消费者剩余的损失和负的生产效应较关税同盟小，而福利水平的提高优于关税同盟。自由贸易协定可以使生产厂商同时获得内部与外部规模经济利益。内部规模经济源于对外贸易量的增加、生产规模的扩大与生产成本的降低；外部规模经济源于整个国民经济或一体化组织内部的经济发展。此外，从自由贸易区外部世界来看，在关税同盟下，外部世界的出口会减少，导致社会福利水平下降；而在自由贸易区下，外部世界的出口不但不会减少，反而还会增加，最终外部世界的社会福利水平得到提高。

为促进发展中国家的国际区域经济一体化，罗布森等还从发展中国家的实际情况出发，提出了专门适用于南南型国际区域经济一体化的模型，该模型的分析前提是：发展中国家实施贸易保护是合理的，承认存在规模经济并认为市场不是完全竞争的。罗布森在规模经济与市场扭曲的经济条件下，认为南南型国际区域经济一体化可以给发展中国家带来益处，有利于发展中国家实现工业化和经济发展目标。

当今南南型区域经济一体化组织众多，但合作组织对成员国贸易和经济的促进作用非常有限，主要原因有三：一是成员国收入低，产品吸纳能力低；二是经济结构单一且雷同，难以形成紧密产业分工；三是财政普遍困难，无法提供受影响产业补贴。从实践结果来看，真正取得成功的几乎没有。从未来趋势看，南北型区域经济合作将成为今后世界各国发展区域经济合作的主要形式。

三、经济相互依赖理论

经济相互依赖理论是由我国著名经济学家刘再兴先生归纳提出的。该理论特别关注一国经济发展与国际经济往来之间的作用关系，认为各个国家和区域之间，在经济发展过程中不是彼此孤立的，而是相互依存、相互制约的。"相互依赖"包含两层含义：一方面，其他国家发生的经济情况对本国的经济发展产生直接的影响；另一方面，本国的经济决策在一定程度上也依赖其他国家的经济决策与反应行动。

世界各国的经济相互依赖具体表现在许多方面。例如，发达国家的资本密集型产品和高科技产品与发展中国家的资源密集型产品和劳动密集型产品之间的依赖；发达国家之间因发展战略与产业结构不同而形成的经济贸易目标的相互依赖。一个国家实施自己的经济贸易目标有时也需要甚至依赖他国在经济政策上的配合，从而形成经济贸易政策上的相互依赖。两国的外生干扰因素联系程度如果比较密切，通常它们之间的经济联系也趋于密切，因而形成经济贸易干扰因素的相互关联。

许多国家在经济上的依赖程度往往因传导机制的推动而日趋加深。例如，两国不仅可以通过进出口贸易，还能够通过直接或间接投资、金融往来、技术交流、劳务合作、经济援助与汇率变动等诸多渠道提高彼此的经济依赖程度。这也解释了为什么美国的次贷危机会引发全球经济危机。经济高度依赖下，一国对另一国采取的行为也会通过传导影响其他国家，例如一国对另一国开展的贸易战、经济制裁、军事干预等会影响其他国家的对外贸易与国际合作。在经济全球化深入发展的大背景下，所有处于开放经济体系的国家都会加深对外部经济世界的依赖。

相互依赖对相关国家的经济发展所产生的影响可能是积极的，也可能是消极的，或者是两种影响同时存在。如果一国在调整本国政策时能够考虑他国反应，或者一国能理性地根据他国的政策来调整本国的相关经济政策，国际合作会朝帕累托最优方向发展，国际福利会得到普遍提高。每个国家都应该评估本国对他国经济的依赖程度及由此带来的机会与风险，各国企业在相互合作中也应该关注这种依赖的外界干扰因素，做好化解与风险防范措施。

四、次区域经济合作理论

次区域经济合作是 20 世纪 80 年代末出现的一种新型区域合作方式，指若干国家和地区接壤区域之间的跨国界的自然人或法人，基于平等互利的原则，在生产领域内，通过各种生产要素流动而开展的较长时期的经济协作活动。从经济发展的视角来看，其实质就是生产要素在"次区域"这个地缘范围内趋向自由化的流动，从而带来生产要素的有效配置和生产效率的相应提高，主要表现为在这个地缘范围内的贸易和投资自由化。

"次区域经济合作"一词源自"增长三角"，"增长三角"最早是由新加坡时任总理吴作栋于 1989 年 12 月在亚洲开发银行会议上倡议建立的，即在新加坡、印度尼西亚的廖内群岛和马来西亚的柔佛州组成"增长三角"经济合作开发区，利用各自的自然资源、资本、技术与劳动力优势，推动区域性经济合作发展。吴作栋的提议先后得到了印尼、马来西亚政府的响应，最终上述三角地带建立了经济开发区，称为"增长三角"，也称"新柔廖增长三角"。"新柔廖增长三角"利用新加坡的资金和技术，以及马来西亚柔佛州与印尼廖内群岛丰富的自然资源和劳动力，迅速发展成为东盟次区域经济合作的典范。随着印尼与马来西亚其他地区的陆续加入，"新柔廖增长三角"的作用进一步凸显。

"新柔廖增长三角"的成功得到了其他国家的关注。1993 年，亚洲开发银行把"增长三角"定义为"次区域经济合作"，即包括三个或三个以上国家的地理毗邻的跨国经济区，通过利用成员国之间生产要素禀赋的不同来促进外向型的贸易和投资。次区域经济合作具有其独特的特点：开放性与灵活性，即一个国家可以同时参加一个或几个次区域经济合作组织，区内的产品市场和投资资本主要依赖于域外的国家或地区，不歧视非成员国；风险小且合作范围十分广泛，次区域经济合作区通常只涉及成员国领土的一部分，而且是在政府的推动下建立的，其失败的政治风险相对较小，合作的范围不仅包括贸易与投资，还包括基础设施建设、旅游、人力资源与环保等众多方面；跨国合作性与地方政府主导性，次区域经济合作通常涉及多个国家主体，属于跨国经济合作范畴，但由于是层次相对较低的跨国合作，还没有涉及主权国家介入范围，因此地方政府往往在次区域经济合作中扮演着重要的角色；需要各参与方政治高度互信，放眼长远利益，排除干扰因素，避免因为缺乏有力的组织约束而使成员方行动的单边性阻碍合作进程。

次区域经济合作通常涉及三个或三个以上地理上邻近的国家或地区，其形式是不同国家的局部地理上邻近地区间的合作，可以接壤也可以隔壤相望。由于次区域经济合作的核心在于生产要素或产业具有互补性、交通便利可达及建立恰当的地缘合作机制，因此不必拘泥于区域内的合作地区涉及的国家数量，两个国家之间的邻近区域也可以为了实现资源互补和取得比较利益而开展合作，从而形成次区域经济合作区。例如，韩国与中国的山东地缘临近，文化相通，去韩国旅游的中国游客主要从山东威海乘坐飞机或渡轮前往济州岛；山东劳动力资源丰富，农业发达，人均收入远低于韩国；山东与韩国的西部互补性较强，从地方政府层面构建二元次区域经济合作具有可行性。

第三节　跨国投资相关理论

主流的跨国投资理论是在 20 世纪 60 年代伴随着国际投资与跨国经营的发展而逐渐产生的，主要以跨国公司对外直接投资的基础、动因、流向及其决定因素为研究核心。

一、垄断优势理论

垄断优势理论又称所有权优势理论或公司特有优势理论，由美国麻省理工学院教授海默于 1960 年提出，后经海默的导师金德尔伯格的补充和发展，形成了系统的垄断优势理论，是最早研究对外直接投资的独立理论。该理论认为，国内企业到国外进行相应投资的动因是企业具有特定的垄断优势。垄断优势包括两类，一类是包括生产技术、管理与组织技能及销售技能等一切无形资产在内的知识资产优势，另一类是由于企业规模大而产生的规模经济优势。该理论在解释跨国公司纵向一体化国际直接投资方面具有一定说服力，但对于横向一体化国际直接投资行为解释力度不足。

二、内部化理论

内部化理论也称为交易费用论，由英国巴克莱和卡森于 1976 年提出，是对垄断优势理论的发展与进一步补充。内部化理论认为，在外部市场不完全的情况下，将中间产品特别是知识产权产品在企业内部转让，可以有效地利用企业管理手段协调企业内部资源的配置，避免市场不完全对企业经营效率造成的不利影响。该理论特别强调企业的组织管理能力，企业对外直接投资的实质是基于所有权之上的企业管理与控制权的扩张。只有当内部交易的边际成本小于边际收益时，市场内部化才是可行的。内部化理论属于一般理论，能解释大部分对外直接投资的动因。

三、国际生产折衷理论

国际生产折衷理论由英国瑞丁大学教授邓宁于 1977 年提出，其采用一种折衷的方法将有关理论综合起来，对企业的对外直接投资动机进行解释。国际生产折衷理论的核心在于：企业对外直接投资的充分必要条件是同时拥有所有权特定优势、内部化特定优势和区位特定优势。该理论将直接投资、国际贸易与区位选择综合起来考虑，肯定了绝对优势在企业国际直接投资中的作用，也强调了相对优势，使国际直接投资研究向综合方向发展。但由于其过分强调对外直接投资的既有优势，忽视了企业对外直接投资优势的相对性和动态性，对国际直接投资多样性的解释不足。

进入 20 世纪 80 年代，邓宁又提出了直接投资发展阶段论，从企业竞争力和国家区位优势的变化出发，从微观和宏观两个角度对原有国际生产折衷理论做了补充。该理论将一国的直接投资按人均国民生产总值（GNP）水平分为四个阶段，不同阶段的国际资本流入与流出量不同。发展中国家接受外资与对外直接投资倾向取决于该国所处的经济发展阶段和所拥有的三种特定优势，从而使国际生产折衷理论动态化。

四、产品生命周期理论

产品生命周期理论由美国哈佛大学教授雷德蒙·费农于 1966 年提出。费农认为：一种产品的营销生命通常要经历开发、引进、成长、成熟和衰退几个阶段，产品在不同的阶段，跨国公司的投资决策和营销策略也有所不同，而这个周期在不同技术水平的国家发生的时间和过程存在时差，从而决定了国际贸易和国际投资的变化。一种创新产品的生产和销售最初集中在发达国家国内，随着本国竞争者增加，国内市场竞争激烈，企业开始向市场需求水平相似的国家出口。随着进口国掌握该种技术，企业为降低生产成本而选择在进口国直接投资销售，在发达国家的市场饱和时，再转到发展中国家继续投资并销售该种产品，从而延长产品的生命周期。该理论的最大特色在于：分析国际直接投资时，将国际生产折衷理论的综合分析与企业国际经济活动的方式选择相结合。

巴特利和高歇尔将产品生命周期理论做了扩展，提出了产品创新、接近市场和通过竞争降低成本的三位一体式国际投资模式，强调成本因素的重要性，将其从技术优势与区位优势中独立出来，较好地解释了国际直接投资的区位流向。

五、国家竞争优势理论

哈佛大学教授迈克尔·波特在 1990 年提出了国家竞争优势理论（又称"钻石模型"）。该理论通过研究一国的经济环境、组织、机构与政策在产业竞争优势中所扮演的角色，找出了一个国家可以维持产业竞争优势的诸多因素，认为一个国家在某一行业建立和保持竞争优势的能力取决于四个基本要素（要素禀赋，需求状况，相关产业和辅助产业，行业战略、结构和竞争）和两个辅助要素（机遇与政府）。波特教授提出，比较优势是一国资源禀赋和交易条件所决定的静态优势，比较优势只有转化为竞争优势，才能最终形成真正的国际竞争力。推进企业走向国际化竞争的动力很重要，动力可能来自国际需求的拉力，也可能来自本地竞争者的压力或市场的推力，创造与持续产业竞争优势的关键是国内市场要具有强有力的竞争对手，一直处于政府保护和补贴下的企业通常不具有国际竞争能力。因此，放开市场，迎接国际企业加入本土竞争，有助于培养企业的国际竞争力。

波特的"钻石模型"对经济全球化的重视不够，因此许多专家对"钻石模型"进行了修正。Cartwright 构建了多因素钻石模型，在保留波特"钻石模型"中六要素的基础上，增添了五个新的海外变量；Dunning 等引入了"跨国经营"这一要素；Anil Nair 和 Zeller 等将政府作为第五个关键因素引入；韩国学者 Cho 也提出，"人力要素"是推动韩国经济国际竞争力的决定性因素。由此可以发现，不同的专家在考虑一国产业竞争力时考虑的重点有所不同，如果能结合一国的具体国情与所面临的国际环境，将特定的因素引入模型，则能更好地指导特定国家或地区的产业竞争力培育，从而更好地参与国际市场竞争。

通过积极扩大招商引资、发展外向型经济，中国与世界的联系日益紧密。然而，作为发展中国家，我们必须正视竞争力提升所面临的特定制约因素，如经济发展缺乏关键技术与高层次人才、国内需求潜力巨大但需求层次相对较低等。在经济全球化发展的国际环境下，在运用"钻石模型"研究我国产业竞争力提升问题时，要充分考虑跨国经济的影响，重视技术创新，重视高层次人才与政府的作用等。

基于前人的研究成果，我们对"钻石模型"进行了修正。我们引入跨国公司、国际环境和关键技术三个要素，并将专业人才从要素禀赋中提出，作为关键要素列出，将政府从辅助要素调整到基本要素中，从而形成了由两个关键要素（关键技术与专业人才）、六个基本要素（要素禀赋，需求状况，相关产业和辅助产业，行业战略、结构和竞争，跨国公司，政府）与两个辅助要素（机遇与国际环境）相结合的新的多要素模型。国际竞争力影响因素存在多层次性，各要素密切配合，相互支持，共同形成了影响国际贸易与投资发展的多维层面。

六、全球价值链理论

迈克尔·波特教授于 1985 年率先提出了"价值链"一词。企业的设计、生产、销售、配送及辅助活动等相关联的生产活动构成了企业内部价值链，企业与供应商、其他制造商、产品分销商及消费者之间形成一条外部价值链。企业在面临竞争时，必须认清自身的内、外部价值链，需要在两条价值链中获取竞争优势。

众多学者拓展了"价值链"研究领域。例如，宾夕法尼亚大学教授 Kogut (1985) 从价值增值视角分析了价值链的垂直分工特征以及全球生产网络中的同区位配置功能。美国杜克大学教授 Gereffi（1999）将价值链与全球产业相联系，提出了"全球商品链"概念，认为世界经济生产活动具有网络化特征，跨国公司的全球活动将世界相关企业紧密地联系到商品的全球生产链中。Gereffi（2001）提出了全球价值链概念，解释了当前跨国公司主导下的生产活动跨地域布局现象，认为产品价值链全球布局导致产品的国别属性越来越模糊，价值链各环节利润程度各不相同，每条全球价值链都存在能够创造更高利润的战略环节。Porter（2001）对全球价值链的治理基本框架做了系统研究。Humphrey（2002）研究了全球价值链治理模式对本地集群升级的影响，并重点探究了发展中国家产业升级的过程。此后，国内外学者们对全球价值链的治理、升级、配置及衡量进行了大量研究。

产业链是一个包含价值链的更宽更广的概念，是各个产业部门之间基于一定的技术经济关联，并依据特定的逻辑关系和时空布局关系客观形成的链条式关联关系形态。核心企业掌握产业链上的关键技术，扮演产业链构建的组织者与协调者角色，通过对物流、资金流、信息流的控制，将供应商、制造商、分销商、零售商及最终用户连成一个整体。核心企业在组建过程中选择合作企业，这些合作企业构成了产业链中的节点企业。

第三章

山东省对韩国贸易现状

第一节　中韩贸易合作发展历程

20 世纪 70 年代之前，中韩两国贸易往来十分有限，仅仅局限于通过中国香港、新加坡等进行少量的间接贸易。20 世纪 50 年代初的朝鲜战争和美国对中国大陆的经济封锁政策，是中韩两国发展正常贸易关系的最大政治障碍。两国的双边贸易发展进程主要可以分为以下五个阶段。

一、　20 世纪 80 年代中期之前的偶尔贸易阶段

1949 年中华人民共和国成立之后，在长达四十多年的时间里，中韩两国在政治与经济领域没有正式往来。这不仅是由于中韩两国意识形态的差异，也是受到资本主义与社会主义阵营对立的冷战格局的影响。1972 年，美国总统尼克松访华；同年 2 月 28 日，中美上海《联合公报》发文，宣布中美两国邦交走向正常化；1979 年 1 月 1 日，中美建立正式外交关系，这意味着以美国为首的资本主义国家改变了对中国的敌对态度，也为中韩的贸易开展扫除了政治障碍。1978 年，中国确立了以经济建设为中心的方针路线，开始实施对外开放战略，逐步敞开国内市场，为韩国对华开展贸易和投资活动提供了机遇。韩国当时正处于经济高速发展时期，并跻身于东亚新兴工业化国家行列，被称为"亚洲四小龙"之一，在技术、资金及企业管理上都具有较大的优势。而中国丰富且廉价的资源恰恰弥补了韩国资源不足的短板，经济的互补性为两国经贸合作的开展提供了可能。然而，由于没有建立外交关系，中韩两国间仅仅开启了小规模的民间间接贸易，不但贸易规模小，而且发展速度缓慢。这种状况一直持续到 20 世纪 80 年代中期。

二、　20 世纪 80 年代中期到 90 年代初的民间直接贸易阶段

20 世纪 80 年代，中国经济的改革开放进入了试探性发展阶段。1984 年

5月，中国14个沿海城市对外开放，此后又将长江三角洲、珠江三角洲和闽南厦漳泉三角地区，以及辽东半岛、胶东半岛开辟为沿海经济开放区。这些沿海港口城市及地区实行对外开放后，在扩大地方权限和给予外国投资者优惠方面，实行了一系列优惠政策和措施。在邓小平同志明确提出"和平与发展是当今时代的两大主题"之后，我国开始把主要精力放在经济发展上面，优惠的招商引资政策、资源与劳动力优势，以及中国市场所具有的巨大潜力，吸引着国际资本逐步进入中国。

同时，韩国也对其对华贸易政策做出了相应调整，鼓励韩国工商业者来华投资，与中国开展经贸合作。1988年卢泰愚就任总统之后，韩国正式开始全面推行"北方外交政策"①，积极接近中国。1988年的汉城奥运会，以及韩国政府修改阻碍与社会主义国家交往的《对外贸易法》和《护照与移民法》等措施，推进了中韩两国关系的改善。

随着中国改革开放的不断深化和韩国"北方外交政策"的逐步推进，双方的直接贸易有了初步发展。从1988年起，中国开始公开同韩国进行直接贸易，直接贸易额比重占双方总贸易额的比重从1985年以前的0上升到1989年的39.2%。到1991年年底，双边贸易额达到了44.4亿美元，相较于1980年的中国经香港对韩国1.879亿美元的贸易额，实现了惊人的增长。但从绝对额来看，数量很小。联合国数据库提供的韩国贸易数据显示，1991年韩国对中国出口额仅仅占其全球出口总额的1.39%，进口额占其全球进口总额的4.22%。韩国在这期间对中国的贸易主要表现为逆差，其中逆差最大的是1990年，达到24.38亿美元。

三、中韩贸易发展的起步阶段（1992—2001年）

这期间，中韩双方积极创造条件，推动双边经贸合作稳步发展。1992年2月1日，"中韩民间贸易协定"开始生效，中国取消对进口韩国商品征收5%~30%的高关税。中韩双方相互实施最惠国待遇和最低关税税率，为两国贸易松开了枷锁，直接贸易开始成为两国最基本的贸易方式。1992年4月，在北京举行的联合国亚洲及太平洋经济社会委员会（ESCAP）第四十八届年会期间，我国外交部长钱其琛会见了韩国外务部长官李相玉，就改善双边关系进行接触并达成协议。

---

① "北方外交政策"是韩国以自己为主体，本着友好的态度与中国、苏联及东欧各国改善外交关系，主动地向实现"韩民族共同体"的方向逐渐发展对朝鲜关系，以求最终实现韩民族统一的外交政策。

1992 年 8 月 24 日，中国与韩国正式建立大使级外交关系，结束了两国长期互不承认和相互隔绝的历史。1992 年 9 月，中韩两国签署"中华人民共和国政府和大韩民国政府关于成立经济、贸易和技术合作联合委员会的协定"；1994 年 3 月，中韩双方就建立合作伙伴关系达成协议；1998 年 11 月，韩国总统金大中访华，两国最高领导人宣布建立"面向 21 世纪的合作伙伴关系"；2000 年 10 月，在首尔召开的亚欧会议上，两国宣布将中韩友好合作关系推向全面发展的新阶段。

积极的贸易与投资政策，促进了双边贸易与投资的发展。根据联合国中国贸易统计数据，1992 年中国对韩国的出口额为 24.05 亿美元，自韩国的进口额为 26.23 亿美元；2001 年出口额增长到 125.19 亿美元，进口额增长到 233.77 亿美元，分别增长了 4.2 倍和 7.9 倍。这期间，中国对韩国的贸易逆差也从 2.18 亿美元扩大到 108.58 亿美元。同时韩国通过出台多项政策和措施，放松对中国投资的限制：譬如取消韩国企业前往中国投资事先必须经"北方经济调查委员会"审核的歧视性规定，这些措施促进韩方加大了对中国的投资力度。1992 年韩国对华投资项目总数 276 个，到 2001 年增加到 6304 个；对华直接投资金额也从 2.08 亿美元上升到了 6.81 亿美元。

但这一期间的发展并非一帆风顺，1997—1998 年中韩贸易投资全面下降。受 1997 年亚洲金融危机的影响，韩国在 1998 年中韩贸易中首次出现负增长，在国际货币基金组织的援助下，经历了国内产业的优化升级与经济结构的调整，韩国经济从 1999 年起开始缓慢复苏，对华贸易与投资也随之缓慢回升。从对外投资来看，1998 年韩国企业总体对外投资项目数量较 1997 年减少了一半以上，从 1997 年的 1398 个降到 649 个，1999 年对外投资额比危机爆发前的 1996 年猛降 14 亿美元。受其影响，韩国对华投资数量与投资金额同期也出现大幅下降，1998 年韩国对华投资项目数仅为 1997 年的 43.19%，1999 年的投资金额也仅仅是 1996 年的 34.15%。韩国对华直接投资的降低，也导致了双边贸易额的下降。

四、中韩贸易发展的上升阶段（2001—2014 年）

得益于中国入世与韩国国内经济的恢复发展，这一时期的双边经贸合作更加紧密。2001 年，中国正式加入 WTO，并严格有效地执行了入世承诺，改善贸易、投资环境，逐步加大市场对外开放力度，完善与贸易相关的投资法律法规，下调关税、减少非关税措施。同时依赖于市场优势、资源优势与劳动力优势，全方位吸引外商来华投资，为中韩经贸合作创造了非常有利的条件，伴随着外商直接投资的扩大，对外贸易也活跃起来，中国从"世界工厂"逐步向"世界市场"转变。从韩国方面来看，2001年韩国经济基本从亚洲经济危机中恢复过来，国内经济回暖，对外贸易规模逐步扩大，投资金额持续增长，对华贸易也开始快速扩张。

良好的政治关系推动了中韩贸易与投资的发展。2003年7月，国家主席胡锦涛与韩国时任总统卢武铉在北京会晤，双方同意将中韩关系提升为"全面合作伙伴关系"。2008年5月，胡锦涛主席同韩国时任总统李明博举行会谈，并一致同意将"中韩全面合作伙伴关系"提升为"中韩战略合作伙伴关系"。2006年11月召开的亚太经济合作组织（APEC）外长会谈和中韩通商长官会谈上，两国提出建设中韩自由贸易协定（FTA）的构想。2012年5月，中韩自贸区谈判正式启动。2013年6月，时任总统朴槿惠对华进行国事访问期间发表的《中韩面向未来联合声明》明确了"高水平、全面的"中韩FTA的目标导向。经历了11轮磋商，双方最终于2014年11月10日宣布，FTA谈判已在实质内容上达成一致。两国政府、企业之间的深入合作，促进了中韩战略合作伙伴关系的深化，推动双边经贸关系进入高速发展阶段。根据联合国数据库中关于中国的统计数据，2001年中韩之间进出口贸易额为358.96亿美元，其中，中国对韩国的出口额为125.19亿美元，自韩国的进口额为233.77亿美元，中国对韩国的贸易逆差为108.58亿美元。到2014年，中韩之间进出口贸易额达到2934.42亿美元，其中，中国对韩国的出口额为1033.33亿美元，自韩国的进口额为1901.09亿美元，中国对韩国的贸易逆差也扩大到897.76亿美元。[①]

随着贸易额的扩大，中国在韩国对外贸易中的地位也越来越重要。2002年，中国超过日本成为韩国第二大出口市场国，2003年又超过美国成为韩国第一大出口市场国，2007年中国超过日本成为韩国第一大进口市场国。自此之后，中国连续位居韩国第一大贸易伙伴国地位，韩国则保持了中国第三大贸易伙伴国的地位。2008年，全球金融危机爆发，导致国际市场疲软，全球经济增速放缓，受其影响，中韩双边贸易与投资额全面下降，但很快在2010年得到恢复。根据联合国中国统计数据，2005年中韩双边贸易额首次突破1000亿美元，2010年双边贸易额首次突破2000亿美元，到2014年达到2904亿美元，离3000亿美元仅一步之遥。

---

① 联合国数据库中关于韩国对中国的贸易统计数据与中国对韩国的贸易统计数据不完全一致。根据中国的数据计算的进出口更大，贸易逆差更大，这主要是由统计口径不同造成的。

五、中韩贸易的高位波动发展阶段（2014年至今）

2014年以来，中韩贸易经历了"V"形变化，但贸易额总体保持在2500亿美元以上。在2014年双边贸易额达到历史最高点2904亿美元之后，2016年双边贸易额达到这期间的最低点2526.82亿美元，随后经历了两年的上升，2018年达到了历史新高3134.28亿美元。

中韩贸易额的下降受多种因素影响。商务部研究院国际市场研究部副主任白明认为，两国的产业对接情况是影响两国间贸易的关键因素。中韩两国间的贸易主要以机电产品、化工产品、汽车等为主，但进入2015年以来，中国的机电、汽车等产品的出口形势并不好，作为中国主要的贸易合作伙伴之一，韩国与中国的双边贸易自然也会受到拖累。中国商务部新闻发言人沈丹则认为，中韩贸易规模出现下降的主要原因是受国际市场需求低迷导致的商品价格下降、中韩两国经济结构调整形成的短期需求变化及相关国家货币汇率波动等因素共同影响。从国内来看，2012年起中国经济发展进入新常态，经济发展速度从原来的两位数增长下降到个位数增长，经济增长对进口需求的带动作用有所下降。另外，2016年的"萨德"入韩事件成为导致两国贸易投资直接下降的最主要诱因。

在内外部多种因素影响下，即使面临特朗普政府对华打压，2017年以来中韩贸易额仍然出现上升趋势。2017年5月，韩国总统文在寅上台后不断释放对华友好信号；同年12月文在寅总统访华，双方在有效管控"萨德"事件影响的基础上，增进互信共识，拓展合作领域，深化合作层次，推动双边经贸进一步发展。同时，韩国国内经济发展良好，中韩自贸区建设顺利开展，这些都促进了中韩双边贸易回暖。从内部看，中国采取的一系列稳外贸举措发挥了较好的作用，包括推进"一带一路"稳步发展、推动新旧动能转换、促进贸易便利化、进一步促进市场多元化、扩大跨境电商综合试验区试点、拓展关键零部件和先进技术设备进口多元化渠道，以及"走出去"和"请进来"，等等。从外部看，2017年世界经济触底回升，实现相对强劲复苏，中国主要贸易伙伴经济保持良好增长，中美贸易在摩擦升级之前也出现了进一步的"抢出口"与"抢进口"，这些都间接促进了中韩贸易的发展。

第二节　中韩货物贸易现状

一、中韩货物贸易现状

（一）中韩贸易额总量分析

1992 年中韩两国正式建交之前，两国之间的贸易主要是经中国香港、新加坡开展的间接贸易，随后两国经贸往来进一步加深，贸易总量增长较快，但 1992 年之前的双边贸易总体规模仍然较小，贸易额在双方各自对外贸易额中的占比很低，中韩建交之后的贸易额有了相对较快的增长。图 3.1 显示了 1994—2021 年中国对韩国贸易进口额与出口额变动趋势。1994—2001 年双边贸易进出口额总体呈现小幅上升，2002—2014 年呈现稳步快速上升态势（除 2009 年外），而 2014—2021 年的贸易额增幅放缓，基本呈现高位波动。

从进出口贸易额来看，中韩贸易总额从 2003 年首次突破 500 亿美元起，此后直到 2012 年，基本每两到三年就增加 500 多亿美元。2005 年首次突破 1000 亿美元，2007 年突破 1500 亿美元，2010 年超过 2000 亿美元，2012 年又突破 2500 亿美元。2018 年双边贸易额首次突破 3000 亿美元，意味着中韩双边贸易又迈上了一个新台阶。尽管受新冠疫情影响，2019 年与 2020 年中韩贸易额略有回落，但 2021 年快速上升到 3622.92 亿美元，显示出两国贸易的韧性。

中国对韩国的贸易逆差经历了长期的上升之后，近年来有基本稳定略有下降的态势，这从图 3.1 中的中国对韩国贸易逆差曲线可以直观看出。自 1992 年起，中国对韩国贸易一直都是逆差，而且逆差额与出口额非常接近，甚至有的年度逆差额超过了中国对韩国的出口额。2015 年后，中国对韩国的贸易逆差有回落的趋势，但仍然保持在每年 600 亿美元以上。巨额的贸易逆差反映了中国与韩国贸易竞争力存在着巨大的差距，但这种差距有缩小的趋势。

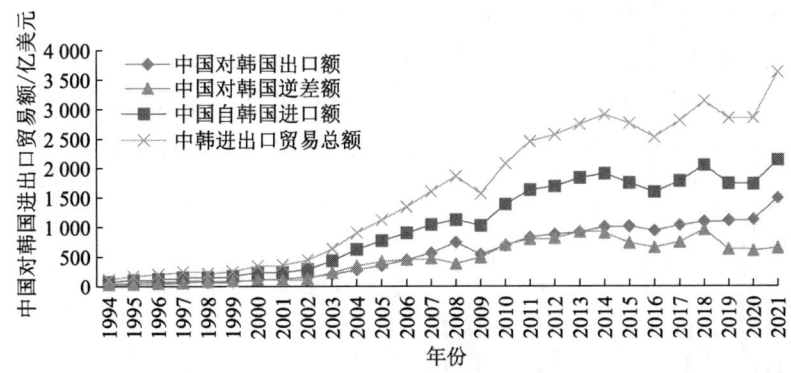

图 3.1　1994—2021 年中国对韩国进出口贸易额

资料来源：根据联合国数据库关于中国的贸易统计数据整理得到。

　　图 3.2 显示了韩国对全球贸易差额及韩国对中国的贸易差额变动趋势。总体来看，韩国对外贸易顺差呈现波动上升的趋势，而韩国对中国的贸易顺差在经历了稳步扩大之后有回落的特点。其中 1993—1997 年韩国对外贸易一直呈现逆差，但对中国的贸易一直保持了顺差，2005—2014 年的 10 年间（除 2008 年），韩国对中国的贸易顺差超过了韩国总体对外贸易顺差额，这段时期中国对韩国的顺差贡献率达到了惊人的 104.44%，说明如果没有对中国的贸易，韩国将在这段时间里维持总体逆差水平。2015—2017 年中国对韩国的顺差贡献率有所下降，但仍然保持了 40% 以上的水平，2018—2021 年中国对韩国的顺差贡献率基本维持在70%~80%，这反映出中国市场对韩国国内经济发展的重要性。

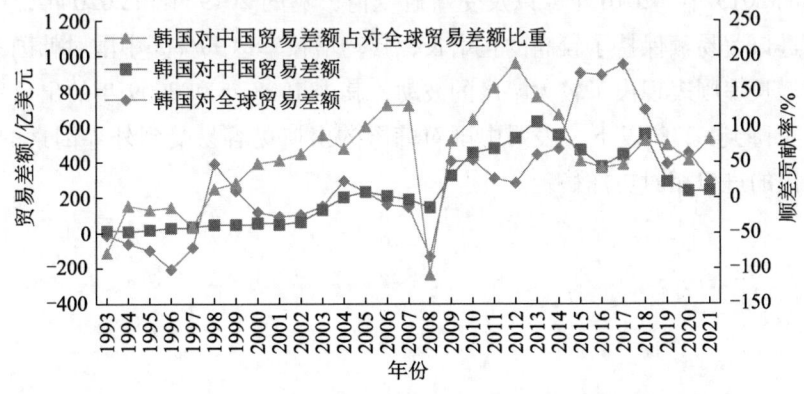

图 3.2　1993—2021 年韩国对全球贸易差额与对中国贸易差额

资料来源：根据联合国数据库关于韩国的贸易统计数据整理得到。

（二）中韩贸易增长变动分析

1992年中韩建交以来，除了个别年度（1998年、2009年、2015年、2016年和2019年），中韩贸易额都呈现正的增长，其中有7个年度增长率超过了30%（见图3.3），年均增长率达到了15.89%，远高于各自国内GDP的增速。

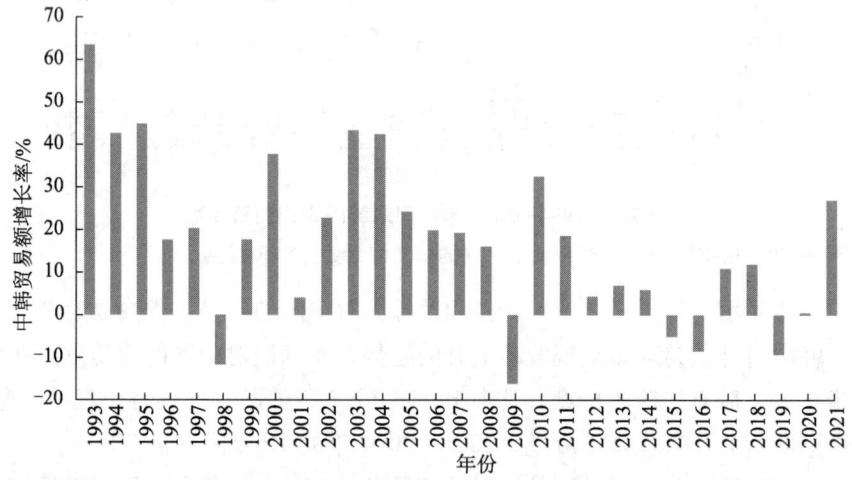

图3.3 1993—2021年中韩贸易额增长率

资料来源：根据联合国数据库关于韩国的贸易统计数据整理得到。

从中国对韩国出口贸易额增长率及自韩国进口贸易额增长率来看，后者稳定性要高于前者（见图3.4）。除了受金融危机影响的1998年、2009年和受多种因素影响的2015年、2016年，以及受新冠疫情影响的2019年和2020年，中国自韩国的进口贸易额保持了较高的正增长，年均增长率达17%。中国对韩国的出口贸易额增长率则表现出了较大幅度的波动，其中1998年和2009年的出口贸易额增长率下降到-27%以下，表明中国对韩国的出口更容易受到外界因素的影响，而对韩国的进口相对更加稳定。

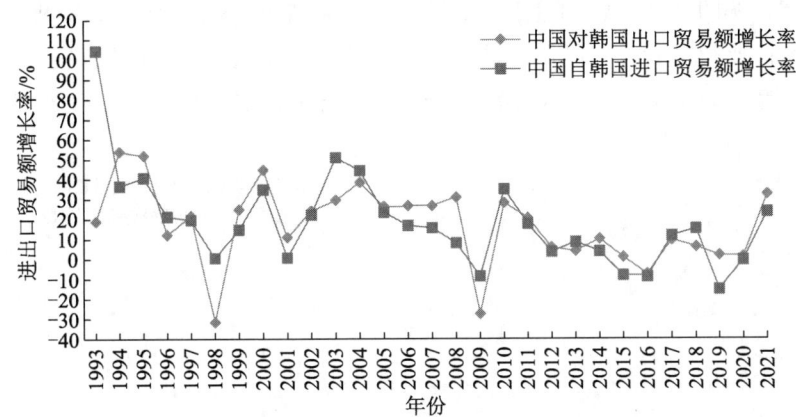

图 3.4　1993—2021 年中国对韩国进出口贸易额增长率

资料来源：根据联合国数据库关于中国的贸易统计数据整理得到。

根据联合国数据库中关于韩国的贸易统计数据，1990—2013 年韩国对中国的出口贸易额增长率高于韩国对全球的出口贸易额增长率（除个别年份），但 2014 年之后情况发生了变化（见图 3.5），这表明近年来韩国对中国的市场依赖度在下降。

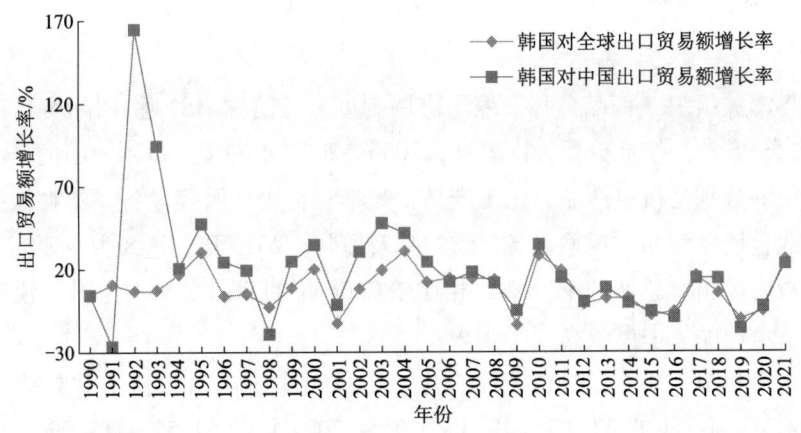

图 3.5　1990—2021 年韩国对全球出口贸易额增长率与对中国出口贸易额增长率

资料来源：根据联合国数据库关于韩国的贸易统计数据整理得到。

从进口贸易额增长率来看，1991—2008 年韩国自中国的进口贸易额增长率高于韩国自全球的进口贸易额增长率（除 1998 年），说明韩国在这一相当长的时间里对中国产品保持了较高的进口需求。但 2012 年以后，随着韩国自全球进口贸易额增长率的下降，韩国自中国的进口贸易额增长率也出现下降（见图3.6），而且从数值比较来看，不同年度互有高低。这种变化从一个侧面反映了中国产品在韩国市场的竞争力并不稳定，而且近年有下降的趋势。

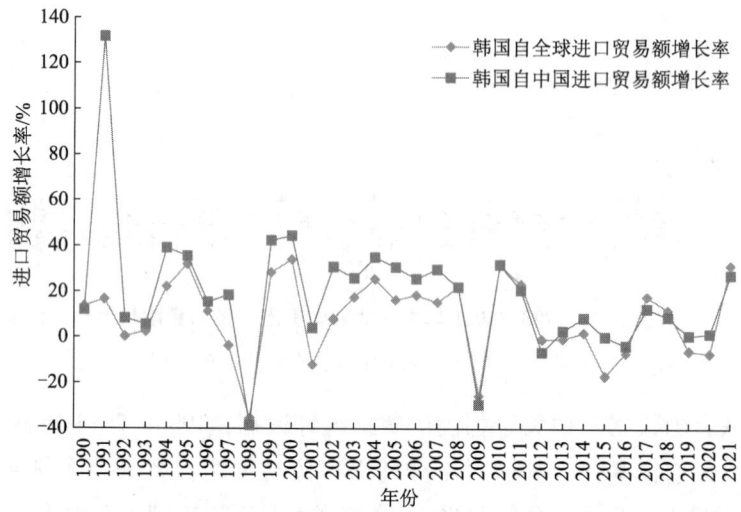

图3.6　1990—2021年韩国自全球进口贸易额增长率与自中国进口贸易额增长率

资料来源：根据联合国关于韩国的贸易统计数据整理得到。

（三）中韩货物贸易结构分析

世界海关组织《商品名称及编码协调制度》（简称HS）将国际贸易商品分成22大类98章。按此分类标准统计，2006—2021年韩国出口到中国的产品中排名前8位的分别是机电产品，化工产品，光学、钟表、医疗设备，塑料橡胶，矿产品，贱金属及制品，运输设备，纺织品及原料。2021年，这8类主要商品出口占韩国对中国出口总额的97.2%，相比较2006年的96.8%略有上升，说明韩国对中国出口商品集中度较高（见附表1）。

图3.7和图3.8中，机电产品、化工产品对中国出口占比上升趋势较为明显，分别从2006年的42.2%、12.3%上升到2021年的52.5%、15.0%，成为韩国对我国最主要的两个出口商品大类。光学、钟表、医疗设备的对中国出口占比呈现抛物线形发展，经历了2006—2012年的总体上升之后，自2013年起进入下行通道，2021年的出口占比6.8%。塑料橡胶的出口占比虽然出现波动上升趋势，但变动幅度不大。贱金属及制品、矿产品、运输设备、纺织品及原料的出口占比呈现明显的下降趋势，分别从2006年的9.5%、7.6%、4.6%和4.1%下降

到 2021 年的 6.5%、5.5%、1.0% 和 1.0%。

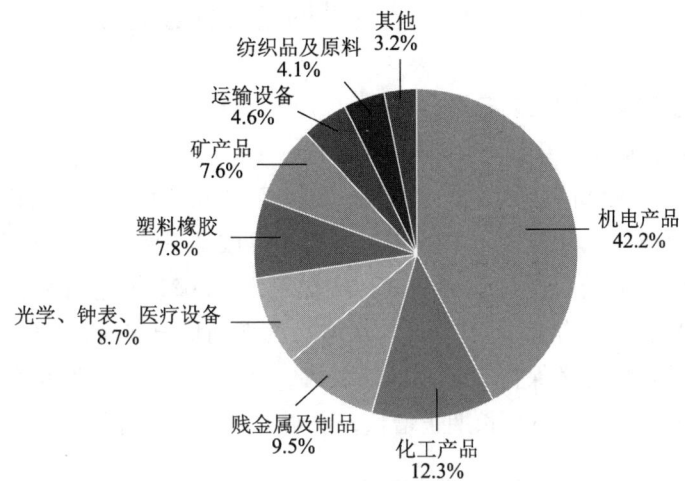

图 3.7　2006 年韩国对中国主要出口商品构成

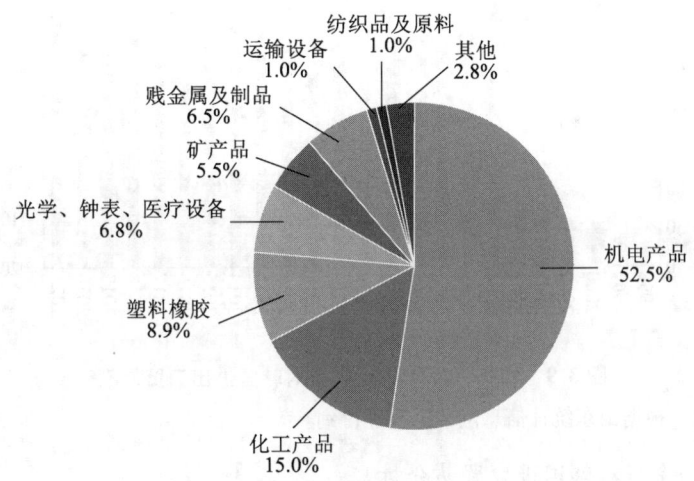

图 3.8　2021 年韩国对中国主要出口商品构成

资料来源：根据联合国数据库中的韩国对中国出口商品数据整理得到。

　　一般认为，机电产品，化工产品，光学、钟表、医疗设备属于资金密集型与技术密集型产品，产品附加值高，而纺织品及原料、塑料橡胶、矿产品属于劳动密集型与资源密集型产品，产品附加值相对较低。因此，可以得出结论：韩国对中国出口商品结构在不断优化。

第三节　山东省与韩国货物贸易现状

一、山东省对韩贸易总量分析

（一）山东省对韩国进出口贸易分析

根据山东省统计信息网数据，1998—2014 年（除 2009 年）山东省对韩国进出口贸易额总体呈上升态势，2015 年后出现小幅波动下降（见图 3.9）。1998 年山东省对韩国的进出口贸易总额为 35.07 亿美元，2021 年达到 416.67 亿美元，增长了 10.88 倍，年均增长 11.36%。从增长率变动情况来看，1999—2008 年山东省对韩国的贸易总额保持了较高的增长率，2011 年后则下降明显，但山东省与韩国之间的贸易额保持了长期正增长，说明山东省对韩国贸易总体发展良好。

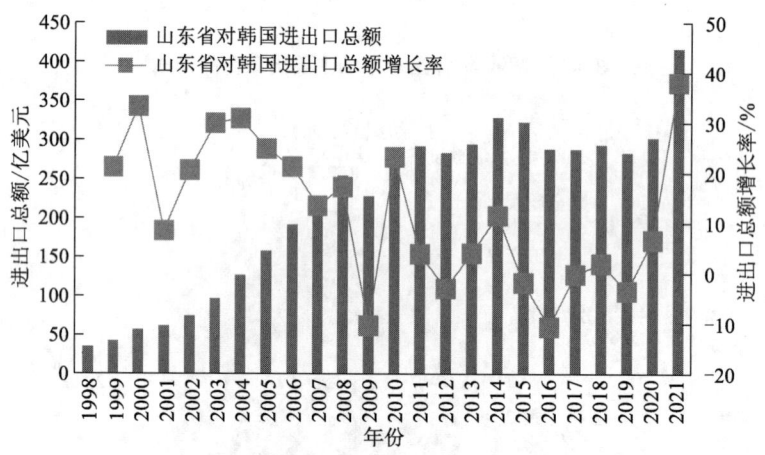

图 3.9　1998—2021 年山东省对韩国进出口贸易额

资料来源：根据山东统计信息网数据整理得到。

（二）山东省对韩国进口贸易分析

从进口角度来看，山东省自韩国进口贸易额经历了较长时期的增长，从 1998 年的 22.66 亿美元增长到 2014 年的 190.04 亿美元，但 2015 年开始出现下降，2021 年仅为 109.227 亿美元，不及 2007 年进口贸易额高。从山东省自韩国进口贸易额增长率来看，2014 年之前一直是正的增长（除 2009 年），2015 年之后则出现连续负增长（见图 3.10）。总体来看，1998—2021 年山东省自韩国进口额年均增长 7.37%，仍然是一个较高的增长速度。

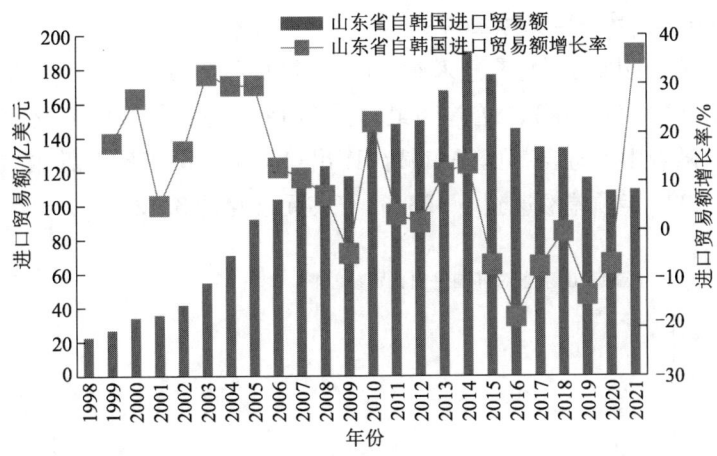

图 3.10 1998—2021 年山东省自韩国进口贸易额

资料来源：根据山东统计信息网数据整理得到。

（三）山东省对韩国出口贸易分析

从出口贸易额看，山东省对韩国出口贸易额呈现总体上升趋势。其中，1998—2011 年为快速上升阶段，从 12.41 亿美元增长到 144.09 亿美元，年均增长速度达到了 20.76%。经历了 2012—2013 年的下降后，2014 年起进入小幅波动上升阶段，从 2014 年的 138.3 亿美元上升到 2021 年的 270.17 亿美元，这期间的年均增长速度为 8.72%。从山东省对韩国出口贸易额增长率变动趋势线的走向看，2012 年之前出口贸易额增速处于总体下降通道，2012 年之后出口贸易额增速总体有上升的趋势（见图 3.11）。

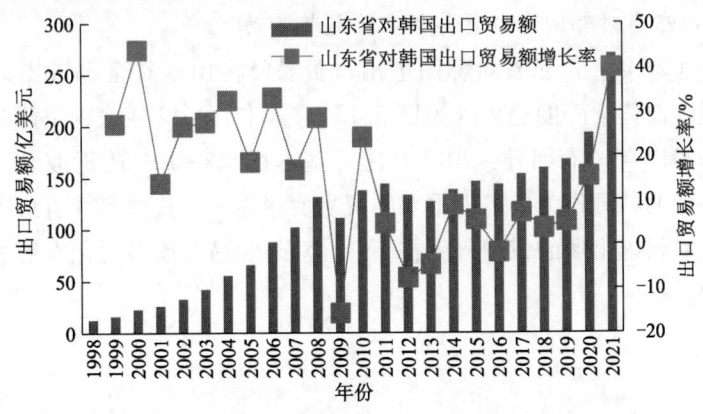

图 3.11 1998—2021 年山东省对韩国出口贸易额

资料来源：根据山东统计信息网数据整理得到。

（四）山东省对韩国贸易差额分析

从山东省对韩国的贸易差额来看，山东省对韩国贸易在 2016 年以前一直保持贸易逆差（除 2008 年），逆差额最高的 2014 年达到了 51.66 亿美元。但自 2017 年起，随着山东省自韩国进口减少而出口扩大，山东省对韩国贸易首次出现了顺差，2021 年顺差额达到了 123.67 亿美元（见图 3.12）。

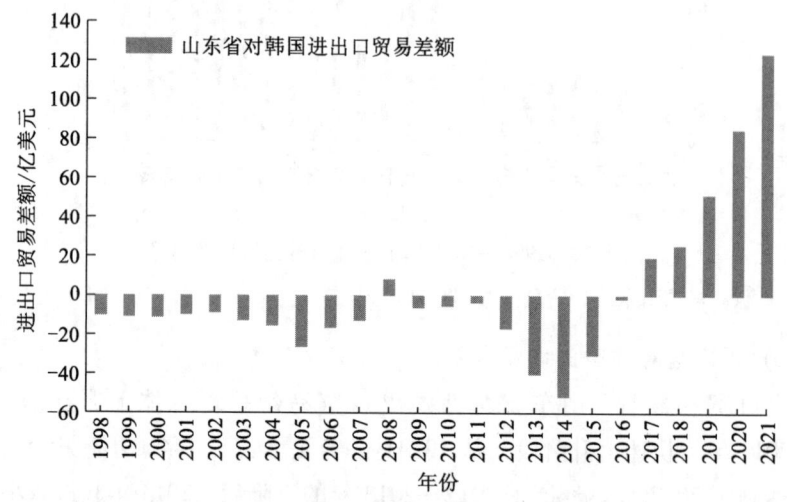

图 3.12　1998—2021 年山东省对韩国进出口贸易差额

资料来源：根据山东统计信息网数据整理得到。

二、山东省对韩国贸易占比分析

（一）山东省对韩国出口贸易额占比趋势变动

1998—2021 年，山东省对韩国进出口贸易额占山东省全部进出口贸易总额的比重都呈现总体下降的趋势（见图 3.13）。其中，2012 年之前下降趋势较为明显，2012—2017 年略有回升，2017 年之后基本在 8%～10% 附近波动。这种总体下降的趋势说明韩国作为山东省重要的贸易伙伴之一，其重要性有所下降，也反映出山东省对韩国市场的依赖程度在下降，对外贸易市场多元化发展战略取得了一定的效果。

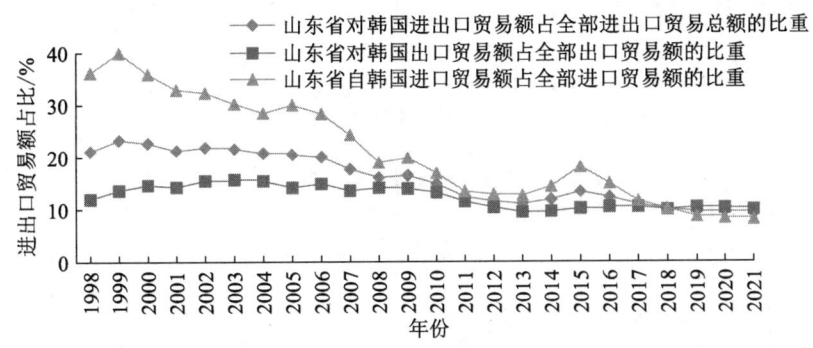

图 3.13　1998—2021 年山东省对韩国进出口贸易额占全部进出口贸易总额的比重

资料来源：根据山东统计信息网数据整理得到。

图 3.14 显示了山东省及中国对韩国进出口贸易额占比变动情况。与山东省对韩国进出口贸易额占比明显下降的趋势不同，中国对韩国进出口贸易额占全部进出口贸易总额的比重基本维持在 7% 左右，但山东省对韩国进出口贸易额占比明显高于全国的同类指标，说明山东省同韩国之间的贸易联系更加紧密。

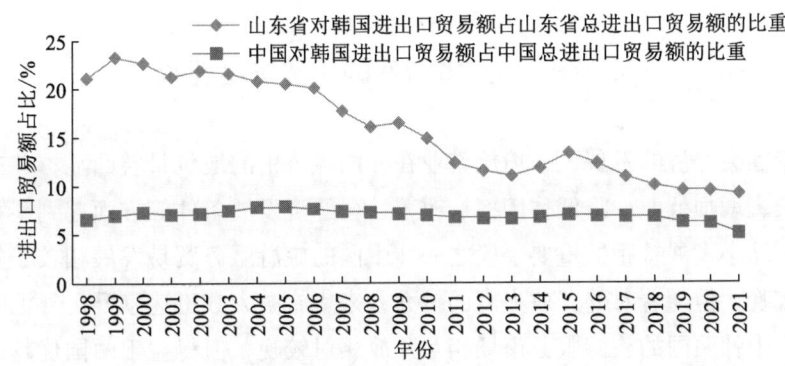

图 3.14　1998—2021 年山东省及中国对韩国进出口贸易额占比

资料来源：根据山东统计信息网数据整理得到。

（二）山东省对韩国出口贸易额占比横向比较

我国对韩国贸易的四个主要省份分别是江苏、山东、广东和浙江。2021 年上述四省对韩国出口贸易额占全国对韩国出口贸易额比重分别为 26.8%、22.42%、15.34% 和 10.17%，合计占比达到 74.73%。2007 年以来，广东省对韩国出口贸易额全国占比经历了先升后降的变动；江苏省与山东省对韩国出口贸易额全国占比波动上升；浙江省对韩国出口贸易额全国占比基本稳定。从变动趋势来看，山东省对韩国出口贸易额全国占比与江苏省的同一指标差距在拉大，与浙江省相比优势在缩小，表明相比江苏省与浙江省，山东省对韩国贸易竞争力出现下降。

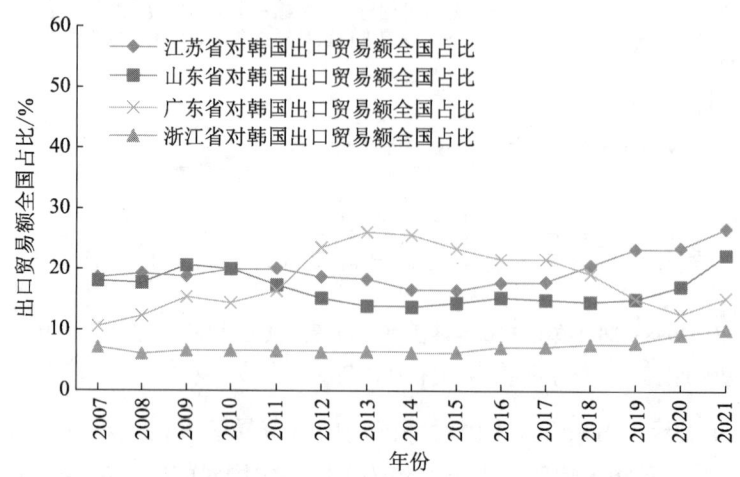

图 3.15　2007—2021 年苏、鲁、粤、浙对韩国出口贸易额全国占比

资料来源：根据四省统计信息网数据整理得到。

第四节　山东省与韩国旅游贸易现状

随着社会经济的发展，入境旅游业在一国经济中的地位日益凸显，并在促进经济增长、增加就业、降低贫困率、改善社会经济发展条件等方面起到了积极作用，成为缩小发展差距的重要手段之一。中国的旅游服务贸易发展相较于货物贸易起步较晚，但随着对外开放力度的扩大，来华旅游人数迅速攀升，外汇收入同期增长。中韩两国的旅游服务市场相互开放相对较晚，但得益于两国优越的地理优势、一脉相通的文化、合作共赢的经济合作及和平共处的政治理念，中韩双边旅游服务贸易规模与水平不断攀升。

一、山东省与韩国旅游服务贸易发展的基础环境

（一）中韩双方稳定的政治关系为旅游服务贸易发展提供了保障

韩国公民到中国旅游始于 1988 年汉城（首尔）奥运会以后，当时只能通过探亲、商务等渠道经过香港中转入境中国内地。1991 年年初，中韩两国在对方首都互设具有发放签证权力和领事职能的贸易代表部，给两国公民旅游提供了签证便利。1992 年，中韩正式建立外交关系后，两国高层交往频繁，双边沟通顺

畅，人文交流扩大，两国关系日益密切和成熟，旅游贸易环境越来越完善。随着中韩外交关系的不断升温，两国在各个领域开展的合作也取得了较大成就。2015 年 6 月 1 日，中韩两国政府正式签订《中华人民共和国政府和大韩民国政府自由贸易协定》，给两国企业带来前所未有的发展新机遇。2016 年的"萨德"入韩事件虽然对双边经贸合作与人文交流造成了一定的负面影响，但中韩两国政治关系总体发展平稳，友好合作的基础并未根本动摇。

（二）中国国内旅游服务业发展为入境游提供了基础

中韩两国间旅游服务贸易的扩大与中国国内服务业发展日益完善有着密切关系。1978 年，中央将原隶属于外交部的中国旅行游览事业管理局改为直属国务院的经济管理部门，意味着中国旅游服务市场改革的开始。此后，中央进行了一系列的改革，出台了若干政策，明确了旅游业在国民经济发展中的重要地位，并从制度层面推动旅游服务业快速发展。1992 年之后，中共中央、国务院将旅游业确定为第三产业中的重点产业，将"搞活市场、正确引导、加强管理、提高质量"作为国内旅游发展的重大方针，全国组建国家、省级、地方旅游局三级旅游质量监督管理所，推动旅游业体系逐步形成。2009 年，国务院提出"把旅游业培育成国民经济的战略性支柱产业和人民群众更加满意的现代服务业"；2016年，国务院将《"十三五"旅游业发展规划》纳入国家"十三五"重点专项规划。国家旅游日的确立、《中国旅游大辞典》的编纂、《中华人民共和国旅游法》的颁布，以及带薪休假制度的推出等，中央从政策、制度、法律法规多个层面推动旅游业健康蓬勃发展。随着国内旅游服务市场的逐步完善，来华旅游人数不断攀升。中国不断完善的旅游服务市场与环境吸引着越来越多的国际游客。

（三）中韩相互扩大开放旅游服务市场，为双边旅游提供便利

1994 年，韩国政府取消了公民到中国旅游的限制；1998 年，韩国正式被指定为中国公民出境旅游目的地国家，韩国正式为中国公民开放旅游服务市场，中国的一部分省市也对韩国公民开放；1998 年 11 月，中韩签署了《关于简化签证手续和颁发多次签证的协定》；2000 年 6 月，中国取消了原来只有 9 个省市公民能够赴韩旅游的限制；2001 年，韩国对中国旅游市场的开放扩大至中国所有地区；2005 年 5 月，韩国对中国游客实施了赴欧洲国家旅游可以在韩国中转滞留30 天免签证的政策；2008 年 1 月起，韩国对中国公民免签开放济州岛旅游市场；2010 年，为进一步促进中国公民赴韩旅游，韩国政府颁布实施了《放宽中国游客签证标准方案》；2013 年 7 月 17 日，韩国推出有关签证、住宿等新政策，采

取措施管理和规范旅游市场，提升接待中国游客的水平。为促进中日韩旅游业相互交流、共同发展，2006 年召开第一届中日韩三国旅游部长会议，目前已经召开了九届。2022 年，第 21 次东盟—中日韩旅游部长会议顺利召开，为中韩两国旅游服务贸易的顺利开展搭建了良好平台。

（四）中韩两国间交通运输逐渐完善助推了旅游服务贸易发展

不断完善的交通运输条件为两国各界人士进行交流访问、商务洽谈、旅游观光等提供了便利条件。1990 年，从中国山东威海到韩国仁川的第一条客货运输航线开通；1993 年，中韩海运协议签署，此后双方每年举行一次双边海运会谈，就双方关心的海运问题交换意见，协调立场；1994 年中韩航空运输协定签署以来，两国航空运输市场发展迅速；2005 年，中韩两国 10 家航空公司在 42 条航线上承运的旅客量达 635 万人次；2006 年，中韩签署了关于扩大两国航空运输安排的谅解备忘录。中韩航权新协议首次允许双方航空公司根据市场需要自行确定山东济南、青岛、烟台和威海等地与韩国间各条航线的班次和运力，允许中方航空公司根据市场需要增加到韩国济州岛的航班。2018 年 9 月，中韩海运航线再次实现升级，山东威海至韩国仁川的航程由原来的 14 个小时缩短至 10 个小时，进一步实现了中韩之间的"夕发朝至"。进入 2019 年，两国主要城市之间有约 60 条定期客运航线，每周近 1200 个班次。中国天津、青岛、大连、烟台、威海与韩国仁川、釜山、平泽等地有定期客货轮航线。

二、山东省与韩国旅游服务贸易发展现状

由于对外开放时间较早，对外经贸往来业务频繁，加之深厚的儒家文化、发达的沿海城市、特色鲜明的地方风景及政府的推动等多种因素，山东省的入境韩国旅游人数上升迅速。

（一）韩国游客来山东省旅游的阶段特点

从韩国游客人数与增长速度角度，大致可以将韩国到山东省的旅游发展分为四个阶段。

第一阶段为 2000 年之前。1990 年，来山东省的韩国游客达 0.77 万人，此后人数不断上升，1995 年为 98568 人，2000 年达到 183567 人。这期间来山东省的韩国游客人数绝对数虽然不高，但增长速度很快，年平均增长速度达到 37.4%。第二阶段为 2001—2007 年，这期间来山东省的韩国游客人数迅速上升，2007 年达到了 108.8 万人，年均增长速度为 28.9%。第三阶段为 2008—2012 年，受

2008 年金融危机影响，当年韩国到山东省的游客人数出现下跌，从 2009 年起又恢复增长，但增长速度较之前明显放缓，年均增长速度约为 10%。第四阶段为 2012—2019 年，每年来山东省的韩国游客人数基本在 150 万~170 万人次，处于高位徘徊阶段。图 3.16 为第二、三、四阶段韩国游客来鲁情况。2020—2022 年受新冠疫情影响，国际旅游业务基本中断，鉴于这种特殊情况，不能真实反映正常的韩国来山东省旅游状况，故不做单独阶段划分。

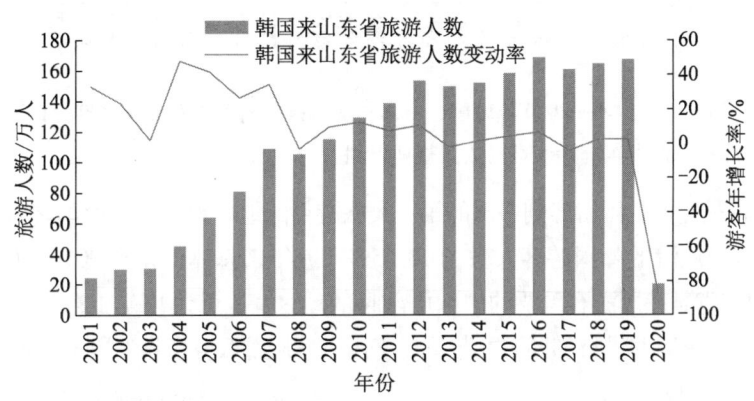

图 3.16 2001—2020 年韩国来鲁游客人数及年增长率

资料来源：根据山东统计信息网数据整理得到。

韩国是当前山东省第一大外国游客来源国。在山东省 9 个主要游客来源地中，韩国、日本、美国是最主要的客源国；其次是英国、德国与法国；最后是澳大利亚、加拿大和意大利。来自上述 9 个国家的游客人数占山东省接待外国游客总数的比例一直高于 73%，其中，韩国、日本、美国三国合计占比一直高于 61.97%（见附表 2）。图 3.17 显示了 1990—2020 年来山东省的韩国、日本与美国游客人数占山东省的全部外国游客人数的比重的变动趋势。1990 年，来山东省的韩国游客人数占比 11.12%，远低于日本，也低于美国。到 1995 年，来山东省的韩国游客人数占比 32.39%，超过了美国、日本，成为山东省第一大外国游客来源国。此后，韩国游客人数占比不断上升，到 2007 年达到了 53.85% 的历史高点，尽管 2008 年之后有所下降，但仍然维持在 44%~50%。2020 年，来山东省的韩国游客人数占全部外国游客人数的比重为 45.58%，远远高于全国同一指标的平均水平，这说明山东省国际旅游业的发展对韩国游客具有高度依赖性（具体数据见附表 3）。

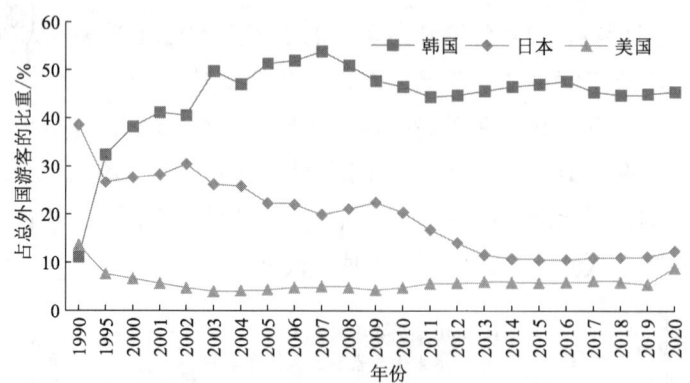

图 3.17 1990—2020 年韩国、日本与美国来鲁游客占总外国游客之比

资料来源：根据山东统计信息网数据整理得到。

　　山东省是当前韩国游客到中国的第一大旅游目的地。2000 年，韩国来山东省旅游的人数占入境旅游的韩国游客人数的 13.65%，近年来总体保持在 30%~40%（见图3.18）。山东省是韩国游客重要的中国旅游目的地之一，韩国也是山东省主要的游客来源地之一，巩固并维持韩国游客数量对于山东省旅游服务贸易发展至关重要。

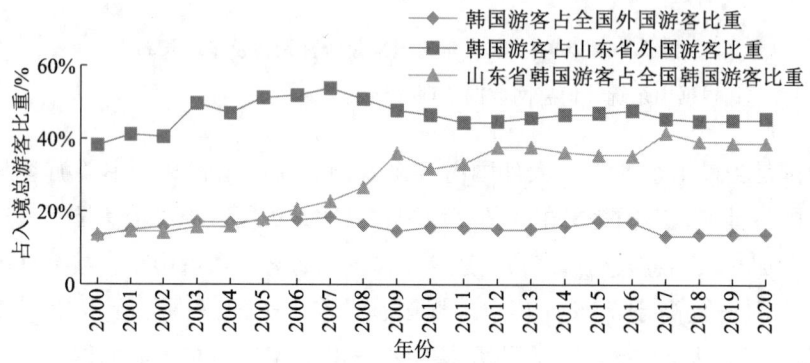

图 3.18 2000—2020 年山东省韩国游客占其入境总游客之比

资料来源：根据山东统计信息网数据整理得到。

第五节　韩国对山东省直接投资分析

一、韩国对中国直接投资状况

　　出口对韩国经济发展起着举足轻重的作用，韩国对外直接投资主要是为了扩大韩国产品的出口和提高其产品在国际市场上的竞争力。因此，韩国对外直接投资与对外贸易的国际、国内环境变化密切相关。20 世纪 80 年代后期，巨额的贸易顺差导致韩国与主要发达国家之间的贸易摩擦不断增加，韩国需要通过转移原产地来缓解与发达国家的矛盾。国内工资、房产价格上升，以及韩元兑美元的升值，导致韩国原产地产品的对外竞争力出现下降。为适应国际与国内的新形势，劳动密集型轻工业企业开始转向生产成本更低的东南亚各国。中国正值改革开放初期，劳动力低廉、政策优惠、地理相近、文化相似、市场庞大，自然成为韩国企业对外直接投资的首选目的地。①

（一）韩国对外直接投资基本情况

韩国早期的对外直接投资规模较小，发展缓慢。根据韩国进出口银行的数据，1968—1980 年韩国对外总投资项目数量为 395 个，总投资金额约 3.3 亿，平均每个项目投资约 83.5 万美元，1981—1987 年韩国对外直接投资项目年均 59 个，平均每个项目投资约 301.5 万美元。

1988 年以后，韩国对外直接投资步伐加快。1988 年韩国对外直接投资项目数量 188 个，1994 年韩国对外直接投资项目数量达到 1521 个，当年的对外直接投资额约 24.4 亿美元。尽管经历了亚洲经济危机，1994—1999 年韩国的年均对外投资项目数量仍高达 1272 个，年均对外直接投资达 38.3 亿美元，平均每个项目投资约 301.2 万美元。

自 2000 年起，对外直接投资项目数量超过 2000 个之后，韩国的对外直接投资出现了跳跃式发展。2000 年对外直接投资项目数 2191 个，2005 年 4721 个，2007 年 6075 个，年投资金额也从 2000 年的 54.1 亿美元增长到 2007 年的 231.5 亿美元。2000—2007 年年均对外直接投资 3786 项，平均每个项目投资约 231.6 万美元。

受 2008 年全球金融危机的影响，韩国 2009 年的对外直接投资金额缩减。2010—2015 年韩国的年均对外直接投资项目数量基本维持在 3000 个左右，年均投资金额约 292 亿美元，处于高位徘徊，平均每个项目投资约 967.3 万美元。

2016 年开始，韩国的对外直接投资进入了稳步发展阶段。2016—2018 年韩国的年均对外直接投资额达到 455.5 亿美元，年均对外投资项目数量为 3450 个，平均每个项目投资约 1320.1 万美元，远高于历史各期水平（具体数值见附表 4）。

通过上述分析，我们基本可以得出结论，2010 年之前韩国的对外直接投资项目数量增长较快，但单个项目的投资金额不高，基本维持在二三百万美元左

---

① 朴汉真. 韩国企业对华投资的发展及其动机 ［J］. 中国外资，2013（12）：19-21.

右；2010年之后，对外投资的数量增速放缓，但单个项目的投资金额明显放大，出现较多的大项目投资。

（二）韩国对中国直接投资基本情况

1. 韩国对中国直接投资总额

根据韩国进出口银行公布的统计数据，1988年韩国对中国投资项目数量为3个，投资金额约99.4万美元，而同期韩国的全球投资项目有188个，投资金额约27692.5万美元，由此可以看出，韩国对中国的投资相较于其他国家和地区起步较晚，早期投资金额低。图3.19绘出了1991—2022年韩国对中国总体投资金额变动情况。1991—2007年韩国对中国的直接投资额总体呈现明显上升的趋势，2008年之后基本在高位徘徊。

韩国对中国的直接投资变动与国际经济形势以及中国的国际关系变化有着重要的关系。1992年中韩正式建交后，直到1996年，韩国对中国的直接投资才出现稳步上升；受亚洲金融危机影响，1997—2001年韩国对中国的直接投资出现下滑；2001年中国加入世界贸易组织后，韩国对中国的直接投资开始进入快速发展阶段，这种快速发展一直持续到2007年；受2008年全球经融危机影响，韩国对中国的直接投资连续下滑，后虽有所上升，但2013年韩国对中国的直接投资额也没超过2007年水平；2014年以后，受到"萨德"事件及复杂国际环境影响，韩国对中国的直接投资一直徘徊在30亿~40亿美元，2018年后有所上升。受新冠疫情影响，虽然2020年出现回落，但2021年和2022年迅速回升并超过了2019年的水平（见图3.19），这说明韩国资本对中国市场仍旧充满信心。

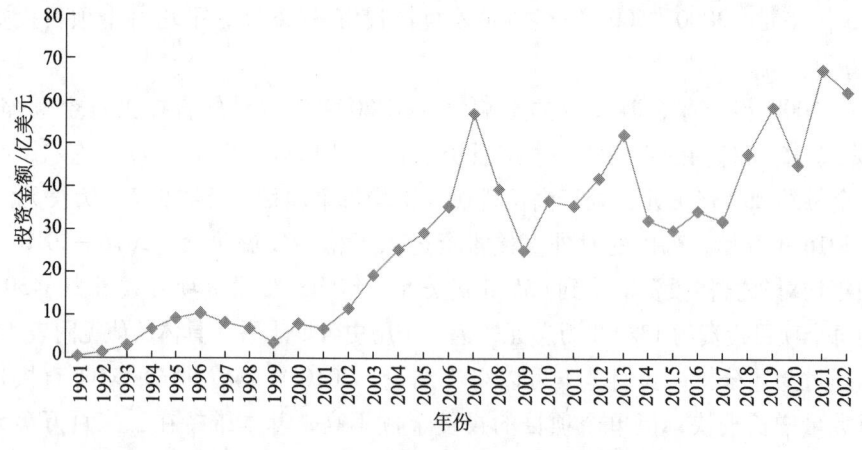

图3.19 1991—2022年韩国对中国投资金额变动趋势

资料来源：根据韩国进出口银行数据整理得到。

2. 韩国对中国直接投资横向比较

根据从韩国对外直接投资额洲际分布统计（具体数值见附表5），亚洲是韩国对外直接投资的主要地区，其次是北美洲，再其次是欧洲、南美洲，最后是大洋洲、中东及非洲地区。从韩国在各洲的投资额占比变化来看，近年来其在亚洲、中东、非洲的投资占比下降，在北美州、欧洲、南美洲和大洋洲的投资占比则不断上升，说明韩国企业对外直接投资的全球布局在区域上具有均衡化趋势，不再过度依赖亚洲。

3. 韩国对中国直接投资单项资金与行业分析

一般来说，外商直接投资的大项目具有投资金额高、技术含量相对高的特点，会给当地带来更高的技术溢出效应。而小的投资项目更具有劳动密集型的特点，更有助于解决东道国的劳动力就业问题。2018年，韩国对南美洲的单个项目的平均投资金额最高，为5938.14万美元，对亚洲的单个项目平均投资金额最低，为707.98万美元，其中对中国的单个项目平均投资额为970.68万美元，远低于对南美洲、欧洲、中东地区同一指标值，也低于北美洲和大洋洲的单个项目平均投资金额。可见，2018年之前韩国对中国的投资具有项目数量多、单个项目投资金额小的特点。2022年，韩国对中国的单个项目平均投资额为3984.8万美元，尽管还低于欧美地区的同一指标，但高于亚洲、中东与非洲地区。中韩两国的地理距离优势为韩国的中小企业进入中国市场提供了便利条件，但随着中国市场竞争的加剧，韩国的投资也朝着大项目的方向发展。

从韩国投资中国各个行业的先后时间来看，韩国对中国最早投资的行业是制造业。根据韩国进出口银行公布的数据，1988年韩国对中国投资的3个项目中有2个属于制造业；1989年7个项目全部属于制造业；1990年开始有资金进入交通运输、仓储和邮政业，住宿和餐饮业；1991年批发和零售业、农林牧渔业、采矿业开始有少量韩资进入；1993年开始有韩资进入金融保险业；1994年有韩资初次进入中国的房地产业；到1996年，韩资已经进入中国所有的18个主要行业领域①。

从韩国投资中国行业分布来看，制造业是最主要的投资领域，其次是批发和零售业、金融保险业、房地产业，最后是住宿和餐饮业、租赁和商务服务业、建

---

① 包括农林牧渔业，采矿业，制造业，电力、燃气供应业，水的生产和供应业，建筑业，交通运输、仓储和邮政业，信息传输、计算机服务和软件业，批发和零售业，住宿和餐饮业，金融保险业，房地产业，租赁和商务服务业，居民服务和其他服务业，科学研究、技术服务和地质勘查业，教育，文化、体育和娱乐业，卫生、社会保障和社会福利业。

筑业，以及信息传输、计算机服务和软件业，交通运输、仓储和邮政业等。1989年以来，韩国在中国制造业投资金额占比始终保持在 60% 以上，1990—1997 年，韩资逐步进入其他领域，制造业投资资金占比不断下降，这一阶段也是韩国对中国直接投资领域逐步多样化的阶段；1998—2006 年，韩国在中国制造业投资占比总体高于 80%；2007—2012 年，韩国在中国制造业投资占比总体在 60% ~ 80%；2013 年以后韩国在中国制造业投资占比基本在 80% 上下波动。

1991 年，韩国第一个投资于中国批发和零售业的项目落地；到 2020 年，韩国直接投资中国批发和零售业的资金占比达到了 6.01%，超过金融保险业的 1.07%，成为韩企直接投资中国的第二大行业。从投资资金占比来看，批发和零售业、金融保险业都呈现了先升后降的变动趋势（见图 3.20）。

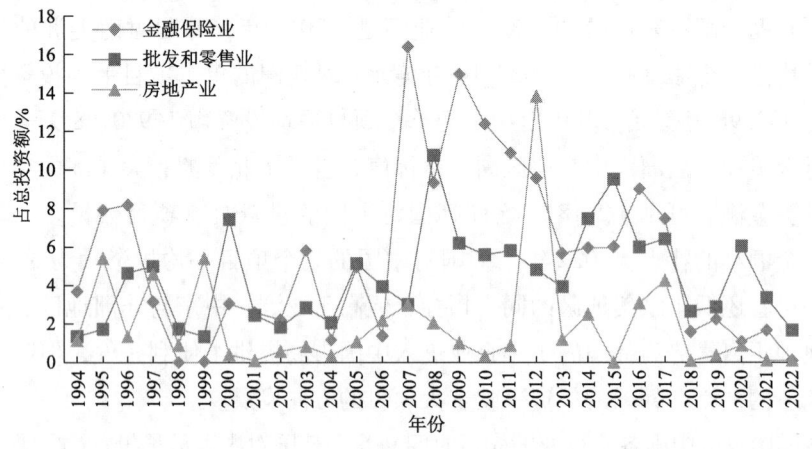

图 3.20　1994—2022 年韩国投资中国主要行业资金占比

4. 韩国在中国直接投资的亚洲比较

根据中国统计信息网数据，中国接收的外商直接投资主要来源于亚洲，其中亚洲主要的 5 个外商直接投资国（地区）分别是中国香港、新加坡、韩国、日本和中国台湾，以来自中国香港的 FDI 最高。2014 年以来，来自中国香港的 FDI 占来自亚洲的 FDI 的比重一直在 82% 以上，而来自另外 4 个亚洲国家（地区）的 FDI 占比相对在下降。考虑到香港地区属于中国的特别行政区域，在不考虑来自香港地区的 FDI 的情况下，在亚洲 4 个主要投资国家（地区）中，相较于来自日本与中国台湾的 FDI 的下降，来自韩国的 FDI 占比自 2014 年以来基本保持在 21% 以上，仅次于新加坡。这说明韩国 FDI 占中国全部 FDI 的比重尽管不高，近年来维持在 2% ~ 4%，但韩国仍然是除香港地区与新加坡之外的我国最主要的外商直接投资资金来源地（具体数值见附表6）。

二、韩国对山东省直接投资

（一）山东省实际利用韩国直接投资总量分析

根据山东省统计信息网数据，1998年以来，韩国在山东省的实际直接投资金额呈现先升后降的总体变动趋势（见图3.21）。1998年，韩国在山东实际直接投资342个项目，投资金额达59806万美元，投资金额占山东省当年接受外商实际直接金额的26.91%，此后一直到2006年，韩国对山东省的实际直接投资金额总体上升，2006年达到了37.14亿美元，较1998年增长了5.2倍，占山东省当年接受外商实际直接投资金额的37.13%。2003—2007年成为韩资集中大量进入山东省的最主要期间。但2008年实际进入山东省的韩国资金骤降到126483万美元，仅为2006年的三分之一，2008—2011年实际进入山东省的韩国资金不断下降，2011年韩国在山东省实际直接投资额仅为85479万美元。2012年以后，尽管韩国对山东省的直接投资额回升，但最高年度2018年的金额也未超过23亿美元，远不及2003—2007年的各年投资金额。2018年后山东省实际利用韩国直接投资金额出现断崖式下降。

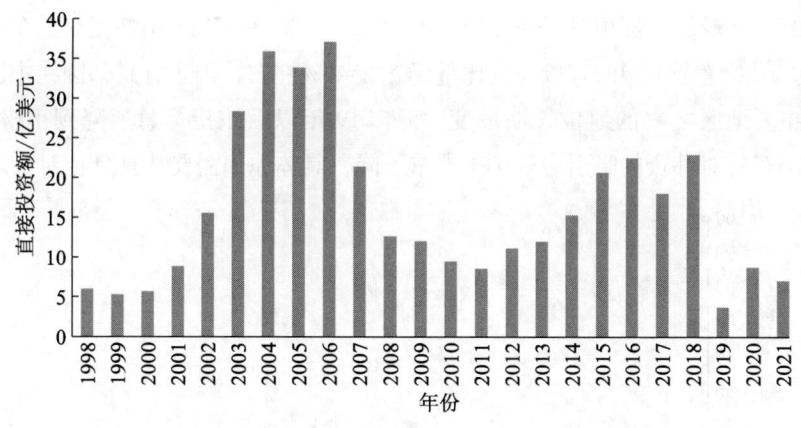

图3.21 1998—2021年山东省实际利用韩国直接投资金额

1998年以来，山东省实际利用外商直接投资额总体呈现上升态势，但同期利用的韩国实际投资额却呈现明显的先升后降的变动（见图3.22）。2008年以来，山东省全部FDI与来自韩国的FDI逐步呈现差距扩大趋势，这既是韩国资本全球布局调整的结果，同时也反映出山东省的外商直接投资来源多样化取得一定效果，对韩国资金的依赖程度在下降。

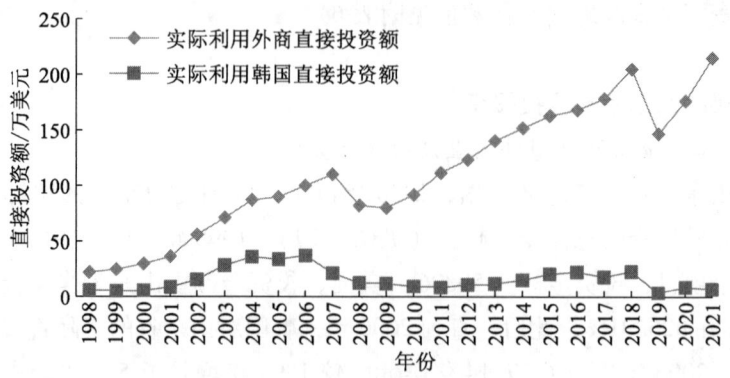

图 3.22　1998—2021 年山东省实际利用外商直接投资金额

（二）韩国在山东省 FDI 中占比分析

山东省的主要外商直接投资来源地包括韩国、中国香港、美国、日本、中国台湾、新加坡、英国、英属维尔京群岛和德国。2021 年上述 9 个国家（地区）对山东省直接投资占比 95.23%，其中韩国占比 3.28%（具体数值见附表 7）。

图 3.23 显示了山东省在韩国对中国直接投资中的占比变化情况。1998 年以来，韩国在山东省的投资一直占韩国在中国全部直接投资的 30% 以上，尽管韩国对中国的直接投资总额相对下降，但从占比来看，2008—2018 年韩国对山东省直接投资占韩国对整个中国的直接投资比重仍然在 40% 左右，山东省是韩国在中国直接投资的主要地区之一的地位长期没变。但 2019 年以后该指标急速降到 10% 左右，反映了山东省对韩资的吸引力近年来严重下降，具体原因需要认真分析对待。

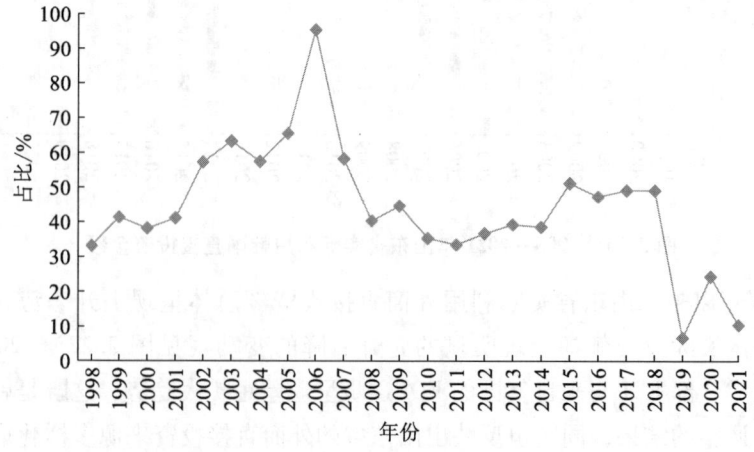

图 3.23　1998—2021 年山东省在韩国对华 FDI 中占比

山东省实际利用韩国直接投资额占全省实际利用外资额比重呈现 M 型变动趋势（见图 3.24）。1998—2004 年山东省实际利用韩资占比处于上升通道，2005—2011 年占比快速下降，2012—2018 年尽管占比略有上升，但基本围绕在 10%做小幅波动，2019 年之后占比又出现下降。从投资项目的数量来看，韩国在山东省 FDI 项目数量的各年度占比要高于同年的资金占比，说明韩国在山东的直接投资具有项目相对多、单个项目资金额相对较小的特点。

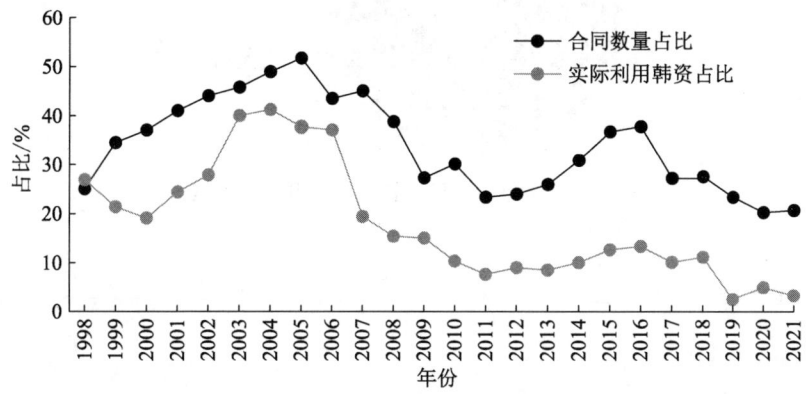

图 3.24　1998—2021 年山东省实际利用韩资占全省 FDI 比重

附表 7 列出了 1998—2021 年主要国家和地区对山东省实际投资占全省实际利用外资的比重。可以看出，在山东省外商直接投资主要来源地中，来自中国香港的资金占比大幅上升，来自德国与新加坡的资金占比小幅上升，来自韩国等其他主要国家和地区的资金占比则在下降。2021 年，韩资占比 3.28%，远低于中国香港的 75.52%，也低于新加坡和日本的 6.93%和 5.17%，但高于美国、德国、英国等国的同一指标。尽管来自韩国的 FDI 资金占比在下降，但韩国始终保持了山东省前四大外资来源地的地位（见图 3.25）。

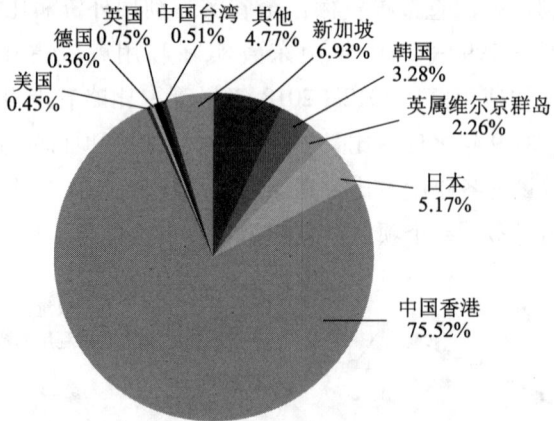

图 3. 25　2021 年山东省主要 FDI 来源实际投资占比

第四章

山东省对韩国贸易的依赖性与竞争性

第一节　山东省对韩国贸易的依赖性分析

一、产品进出口匹配度分析

根据大卫·李嘉图的相对成本论，一国出口的主要是本国劳动效率最高、国际竞争力较强的具有比较优势的产品。而相对比较优势产品的形成与扩张不仅由本国的产业结构、资源优势、企业能力、市场竞争等多种因素直接决定，而且与进口国的有效需求密切相关。在开放经济条件下，国外市场需求的变化会通过国际贸易影响一国产业结构的变化，进而影响该国的出口产品结构，当出口国出口产品结构与进口国市场需求结构的匹配度增加时，说明两国产品的互补性提高，贸易的依赖性增强。因此，将出口国的主要出口产品大类与进口国的主要进口产品大类进行匹配分析，有助于从产业的国际竞争力和市场需求的视角分析两国之间的经贸合作基础，并有助于对未来的经贸合作做出分析预测。

按照《商品名称及编码协调制度的国际公约》（简称 HS 编码）中对商品的分类标准①，对 2019 年山东省主要进出口商品大类及韩国主要进出口商品大类进行统计和匹配分析②，结果如表 4.1 所示。匹配结果显示：第 16、15、6、17 大类商品既是山东省主要出口商品大类，同时也是韩国主要进口商品大类；山东省主要进口前六大类商品中，第 16、5、7、15 大类同时也是韩国主要出口商品大类。上述结果表明，山东省对韩国及韩国对山东省的进出口都具有高度的匹配性，说明山东省与韩国的贸易合作具有较好的产业基础与市场需求基础，两地未来的贸易合作前景良好。

---

① HS 采用六位数编码，把全部国际贸易商品分为 22 类 98 章，章以下再分为目和子目。HS 每 4 年修订 1 次，世界上已有 200 多个国家使用 HS 编码，全球贸易总量 98% 以上的货物都是以 HS 编码分类的。

② 考虑到新冠疫情的影响，中韩贸易 2020 年以后的数据并不具有代表性，所以这里选择分析疫情在世界范围内暴发前的 2019 年的数据。

表 4.1　2019 年山东省与韩国主要进出口商品大类匹配表

山东省主要出口商品大类	韩国主要进口商品大类	山东省出口与韩国进口商品匹配大类	山东省主要进口商品大类	韩国主要出口商品大类	山东省进口与韩国出口商品匹配大类
第 16 类、机械、电气设备、电视机及音响设备	第 5 类、矿产品		第 5 类、矿产品	第 16 类、机械、电气设备、电视机及音响设备	
第 11 类、纺织原料及纺织制品	第 16 类、机械、电气设备、电视机及音响设备		第 16 类、机械、电气设备、电视机及音响设备	第 17 类、车辆，航空器，船舶及运输设备	
第 15 类、贱金属及制品	第 6 类、化学工业及其相关工业产品	第 16 类 第 15 类 第 6 类 第 17 类	第 7 类、塑料及其制品；橡胶及其制品	第 15 类、贱金属及制品	第 16 类 第 5 类 第 7 类 第 15 类
第 7 类、塑料及其制品；橡胶及其制品	第 15 类、贱金属及制品		第 2 类、植物产品	第 6 类、化学工业及其相关工业产品	
第 6 类、化学工业及其相关工业产品	第 17 类、车辆，航空器，船舶及运输设备		第 1 类、活动物；动物产品	第 5 类、矿产品	
第 17 类、车辆，航空器，船舶及运输设备	第 18 类、光学、钟表、医疗设备		第 15 类、贱金属及制品	第 7 类、塑料及其制品；橡胶及其制品	

资料来源：根据国别贸易数据库及山东统计年鉴数据整理得到。

二、贸易结合度

贸易结合度（Trade Intensity，TI）是衡量两国贸易相互依存程度的一个重要综合性指标，由经济学家布朗于 1947 年最早提出，后经过日本经济学家小岛清等的研究得到了完善。贸易结合度是指一国对某一特定贸易伙伴国的出口额占该国出口总额比重与该贸易伙伴国进口总额占世界进口总额比重的比例。该指标数值越大，表明两国贸易联系紧密程度越高。贸易结合度的具体计算公式如下：

$$\text{TI}_{ab} = (X_{ab}/X_a) / (M_b/M_w)$$

其中，TI_{ab} 表示 a 国对 b 国的贸易结合度，X_{ab} 表示 a 国对 b 国的出口贸易额，X_a 表示 a 国出口贸易总额；M_b 表示 b 国进口贸易总额，M_w 表示世界进口贸易总额。如果 $TI_{ab}=1$，表明 a、b 两国在贸易方面的联系程度处于全球一般水平；如果 $TI_{ab}>1$，表明 a、b 两国在贸易方面的联系程度相对紧密；如果 $TI_{ab}<1$，表明 a、b 两国在贸易方面的关系较为疏远。

图 4.1 显示了 1998—2021 年山东省与韩国的贸易结合度指标变动趋势，从指标值来看，无论是山东省对韩国贸易结合度还是韩国对山东省贸易结合度都远远高于 1，表明山东省与韩国在贸易方面的联系非常紧密（具体数值见附表 8）。从变动趋势来看，韩国对山东省的贸易结合度与山东省对韩国的贸易结合度都呈现下降趋势。依据变化情况，可以将山东省与韩国贸易结合度分为两个阶段。第一阶段为 2011 年之前，山东省与韩国贸易结合度从高位快速下降。1998 年韩国对山东省的贸易结合度为 15.5201，2011 年该指标降为 4.4498；同期山东省对韩国的贸易结合度也由 7.3067 降到 4.0288，韩国对山东省贸易结合度下降的速度远高于山东省对韩国贸易结合度下降的速度。第二阶段为 2012 年至今，山东省与韩国贸易结合度基本在 2~5 波动。但 2017 年以后，韩国对山东省贸易结合度已经低于山东省对韩国贸易结合度，表明山东省对于韩国外贸发展的重要性在降低。尽管两地的贸易结合度指数下降，但远高于 2 的结合度指标表明山东省与韩国贸易依存关系仍然非常紧密，近期两地贸易的合作基础仍然稳固。山东省与韩国贸易结合度下降的趋势也为未来两地贸易的发展带来了一定的不确定性。

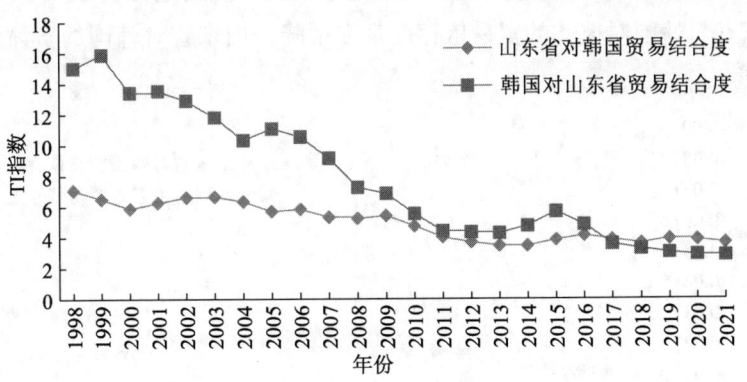

图 4.1　1998—2021 年山东省与韩国贸易结合度指标变动趋势

三、贸易依存度

贸易依存度（Trade Dependency，TD）是指一国的进出口贸易额占该国国民生产总值（GNP）或国内生产总值（GDP）的比重，反映了一国对国际市场的依赖程度，是衡量一国对外开放程度的重要指标。其中，出口总额占 GNP 或 GDP 的比重称为"出口依存度"，进口总额占 GNP 或 GDP 的比重称为"进口依存度"。外贸依存度的数值越大，表明该地区经济发展对国外市场的依赖程度越高，也反映了国际市场对该地区产品认可程度的提高及对该地区经济拉动作用的增强。

根据公式计算出山东省对韩国的对外贸易依存度、出口依存度和进口依存度，以及韩国对山东省的上述三项指标（结果见附表 9）。图 4.2 为 1998—2021 年的贸易依存度曲线，由图可见山东省对韩国的贸易依存度远远高于韩国对山东省的贸易依存度，相对而言，山东省与韩国间的贸易对于山东省的经济发展起到了更加重要的作用。从变动趋势上看，山东省对韩的贸易依存度与韩国对山东省的贸易依存度都呈现出先升后降的变动，但具有逐步靠拢的趋势。1998—2005 年山东省对韩的贸易依存度不断上升，到 2005 年达到最高值 0.0809；2006—2019 年山东省对韩的贸易依存度几乎呈现单边下降趋势，2019 年达到最低值 0.0277，2020—2021 年略有上升。从韩国对山东省的贸易依存度指标值来看，1998—2010 年韩国对山东省的贸易依存度稳步上升，2010 年的峰值为 0.0245；2011 年以后韩国对山东省的贸易依存度基本稳定，略有波动。2021 年山东省对韩的贸易依存度为 0.0324，韩国对山东省的贸易依存度是 0.0230，差距已经由 2005 年的 0.0641 降到 0.0094。上述分析表明：2010 年以来，山东省与韩国对彼此的贸易依存度都在下降，山东省对韩国的贸易依存度下降幅度更大。

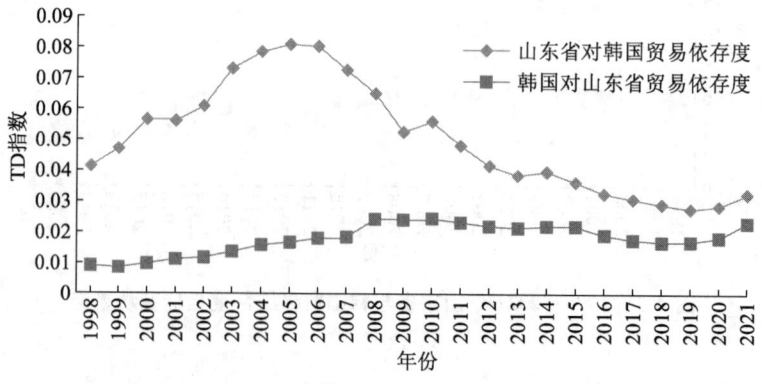

图 4.2　1998—2021 年山东省与韩国贸易依存度变动趋势图

山东省与韩国的贸易额占韩国 GDP 的比重尽管不高，但基本稳定的小幅波动表明，韩国的经济发展对山东省仍然具有一定的依赖性。山东省对韩国的贸易依存度下降主要源于两点：一是多年来推行市场多元化发展战略，尤其是加大对新兴市场国家、"一带一路"沿线国家和地区的市场开发力度，山东省经贸合作伙伴呈现多元化。二是伴随着产业结构转型升级、外贸调结构转方式、扩大内需等多种政策的实施，在一定程度上降低了对外部市场的依赖。但当前山东省经济发展对韩国的依赖程度远高于韩国经济发展对山东省的依赖，任何经济、政治、文化等国际、国内环境的变化，都将给山东省的经济发展带来相对更大的不确定性，中韩经贸合作的平稳向好发展对于山东省的经济发展非常重要。

一般而言，在开放经济条件下，小国的贸易依存度大于大国，处于经济发展中期阶段的国家由于第二产业比重高，可贸易产品在国际上具有一定的竞争力，因此外贸依存度较高，美国、日本等发达国家的外贸依存度都经历了由低到高、再由高到低的变化。由于山东省的经济发展已经进入工业化发展阶段，山东省对韩国贸易依存度的变化趋势也是山东省经济整体发展的必然结果。

第二节　山东省对韩国贸易的竞争性分析

一、贸易竞争力指数分析

（一）贸易竞争力指数

贸易竞争力（Trade Competitiveness，TC）指数也称为贸易竞争优势指数，是分析对外贸易国际竞争力比较常用的测度指标之一，它表示一国进出口贸易的差额占进出口贸易总额的比重，计算公式为：

$$TC = (X_i - M_i) / (X_i + M_i)$$

其中，X_i 代表 i 产品的出口贸易额，M_i 代表 i 产品的进口贸易额，贸易竞争力的取值范围是 $[-1, 1]$。TC 指数值越接近 0，表示竞争力越接近于平均水平；指数值越接近于 1，则竞争力越强，等于 1 时，表示该产业只出口不进口；指数值越接近于 -1，表示竞争力越弱；等于 -1 时，表示该产品只进口不出口。具体划分如下：（0.6，1）代表极强竞争优势，（0.3，0.6）代表较强竞争优势，（0，0.3）代表微弱竞争优势，（-0.3，0）代表微弱竞争劣势，（-0.6，-0.3）代表较大竞争劣势，（-1，-0.6）代表极大竞争劣势。

（二）主要产品贸易竞争力指数分析

根据公式中的出口额与进口额的取值不同，TC 指数可以用于对外贸易综合情况分析，也可以用于分析特定产品大类的贸易竞争力情况。根据世界海关组织的商品分类标准（HS），计算了 2021 年山东省主要产品大类的贸易竞争力指数（结果见附表 10）。从表中的 TC 指数值来看，第 20、12、13、17、11、8、4、15 和第 6 大类产品的贸易竞争力指数大于 0.6，说明山东省在这九大类产品上具有极强竞争优势；第 14、7、16 大类产品的贸易竞争力指数为 0.3~0.6，具有较强竞争优势；第 9 大类产品的贸易竞争力指数为 0~0.3，具有微弱竞争优势。竞争力指数为负的主要有第 18、2、10、1 和第 5 大类产品，在国际竞争中实力相对较弱，尤其是第 5 大类矿产品−0.9236 的 TC 指数值说明山东省矿产品对外依赖特别严重。

附表 11 显示了 2021 年韩国主要产品大类贸易竞争力指数的计算结果，从中可以看出，有五大类产品的 TC 指数值为正，其中第 17 和第 7 大类产品具有较强竞争优势；第 16、15 和第 6 大类产品具有微弱竞争优势，余下的产品大类 TC 指数值均为负，其中第 20、5、8、12、1 和第 2 大类产品的 TC 指数低于−0.5，说明韩国的上述产品的国际竞争力处于较大竞争劣势水平。

对比山东省与韩国各大类产品的贸易竞争力指数发现，山东省的 TC 指数为正的有 13 大类产品，韩国有 5 大类，说明山东省有更多的具有国际竞争优势的产品，相比较而言，韩国的贸易顺差更依赖于少数产品大类。韩国贸易竞争力指数最高的六大类产品分别是第 17、7、16、15、6 和第 18 大类，山东省的贸易竞争力指数最高的六大类产品分别是第 20、12、13、17、11 和第 8 大类。除了其中的第 17 大类相同之外，其他各类均不同。一般认为第 16、17、18 大类属于资本与技术密集型产品，第 20、12、13、14 大类属于劳动密集型与资源型密集型产品，山东省与韩国产品大类竞争力指数的差异，反映出两地产业发展层次与产业结构的不同，体现了韩国作为发达国家所具有的优势产业特征和山东省作为发展中地区所具有的优势产业特点，这种产业结构与产品结构的差异展示了双方合作的必要性和双赢前景，但也提出了一个严峻的课题，即山东省如何推动产业结构与产品结构升级以便在未来的对外经贸合作中获取更多利益。

二、显示性比较优势指数分析

（一）显示性比较优势指数

显示性比较优势（Revealed Comparative Advantage，RCA）指数是由美国经济学家巴拉萨于 1965 年首次提出，它是衡量一国产品或产业的国际市场竞争力较具说服力的指标之一，旨在定量地描述一个国家内各个产业（产品组）相对出口的表现。通过 RCA 指数可以判定一国的哪些产业更具出口竞争力，从而揭示一国在国际贸易中的比较优势。显示性比较优势指数采用一个国家某种商品出口额占其出口总值额的比重与世界出口总额中该种商品出口额所占比重的比率表示，其计算公式为：

$$RCA_{ij} = (X_{ij}/X_{tj}) \div (X_{iW}/X_{tW})$$

其中，X_{ij} 表示 j 国出口 i 产品的贸易额，X_{tj} 表示 j 国的出口贸易总额；X_{iW} 表示世界出口 i 产品的贸易额，X_{tW} 表示世界总出口贸易额。

一般而言，RCA 指数值接近 1，表示中性的相对比较利益，没有相对优势或劣势可言；RCA 指数值大于 1，表示该商品在国家中的出口比重大于在世界上的出口比重，则该国的此产品在国际市场上具有相对比较优势，具有某种程度的国际竞争力；RCA 指数值小于 1，则表示此产品在国际市场上不具有比较优势，国际竞争力相对较弱。根据日本贸易振兴会制定的标准，可以根据显示性比较优势指数的大小更准确地得到竞争力所处的水平：当 RCA≥2.5 时，表明该商品具有极强的国际竞争力；当 1.25≤RCA<2.5 时，表明该商品具有较强的国际竞争力；当 0.8≤RCA<1.25 时，表明该商品具有中度的国际竞争力；当 RCA<0.8 时，表明该商品竞争力较弱。

RCA 指数的特点是不直接分析比较优势或贸易结构形式的决定因素，而是从商品进出口贸易的结果来间接地测定比较优势。RCA 指数有它的局限性：当一个产业的产业内贸易盛行时，以显示性比较优势指数所衡量的该经济体和产业的比较优势不具有客观性，更不能用来预测贸易发展的模式，同时 RCA 指数也忽视了进口的作用。但由于 RCA 指数在经验分析中可以摆脱苛刻的各种理论假设的制约，因而比较适合于现实的国际贸易结构分析。

（二）主要产品显示性比较优势指数计算

在对山东省主要产品的显示性比较优势指数分析中，我们选择了农产品、机械和运输设备、化学产品、纺织服装进行分析。之所以做出这种选择，一是考虑数据的可获得性、连续性与国际可比性，二是因为这四大类产品的出口总额占山东省出口总额的60%以上，最高年份达到77%，是主要的出口产品大类，对这四大类产品的RCA分析，有助于较好地反映山东省出口产品的国际竞争能力的基本状况。

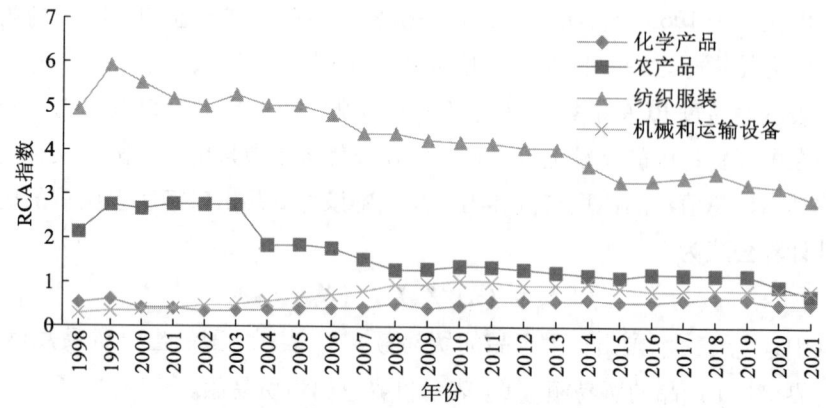

图4.3　1998—2021年山东省主要出口产品RCA指数值变动趋势

图4.3显示，上述四大类产品中，纺织服装的RCA指数值最高，其次是农产品，最后是机械和运输设备及化学产品。1998年以来，山东省纺织服装的RCA指数远远高于2.5，具有极强的国际竞争力，但这种国际竞争力有下降的趋势。尽管纺织服装的国际竞争力有所下降，但当前仍保持了极强的国际竞争力水平。

农产品RCA指数呈现较为明显的下降趋势。1999—2003年，农产品的RCA指数一直保持在2.5以上，具有极强的国际竞争力；2004—2012年，RCA指数降到1.25~2，属于较强国际竞争力水平；2013—2021年，RCA指数介于0.8~1.25，具有中度国际竞争力。尽管山东省农产品的国际竞争力总体水平在降低，但当前仍然处于中度国际竞争力水平。化学产品的RCA指数较低，但呈现较为稳定的上升趋势。

机械和运输设备的RCA指数呈现先升后降趋势，由1998年的0.2926上升到2010年的1.0407，后又下降到2021年的0.8398，当前国际竞争力处于中度偏下的水平。其中，1998—2006年国际竞争力较弱，2007年开始步入中度国际竞争力行列，但近年来RCA指数低于1，表明山东省在机械和运输设备的国际竞争中还有很长的路要走（具体指数值参见附表12）。

山东省纺织服装的国际竞争力极强，农产品的国际竞争力较强，但二者都属于资源与劳动密集型行业，产品的技术含量低，附加值不高。机械和运输设备、化学产品属于资本与知识密集型产品,尽管其 RCA 指数都在上升,但当前的国际竞争力仍然较弱。因此,推动高附加值产品国际竞争力的提高,抢占国际市场仍然是山东省面临的一项重要任务。

图 4.4 显示了 1998—2021 年韩国主要出口产品 RCA 指数变动趋势,由图可以看出,化学产品的 RCA 指数呈现总体上升趋势,纺织服装的 RCA 指数呈现总体下降趋势,机械和运输设备与农产品的 RCA 指数基本维持稳定。

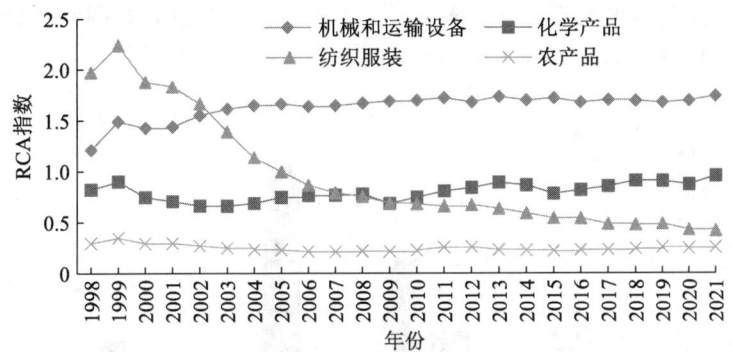

图 4.4　1998—2021 年韩国主要出口产品 RCA 指数值变动趋势

韩国化学产品的 RCA 指数基本处于 0.8~1.25 并保持总体上升趋势,说明韩国化学产品的国际竞争力在逐步提升,目前处于中等偏上水平。纺织服装的 RCA 指数由 1998 年的 1.9731 下降到 2021 年的 0.4179,说明当前国际竞争力较弱。

机械和运输设备的 RCA 指数经历了 1998—2003 年的较快增长后,2004—2021 年 RCA 指数基本维持在 1.6~1.7,说明国际竞争力处于较强水平。农产品的 RCA 指数基本维持在 0.2~0.5,说明韩国农产品的国际竞争力极弱。

韩国机械和运输设备的国际竞争力较高,这与韩国资金比较充足、重视机电技术研发具有重要关系。农产品的极弱竞争力主要源于韩国的农业资源匮乏。纺织品是服装产品的原料,其品质高低与纺织产品的研发水平密切相关,韩国在服装面料方面的竞争优势可见一斑。纺织服装一般属于劳动密集型产品,韩国纺织服装的 RCA 低与劳动力短缺密切相关。

从发展趋势来看,山东省的化学产品、机械和运输设备的 RCA 指数具有长期上升趋势,但与韩国的差距仍然明显。农产品与纺织服装的 RCA 指数趋于下降,但目前仍然具有较强的国际竞争力,尤其是纺织服装。

经过对比分析可以看出(见图 4.5),韩国化学产品、机械和运输设备等资本与知识密集型产品的国际竞争力较强,而山东省在纺织服装、农产品等资源与劳动密集型产品的国际竞争力相对较强，因此山东省与韩国经贸合作具有稳定的产业基础。

改革开放初期，由于经济发展水平和产业结构层次较低，中韩贸易的产业分工以垂直分工为主，中国在传统的"雁行模式"中处于"雁尾"，韩国和日本则分别处于"雁身"和"雁头"，这种分布态势至今虽然没有发生根本变化，但随着经济水平的提升和产业结构的转型升级，中韩产业结构趋同发展，山东省与韩国的合作模式会逐步由垂直分工向水平分工转变，山东省与韩国经贸合作的互补性与竞争性共存，并且竞争会趋于激烈。

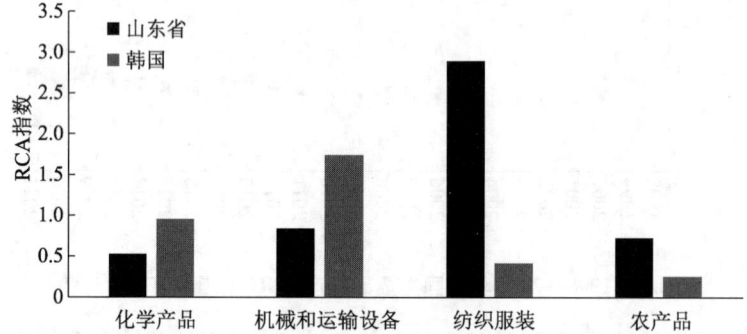

图 4.5　山东省与韩国 2021 年主要产品 RCA 指数比较

第五章

山东省对韩国出口贸易中的经济因素

第一节 韩国对外贸易发展的阶段性特点

战后韩国的贸易发展战略可分为进口替代发展战略时期、以轻工产业为主导的出口发展战略时期、以重化工产业为主导的出口发展战略时期、国际化与"科技立国"发展战略时期四个阶段。

一、进口替代发展战略时期（1953—1961 年）

二战结束之前，朝鲜半岛有长达三十多年的时间处于日本的殖民统治之下，日本政府控制并掌握了韩国的全部经济命脉，限制朝鲜民族资本主义的发展，掠夺朝鲜资源，使朝鲜半岛经济严重依附日本。二战结束之后，在美国辅助下的朝鲜半岛南部断绝了同日本的经济联系，失去了以往经济运营机制的朝鲜半岛南部经济陷入了空前衰退。1948 年 8 月大韩民国成立后，为恢复和稳定经济，实施了稳定物价、控制通货膨胀、发展农业与日用消费品工业的主要经济政策。但接下来的朝鲜战争使逐步恢复中的韩国经济又遭受严重破坏，工业和农业生产极为落后，工业体系难以构建，工业消费品和日用消费品严重短缺。美国在这期间提供了经济援助，缓解了韩国生活必需品的紧张，但美国大量农产品的输入又对韩国的农业发展造成了打击。韩国的工业主体是技术低下的中小规模企业，国际竞争力不足，国内资源匮乏，在无法通过有效的出口战略来满足国内需求的形势下，韩国采取了利用廉价的国际原材料和初级产品发展内需产业的进口替代战略，利用关税和非关税壁垒限制国外商品进入，保护国内市场。

进口替代战略的实质是通过贸易保护措施实现保护本国产业发展的目的，即由本国生产制造的产品取代进口产品来满足国内市场的需求。韩国在实施进口替代战略中，采取差别关税制度、外汇管制及财政扶持等多种措施，优先发展在当时具有相对竞争优势的食品与服装纺织等轻工产业。劳动密集型的轻纺工业在战争中遭受的破坏程度较低，相对于重工业发展，其需要的资金投入少、技术要求低，产品对于改善民生至关重要，同时有利于解决当时面临的严重失业问题。

根据国内物资紧缺程度及市场价格情况，韩国对进口商品实施差别关税的分类管理办法。对于可以完全实现国内生产或可替代的消费品实施高关税、进口配额限制直至完全禁止进口；对于轻工业发展急需的生产设备、动力资源与原材料等实施低关税甚至零关税，以培育轻工产业发展的产业基础；对于无法完全实现国内生产而需要进口的商品实施分级差别税率，越紧缺税率越低，反之越高。为有效利用仅有的外汇，韩国实施了严格的外汇汇率分类管理制度，使兑换汇率有利于工业生产所必需的生产资料、生产设备、动力资源的进口，而不利于最终消费品的进口。同时，韩国对本国生产进口替代产品的私人企业提供了财政、信贷与汇率方面的优惠支持。随着政府对工业部门投资的不断增加和进口替代的重点由开始的制粉、制糖、纺织等逐渐转向金属、机械、化学等产业，工业内部结构有了改善。

进口替代战略的实施，不仅使人民的基本生活得以保障，而且稳定了国内物价，促进了韩国产业结构不断优化，纺织食品制造业得到较快发展，金属、机械、化学等重化学产业也有一定的发展，为实行出口导向型经济发展战略奠定了一定的产业基础。但以保护主义为特征的进口替代战略在限制外国商品进口的同时，也影响了本国商品的出口，加之对原材料、动力资源进口的刚性需求，导致韩国国际收支一再失衡。由于没有充分利用有利的国际经济条件来发展自己的经济，企业未能参与国际分工与交换，降低了本国企业技术创新与改善经营管理的积极性，最终影响了本国企业的国际竞争力。

二、以轻工产业为主导的出口发展战略时期（1962—1972 年）

经过 8 年的进口替代战略实施，凭借丰富廉价的劳动力资源①，韩国国内培养了大批熟练工人与技术、管理人才，劳动效率与产品产能获得一定提高，以轻工业为主导的劳动密集型产业获得了较快发展。由于国内市场有限，韩国的轻工产品需要走出国门寻找国际市场。以电子科学为核心的第四次科技革命的爆发，促使发达国家产业结构升级，美国、日本等国家集中发展资本密集型工业产业，韩国等国家和地区因为开放的政策与较好的基础设施，承接了美日劳动密集型产业的转移，并通过加工贸易向发达国家出口产品。朴正熙在 1961 年通过军事政

---

① 1960 年，制造业中美国工人的平均月工资为 385 美元，新加坡为 55 美元，中国香港为 30 美元，中国台湾为 20 美元，而韩国仅为 5 美元，是美国工人的 1/77。

变上台后，开始实施"出口导向"型的发展战略，推动韩国经济飞速发展，国际竞争力迅速提高，韩国从以小农经济为主的落后国家转为新兴的工业化国家，成为"亚洲四小龙"之一，创造了汉江奇迹①。

韩国实行由政府主导的外向型经济发展战略，成为培养韩国经济发展的重要基础。"出口导向"型发展战略实施的早期措施主要是大力引进外商直接投资，利用高关税保护本国市场的同时，利用外资与先进技术发展本国劳动密集型产业，通过加工贸易嵌入国际产业链。在具体措施上，韩国建立出口商品基地，引导、扶持本国大企业参与国际市场竞争；从1961年开始实施浮动汇率制，韩元的持续贬值为商品的出口创造了有利条件；政府以国家信用为出口企业和企业外债提供背书担保，通过融资、信贷、税收等多重优待激励企业出口；通过"外资引进法"放松对外国资本的限制，将外资引向大力扶持的制造业；建立自由贸易区，吸引外商直接投资，引进先进技术，带动本国企业参与国际市场竞争。

韩国把经济活动的重心从以当地市场为主转向以国际市场为主，采取外贸多边化和自由化的政策，参与国际分工和世界市场竞争，以外贸出口带动整个国民经济发展。正是在这一阶段实现了经济起飞，韩国主要从美国和日本进口原材料和消费品，并生产初级产品和轻工业产品出口到包括美国和日本在内的世界市场，外贸出口额开始逐年扩大。1962年韩国出口额仅为0.54亿美元，1964年达1亿美元，到1970年突破10亿美元，1971年外贸出口额达到1960年的32倍，年均增长率超过40%。出口的发展也为工业和服务业创造了大量就业，1970年出口相关制造业就业人数占总就业人数比重达29.6%。

三、以重化工产业为主导的出口发展战略时期（1973—1981年）

进入20世纪70年代，东南亚发展中国家的崛起削弱了韩国在劳动密集型产业中原有的比较优势。抓住发达国家由资本密集型产业转向技术密集型产业发展的机遇，韩国承接了发达国家向外转移的重化工业产业，引导企业向资本密集型产业转移。1973年韩国发表《重化学工业宣言》，在"出口导向型"总战略下，提出了优先发展重化学工业的工业化战略，推动经济转型升级。在具体措施上，对银行体系进行重组，通过银行直接管控企业信贷供给；为大企业提供金融支持、信用担保与税收优惠，鼓励其发展重工业；鼓励企业进入中东市场，参与中

---

① 汉江奇迹，广义上指的是韩国飞速发展的外向型经济，包括快速的工业化、科技进步、国民教育和国民思想道德素质的提高、国民生活水平的迅速提升、城市化、现代化、民主化和国际化的进程。

东地区众多国家大型能源设施建设；鼓励造船业和航运业发展，运输原材料和能源产品，助推海外建设项目发展。在政策扶持鼓励下，三星、SK、LG、韩华、乐天先后建成了重化工业或军工工厂；三星、现代、SK 等大规模进入中东石油市场；三星、现代纷纷进入造船重工业。这一时期，钢铁、造船、电子、汽车、石油化工等部门的生产能力得到极大提高，逐步形成了以电子、船舶、汽车、钢铁、石化与机械制造等产业为代表的制造业体系。

伴随着重化工产业的发展，韩国的进出口商品结构也发生了变化。20 世纪 70 年代，韩国主要进口机械和原材料，出口纤维、鞋等轻工业产品和重化工产品。总进口中约 50% 是原材料，30% 是资本品。重化工产品出口比率逐渐增加，1980 年达总出口额的 41.8%；轻工业产品出口占比持续降低，由 1971 年的 72.1% 下降到 1980 年的 46.4%。1980 年 10 大出口产品是服装、钢铁板、鞋、船舶、音响机器、人造纤维纺织品、橡胶制品、木材类、影像机器、半导体。

四、国际化与"科技立国"发展战略时期（1982 年至今）

进入 20 世纪 80 年代，发达国家经济滞胀使得贸易保护主义抬头，迫使新兴工业化国家开放市场和货币升值，韩国面临向发达国家大规模出口产品难以为继的局面。同时，新兴工业化国家和地区的崛起带来的竞争日趋激烈，中国等发展中国家的对外开放也使韩国劳动密集型产品优势逐步降低。在国际经济环境日趋严峻的形势下，韩国对产业结构做出了战略调整，提出"科技立国"，通过金融、保险、税收等多种手段推动知识与技术密集型产业发展，鼓励企业对外直接投资，以更高的产业和更丰富的手段参与国际分工与合作。2008 年金融危机后，随着发达国家"再工业化"战略的实施及国际制造业竞争的加剧，韩国又适时提出了"制造业革新 3.0"战略，推动制造业进一步转型升级。

由引进外国技术并加以消化吸收转向形成独立自主的技术研发能力后，韩国提出了"科技立国"的口号。经过多年的发展，韩国已初步形成了以企业为开发主体，国家承担基础、先导、公益研究和战略储备技术开发，产学研结合和有健全法律保障的国家创新体系：对传统重化工产业进行技术升级，推动造船等重工业向高端产品发展，并将劳动密集型产业及严重依赖资源的资本密集型产业向落后的发展中国家转移；对精密仪器、精细化工、计算机、航空航天、电子机械等战略产业予以重点扶持；鼓励企业对发达国家进行直接投资，缓解贸易摩擦，学习国外先进技术与管理经验。20 世纪 90 年代以来，又将信息技术、生物工程、新材料等产业作为重点产业加以扶持，将信息产业作为新的发展重点，带动第三产业发展。

韩国政府制定一系列战略，推动信息技术产业与制造业深度融合，为制造业智能化发展奠定基础：2008 年，制定了《信息技术未来战略》，鼓励发展汽车、船舶和机械等十大产业与信息技术融合。2009 年，启动实施《新增长动力规划及发展战略》，将高科技融合产业作为三大重点领域之一。2013 年，出台了《市场先导型材料零部件技术开发战略》。2014 年 6 月，提出了《制造业革新 3.0 战略》。2015 年 3 月，公布了经过补充和完善的《制造业创新 3.0 战略实施方案》，制定了长短期计划相结合的多项措施，在工程工艺、设计、软件服务、关键材料和零部件研发、人员储备等领域加大投入，集中力量研发 3D 打印、大数据、物联网等 8 项核心智能制造技术，大力发展无人机、智能汽车、机器人、智能可穿戴设备、智能医疗等 13 个新兴动力产业，计划到 2024 年制造业产品出口超过 1 万亿美元，仅次于中国、美国和德国，位居全球第四。2021 年 9 月，发布《韩国造船再腾飞战略》，目标是将韩国建成世界第一造船强国。

在"科技立国"的主导战略下，韩国的资本密集型产业完成转型，知识与技术密集型产业获得大力发展，国际地位持续提高，也带动韩国跨过"中等收入国家陷阱"进入发达国家行列。韩国在 1995 年成为世界第五大汽车生产国，1999 年首次超过日本成为世界第一大造船国。根据克拉克森数据统计，2021 年韩国新船订单量、手持订单量分别为 4060.6 万载重吨、6706.0 万载重吨，全球占比分别为 33.9% 和 32.7%，仅次于中国，排名第二。在高附加值船舶和绿色能源船舶订单量方面稳居世界首位。据国际调研机构 Gartner 发布的 2021 年全球半导体市场营收报告显示，三星电子、SK 海力士是全球第一和第三大半导体厂商，营收之和超过了 1122.76 亿美元，在全球市场占据 19.2% 的份额。LG 新能源动力电池装机量 2021 年以 20.30% 的全球市场份额及 60.2 GWh 的装机量位列第二名。

出口商品结构不断优化，知识与技术密集型产品出口占比扩大。1990 年前十大出口产品为服装、纺织品、半导体、鞋、影像机器、船舶、计算机、音响机器、钢铁板、汽车等；2004 年为汽车、半导体、无线通信设备、计算机、船舶、石油制品、钢铁板、合成树脂、影像机器与汽车配件等；2021 年为半导体、汽车、石油制品、汽车配件、平板显示屏及传感器、合成树脂、船舶海洋构造物及零部件、钢铁板、无线通信设备和塑料制品。

随着韩国制造业的迅速发展，为了进行产业升级和提高国际竞争力，韩国政府积极促进对外投资配合出口市场拓展和资源开发。20 世纪 80 年代初至 1986 年期间，韩国对外投资目标主要是维持现有的进出口市场，确保原材料的长期稳定供应，与海外先进技术企业合作获得先进技术，利用海外的资源直接向当地市场供应产品，避免贸易摩擦，并通过第三国的迂回出口突破关税及非关税壁垒。1986 年以后，对外直接投资的主要目标在于配合产业结构调整，实现产业结构的高级化。政府通过金融、保险、税收、情报信息、投资环境扶植企业输出资本，企业海外投资发展良好，对外直接投资项目总数和投资金额得到较快增长。

通过上述梳理，我们很容易发现，韩国经济发展具有阶段性特征，对外贸易总量及出口商品结构也表现出变化的特点。韩国 GDP 的变动、人均收入的变动及主要的经济发展指标的变动是否也会影响韩国对山东省的贸易与投资呢？如果有影响，韩国国内的经济发展就成为影响山东省对韩国贸易发展的一个重要因素，值得关注。

第二节　韩国国内经济发展的相关指标分析

一、韩国 GDP 与人均 GDP 变动

GDP 是指一国或地区在一定时期内所生产的全部最终产品和劳务的市场价值总和，可以直观反映该国或地区的经济发展、国力高低与财富多寡情况。人均 GDP 是将一国或地区的 GDP 与常住人口相比的结果，是划分一国或地区经济发展水平的重要指标，也是比较不同国家或地区经济发展水平差异的一项重要指标。基于生产的视角，GDP 的增加需要在生产过程中投入大量中间产品，对于一个自身资源相对匮乏的开放国家而言，对外贸易对补充国内资源条件不足至关重要。随着世界经济的发展，跨国公司在全球范围内布局产业链，本国经济与外国经济交织程度不断加深，进口对经济系统的作用不仅体现在其弥补了国内紧缺资源，而且已经成为国民经济运行的一个重要构成环节。

1975 年以来，韩国 GDP 总量保持了长期向上的增长态势，但 GDP 的增长速度逐步放缓并具有明显的阶段性特征。按 2015 年不变价格计算，1975 年韩国 GDP 为 1025.1 亿美元，2021 年达到 16936.4 亿美元，增长了约 15.5 倍，年均增长 6.29%。从 GDP 的增长率变动来看，1975—1991 年 GDP 年均增速 9.55%，保持了高速发展；1992—2000 年 GDP 增速有所降低，但年均 6.82% 的增长速度说

明韩国经济仍然处于较快发展阶段；2001—2011 年 GDP 年均增速 4.58%，说明经济快速发展的趋势有所减缓；2011 年以来，GDP 年均增速 2.62%，处于低速发展阶段（见图 5.1）。

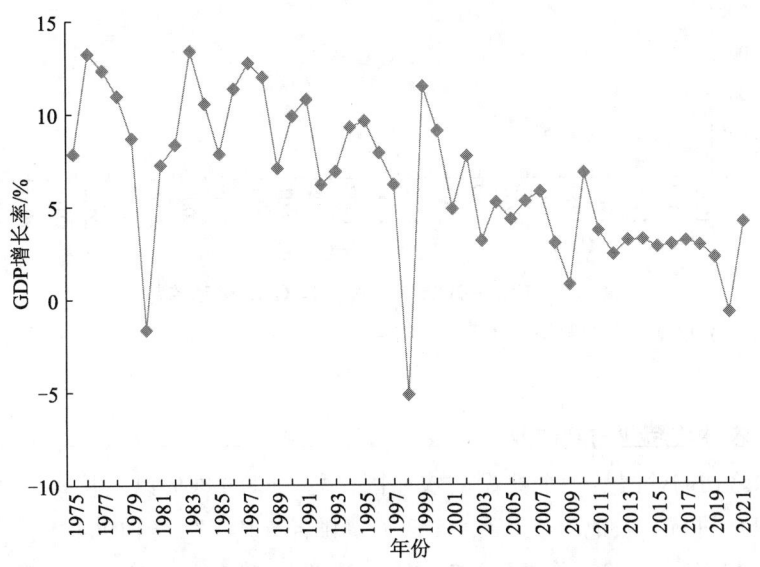

图 5.1　1975—2021 年韩国 GDP 增长率变动趋势

资料来源：根据联合国数据库数据整理得到。

韩国人均 GDP 在长期增长的态势下经历了两次小幅回调，分别是 1998 年和 2020 年。按 2015 年不变价格，1975 年韩国人均 GDP 仅为 2898 美元；1991 年首次超过 1 万美元达 10254 美元；2004 年首次超过 2 万美元达 20189 美元，2006 年被联合国正式列入发达国家；2017 年首次超过 3 万美元，2021 年达到 32677 美元（见图 5.2）。韩国 GDP 总量及人均 GDP 的数据反映了韩国经济总体发展趋势良好，但近年来增速放缓。

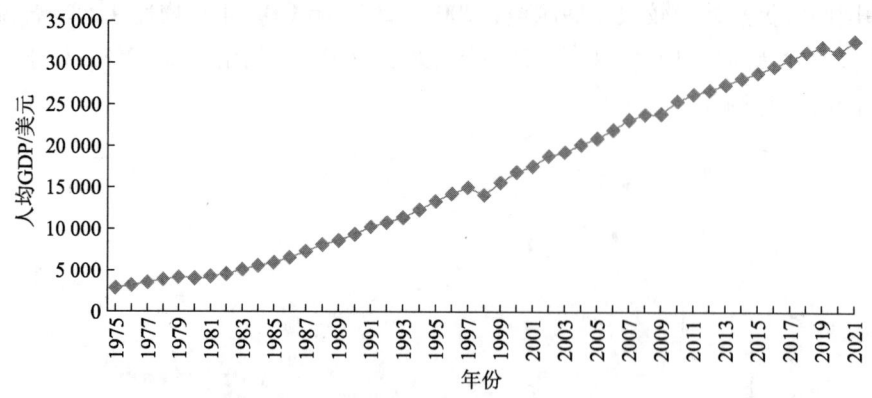

图 5.2　1975—2021 年韩国人均 GDP 变动趋势

数据来源：根据联合国数据库数据整理得到。

二、农林牧渔业与制造业

建国之初的韩国是一个典型的农业国，总人口的 80% 以上从事农业生产活动，1949 年进行了农地改革①后，实现了"耕者有其田"，到 1964 年，自耕农的比重从 1945 年的 13.8% 增加到了 71.6%。20 世纪 60 年代以后，为了配合输出导向型工业发展战略，韩国采取了保护小农、维持小农经济体制的农业政策。20 世纪 70 年代，政府积极推进以"自足、勤劳、合作"为基本精神的新农村运动，到 1976 年韩国实现了主要粮食大米的自给自足。

20 世纪 80 年代后，韩国的农业发展思路和政策发生了转变，由防止资本入农、保护小农转变为开放农产品市场、积极推进农业自由化与农业资本化发展。但因韩国的平原耕地面积小且较分散，大型机械利用的经济性低，再加上地价高与劳动力成本高，决定了韩国的农业难以在世界市场上具有竞争力。韩国的农业种植主要集中在水稻生产，其大米已基本实现自给自足，小麦、玉米和大豆主要依赖进口，且数量不断增加，畜产品的进口主要是牛肉和牛奶。山东省是农业大省，韩国是山东省农产品出口的主要市场之一，韩国国内的农业发展情况会影响山东省对韩国的农产品贸易。

图 5.3 显示，1995—2021 年韩国农林牧渔业产值基本保持在 200 亿~300 亿

---

① 所谓农地改革就是政府通过一定的补偿，把非农者及非自营者的土地、自耕或者自营面积超过 3 公顷的土地进行收买后，再通过一定的偿还方式有偿分配给无地和少地的农民，土地为农民所有。农地改革确立了韩国的小农体制，保护了小农经济。

美元。制造业产值除了受亚洲经济危机及次贷金融危机的影响而出现个别年度下降外,总体保持较快的上升趋势,年平均增长率达到 4.52%。但从产值的占比来看,韩国的农林牧渔业产值占比由 1995 年的 6.21%下降到 2021 年的 1.96%,下降趋势比较明显;制造业产值占比基本在 27%~30%附近波动,反映出韩国制造业保持了与总体经济发展水平基本一致的发展速度,并没有出现欧美发达国家普遍存在的制造业产值占比下降而形成的制造业空心化现象。

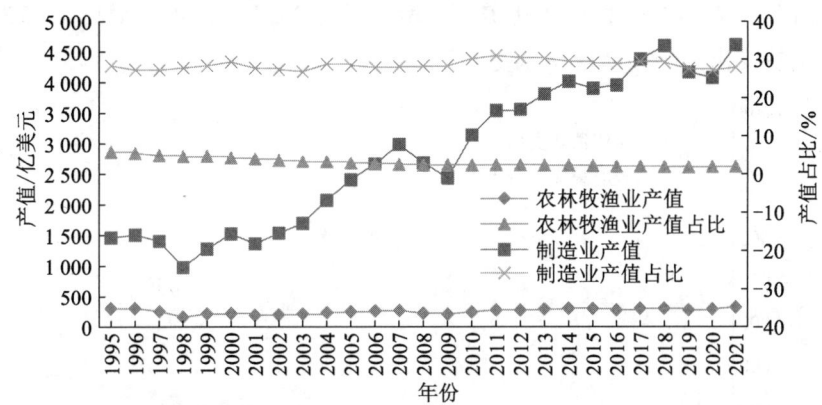

图 5.3 1995—2021 年韩国农林牧渔业与制造业产值及占比

数据来源:根据联合国数据库数据整理得到。

三、韩国国内消费需求分析

消费需求是指消费者对以商品和劳务形式存在的消费品的需求和欲望,是构成有效社会需求的重要内容。迈克尔·波特在"钻石模型"中对市场需求进行了分析,认为市场规模的大小及性质不仅会影响生产的规模与效率,而且会影响本国企业对产品或服务的改进与创新,加快产品或服务更新换代的速度,是产业发展的重要动力之一,需求对一国进出口贸易也有重要的影响。凯恩斯的有效需求不足理论认为:"由于总需求不足,商品滞销,存货充斥市场,引起生产缩减,解雇工人,造成失业。当就业量增加时,收入也增加。社会实际收入增加时,消费也将增加。"这说明有效需求的变化会直接影响本国经济的发展与失业人数的变动,进而对本国的进出口业务及国际投资产生间接影响。消费需求规模通常用消费支出来衡量,消费支出包括家庭消费支出及政府消费支出。一般情况下,出于对本国市场的保护目的,各国政府多倾向于采购本国制造产品,而追求多样化与差异化的家庭消费支出则更具有开放性,因此家庭消费支出的变动对本国进口贸易额的影响更为显著。

根据联合国数据库数据，1970 年以来韩国的家庭消费支出额与政府消费支出额总体都呈现上升态势。图 5.4 显示了按照 2015 年的不变价格计算的 1993—2021 年韩国国内消费支出变动情况。除了个别年份负增长外，韩国的家庭消费支出额稳定上升，由 1993 年的 3087.2 亿美元增加到 2021 年的 7522.8 亿美元，增长了约 1.44 倍，年均增长 3.23%；政府最终消费支出额由 1993 年的 792.1 亿美元上升到 2021 年的 2826.11 亿美元，增长了约 2.57 倍，年均增长 4.65%，高于家庭消费支出额的同期增长速度。

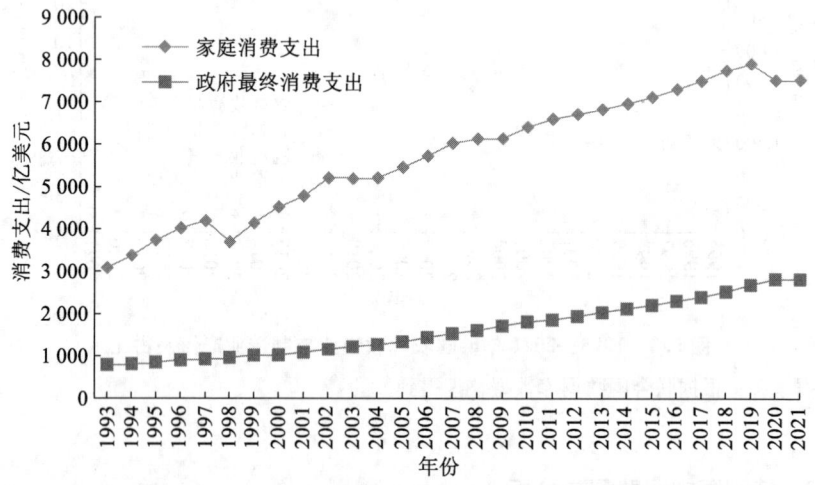

图 5.4　1993—2021 年韩国家庭消费支出与政府最终消费支出变动趋势

数据来源：根据联合国数据库数据整理得到。

从支出占比发展趋势来看，家庭消费支出占韩国国内消费支出总额的比重总体下降，而同期政府支出占比则呈现总体上升趋势（见图 5.5）。2007 年以前，家庭消费支出的占比基本维持在 80% 左右，2008 年以后逐步降低，到 2021 年已经降为 72.69%，同期政府支出占比上升至 27.31%。根据瓦格纳法则①，受政治与经济因素影响，当一国国民收入增长时，该国的财政支出会以更大比例增长。韩国的人均 GDP 在 2007 年之前保持了快速发展，但这一阶段的政府支出始终保持在 20% 左右，并没有出现同步上升的变化，直到 2008 年金融危机爆发以后，

① 瓦格纳法则，又称政府活动扩张法则，由 19 世纪 80 年代德国经济学家瓦格纳在对多国公共支出资料进行分析后提出。受政治因素与经济因素影响，当国民收入增长时，财政支出会以更大比例增长。随着人均收入水平的提高，政府支出占 GDP 的比重将会提高。

韩国的政府支出占比才出现逐步上升态势，说明在金融危机爆发后，韩国政府对经济的干预程度逐步加深。

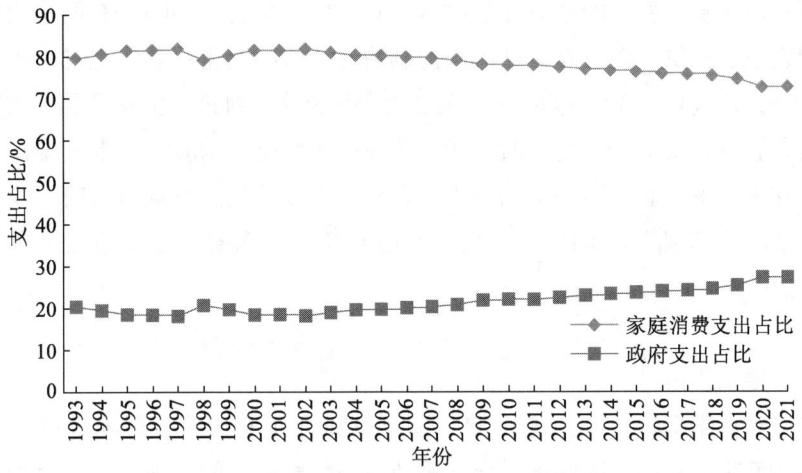

图 5.5　1993—2021 年韩国家庭消费支出与政府支出占比

数据来源：根据联合国数据库数据整理得到。

第三节　经济因素对山东省同韩国贸易影响的实证分析

理论界关于对外贸易与经济发展的相互关系研究成果丰富。古典经济学派和新古典经济学派的基本观点认为：对外贸易的发展能够带动一国经济的发展，而经济的发展又能促进对外贸易的发展。新经济增长理论把创新作为推动生产率增长的核心要素，认为对外贸易能够刺激一国的创新活动，进而促进该国的经济增长，反过来增长的经济又会促进贸易量的增加。也有一些发展经济学家对传统理论和一些推论提出了疑问，认为贸易与经济的相互促进需要具备一定的前提条件。

在双边贸易影响因素的实证研究中，贸易引力模型应用较为广泛。Tinbergen（1962）和 Poyhonen（1963）最早应用引力模型研究双边贸易并得出了相同的结论：两国双边贸易规模与它们的经济总量成正比，与两国之间的距离成反比。后来，引力模型得到逐步补充与完善，人口变量、人均收入、经济制度变量等也被引入模型进行实证分析。在后续的贸易引力模型扩展中，研究者主要是依据自己的研究重点，按照影响双边贸易流量的主要因素设置不同的解释变量，来分析这些因素的影响方向和影响大小，并对贸易潜力进行测算。尽管学者们选取的研究变量不完全一致，研究分析方法也有差异，得出的结论也不完全一致，但有一点是可以肯定的，即两国（地区）的贸易量与双方的经济发展有一定的联系。

研究山东省与韩国的地方经济因素对双方贸易投资的影响，有助于为推动贸易与投资发展提供更多思路。韩国国内制造业产值的变化，会引起进口工业用产品的变动，而人均 GDP、家庭消费支出的变化影响了对进口消费产品的需求，因此在研究影响贸易的经济变量时，我们关注的主要是人均 GDP、制造业产值及家庭消费支出水平。研究影响韩国对山东省直接投资的经济影响因素时，我们着重研究的变量是韩国人均 GDP、山东省人均 GDP、山东省工业产值及山东省家庭消费支出。

一、提出假设

按照经济学理论，收入是影响一国出口和进口增长的宏观经济决定因素之一。一般而言，外国收入的上升会促进消费与生产投入的增加，进而会增加从本国的进口，促进本国出口上升。按照需求偏好相似说，人均收入越相似的国家，产品的相互适应性越强，也就越容易进行贸易。根据产业链理论，随着跨国公司产业链全球布局的推进，国际（地区）间的产业内与产业间分工逐步深化，带动了部分原材料、零配件等的进口需求，最终产品的全球分销也促进了产品的进出口贸易开展。Amelia（2002）认为居民收入与价格是促进进口增长的显著性因素；Stephan（2006）认为一国的出口贸易会受到国外需求的影响；宫安铭（2013）研究了国内居民消费与进口贸易的关系，结果表明，消费需求、消费结构和进口贸易存在长期稳定的关系。基于有关研究，做出如下假设：

（1）随着人均 GDP 的增加，国内需求量增加，进口额也会随之增加，因此韩国人均 GDP（KGDPR）与山东省对韩国出口（SKE）呈正相关关系，山东省人均 GDP（SGDPR）与山东省从韩国进口（SKI）呈正相关关系。

（2）随着国内制造业的发展，原料与配件产品进口也随之增加，因此韩国制造业产值（KZZ）与山东省对韩国出口（SKE）呈正相关关系，山东省工业产值（SZZ）与山东省从韩国进口（SKI）呈正相关关系。

（3）随着家庭消费支出水平的提高，进口产品数量也会增加，韩国家庭消费支出水平（KJXZ）与山东省对韩国出口（SKE）呈正相关关系，山东省家庭消费支出（SJXZ）与山东省从韩国进口（SKI）呈正相关关系。

二、数据选择

选择 1998—2020 年标准时间序列，其中韩国的人均 GDP、工业产值及家庭消费支出数据来自联合国国别数据库中按照 2015 年不变价格给出的数据。山东省数据及山东省与韩国进出口贸易额数据来自山东统计信息网，为了剔除价格影响因素，对山东省人均 GDP、工业产值及家庭消费支出按 1995 年不变价格进行了处理；山东省对韩国的进口额与出口额在按照当期汇率转换成人民币后也按 1995 年不变价格进行了调整。为了减少可能存在的异方差，同时又不影响变量间的关系，对原始变量值取自然对数，得到相应各指标，分别为 LNSKE、LNS-KI、LNSJXZ、LNSZZ、LNSGDPR、LNKJXZ、LNKGDPR、LNKZZ（具体指标内涵与数据见附表 13）。分析软件为 EViews3.1。

三、相关性分析

计算两个变量的相关系数是判断变量之间是否存在相关性的一个重要方法。利用 EViews3.1 软件计算相关系数，结果见表 5.1。表中数据显示：LNSKE 和 LNSKI 分别与 LNKGDPR、LNKJXZ、LNKZZ、LNSGDPR、LNSJXZ、LNSZZ 的相关系数值均大于 0.8，表明山东省同韩国之间的进出口贸易与韩国国内人均 GDP、制造业产值、家庭消费支出之间具有高度相关关系；与山东省的国内人均 GDP、工业产值、家庭消费支出之间同样具有高度相关关系。由于相关关系并不能显示因果变动关系，因此需要进一步进行因果关系判断。

表 5.1　相关系数计算结果

	LNSKE	LNSKI
LNKGDPR	0.975 440 954	0.942 811 008
LNKJXZ	0.972 954 575	0.939 562 238
LNKZZ	0.983 363 772	0.962 133 911
LNSGDPR	0.964 409 202	0.945 396 287
LNSJXZ	0.934 706 119	0.890 899 668
LNSKE	1	0.970 538 46
LNSKI	0.970 538 46	1
LNSZZ	0.898 257 427	0.894 356 56

四、平稳性检验

为确保模型具有经济意义，在利用计量经济模型分析之前，需要对变量序列进行平稳性检验，以防止出现虚假回归。利用 ADF 检验法进行时间变量序列的平稳性检验，结果见表 5.2。ADF 检验结果表明：除了 LNSJXZ 之外，LNSKE、LNSKI、LNKGDPR、LNKZZ、LNKJXZ、LNSGDPR 和 LNSZZ 都是平稳时间数列。

表 5.2 变量的单位根检验结果

变量	检验类型（C，T，K）	ADF 检验值	5%临界值	10%临界值	P 值	结论
LNSKE	C，0，3	−3.542320	−3.004861	−2.642242	0.0164	平稳 *
LNSKI	C，T，4	−3.874855	−3.004861	−2.642242	0.0079	平稳 *
LNKGDPR	C，0，3	−5.545533	−3.004861	−2.642242	0.0002	平稳 *
LNKZZ	C，0，3	−5.020753	−3.004861	−2.642242	0.0006	平稳 *
LNKJXZ	C，0，3	−4.746218	−3.004861	−2.642242	0.0011	平稳 *
LNSGDPR	C，0，3	−2.614993	−3.020686	−2.650413	0.1065	平稳 **
LNSZZ	C，0，3	−5.133928	−3.029970	−2.655194	0.0007	平稳 *
LNSJXZ	C，T，3	−1.063835	−3.004861	−2.642242	0.7109	不平稳

说明：检验类型（C，T，K）中的 C、T 和 K 分别表示单位根检验方程中包括的常数项、时间趋势和滞后阶数。＊表示在 5%的显著性水平下，序列平稳。＊＊表示，由于 P 值 0.1065 非常接近 0.10，在 10%的显著性水平下，可以认为序列平稳。

五、 LNSKE、 LNSKI 分别与相关变量之间的协整关系检验

LNSKE 与 LNKGDPR、LNKZZ、LNKJXZ 都是平稳时间数列，可以直接进行协整关系检验。LNSKI 与 LNSGDPR、LNSZZ 都是平稳数列，可以分析其间的协整关系。

（一）LNSKE 与 LNKGDPR、LNKZZ、LNKJXZ 之间关系的检验

1. 最优滞后期判断

协整关系检验对检验变量的滞后期非常敏感，通过构建 VAR 模型来判断最优滞后阶数[1]。对 LNSKE 与 LNKGDPR、LNKZZ、LNKJXZ 构建 VAR 模型，得到不同判断标准下的最优滞后阶数判断结果。表 5.3 中数据显示，FPE、AIC、SC 和 HQ 准则判断的模型最优滞后阶数为 3。

---

[1] 本部分研究主要在于分析变量序列之间的因果关系，因此 VAR 模型的模型结果在此不作表示。直接在 VAR 模型分析结果页面，进行模型的有效性判断与格兰杰因果关系分析。

表5.3　VAR 模型的最优滞后期的确定标准

Lag	LogL	LR	FPE	AIC	SC	HQ
0	123.3720	NA	7.69e-11	-11.93720	-11.73805	-11.89832
1	223.5079	150.2038*	1.78e-14	-20.35079	-19.35505	-20.15641
2	244.3907	22.97114	1.38e-14	-20.83907	-19.04675	-20.48919
3	278.8158	24.09757	4.52e-15*	-22.68158*	-20.09268*	-22.17620*

说明：＊表示不同的检验方法得到的最优滞后期所对应的检测值。

VAR 模型的稳定性检验结果见图 5.6。所有的单位根都落于单位根圆内，即 AR 特征根的倒数的模均小于 1，据此可以判定 VAR 模型稳定，表明上述变量之间存在长期稳定的关系，具备进行协整关系检验的条件。

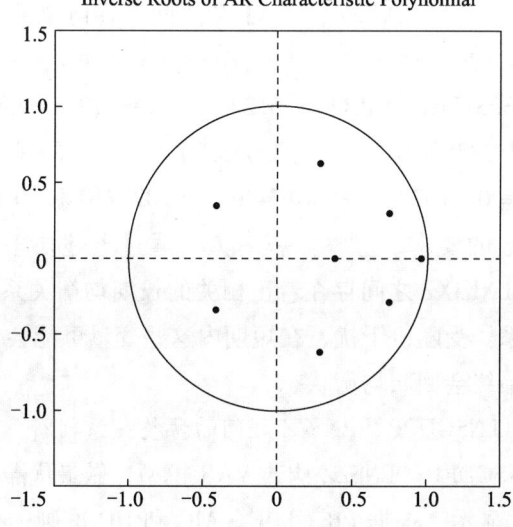

图 5.6　AR 特征根的倒数的模的单位圆示意图

2. LNSKE 与 LNKGDPR、LNKZZ、LNKJXZ 之间的协整关系判断

一般协整检验的方法有 EG 两步法和 JJ 检验法。EG 两步法由恩格尔（Engle）和格兰杰（Granger）在 1987 年提出，主要适用于两个变量之间的协整关系检验，但 EG 两步法中的 OLS 可能会遭遇多重共线性而使结果变得不准确。JJ 检验法是约翰森（Johansen）和尤塞柳斯（Juselius）在 1990 年提出的适用于两个以上变量的检验方法，该方法先用向量自回归进行检验，然后得到变量之间所存在的协整关系，JJ 检验法所运用的极大似然估计法能够避免 EG 两步法的多重共

线问题。在对 LNSKE 与 LNKGDPR、LNKZZ、LNKJXZ 之间的协整关系进行判断时，采用了 JJ 检验法，设定的滞后期为 2，检验结果见表 5.4。

表 5.4　无约束协整检验结果（迹检验法）

假设	特征值	迹检验统计量	5%临界值	P 值
None*	0.940701	95.60383	47.85613	0.0000
At most 1*	0.651587	39.10046	29.79707	0.0032
At most 2*	0.485975	18.01314	15.49471	0.0204
At most 3*	0.209567	4.703486	3.841466	0.0301

说明：*表示根据迹检验法确定的协整方程的个数。

无约束协整检验结果显示，在 5% 的显著性水平下，变量间至多存在 0 个、1 个、2 个和 3 个协整方程的假设均被拒绝，即变量之间至少存在 4 个协整方程，变量 LNSKE 与 LNKGDPR、LNKZZ、LNKJXZ 之间存在协整关系。其中最大似然值下的协整方程如下：

$$LNSKE = -49.93231LNKGDPR + 28.6127LNKZZ + 9.724541LNKJXZ$$
$$(7.38758) \qquad (2.64657) \qquad (7.09619)$$

调整系数分别是 0.010378、-0.015406、-0.027710 和 -0.018080，满足至少一个调整系数为负数的要求，协整方程有效。通过上述协整关系式可以看出，LNSKE 与 LNKZZ、LNKJXZ 之间存在着正相关的长期均衡关系，与 LNKGDPR 存在负的长期均衡关系。受随机干扰，在短期内这些变量可能会偏离均衡值，但这种偏离是暂时的，最终会回归均衡状态。

（二）LNSKI 与 LNSGDPR、LNSZZ 之间的协整关系判断

对 LNSKI 与 LNSGDPR、LNSZZ 构建 VAR 模型，做最优滞后阶数判断，结果见表 5.5。表中数据显示，根据 LR、FPE、AIC 和 HQ 准则，判断模型最优滞后阶数为 3。

表 5.5　VAR 模型的最优滞后期的确定标准

Lag	LogL	LR	FPE	AIC	SC	HQ
0	25.7329	NA	2.07e-05	-2.2732	-2.1239	-2.2441
1	131.8740	169.8256	1.27e-09	-11.9874	-11.3899*	-11.8707
2	135.8256	5.1371	2.27e-09	-11.4825	-10.4370	-11.2784
3	153.4476	17.6220*	1.17e-09*	-12.3447*	-10.8511	-12.0532*

说明：*表示不同的检验方法得到的最优滞后期所对应的检测值。

　　VAR 模型的稳定性检验结果见图 5.7。所有的单位根都落于单位根圆内，即 AR 特征根的倒数的模均小于 1，因此判定 VAR 模型稳定，变量之间存在长期稳定的关系。

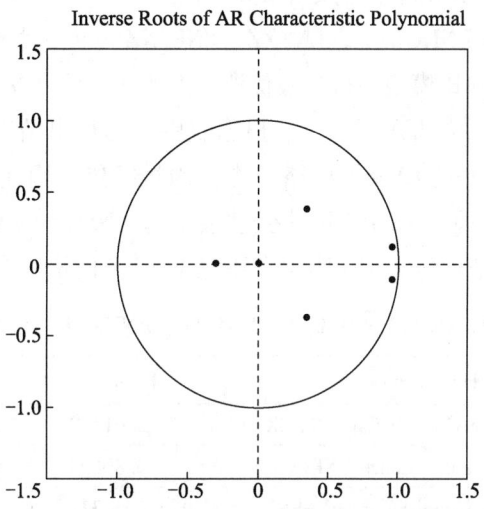

图 5.7　AR 特征根的倒数的模的单位圆示意图

　　利用 JJ 检验法对 LNSKI 与 LNSGDPR、LNSZZ 之间的协整关系进行判断，设定滞后期为 2，检验结果见表 5.6。

表 5.6　无约束协整检验结果（迹检验法）

假设	特征值	迹检验统计量	5%临界值	P 值
None*	0.650554	33.21928	29.79707	0.0194
At most 1	0.418806	12.19117	15.49471	0.1480
At most 2	0.064700	1.337754	3.841466	0.2474

说明：* 表示根据迹检验法确定的协整方程的个数

　　根据迹检验法的无约束协整检验结果，在 5%的显著性水平下，变量间至多存在 0 个协整方程的假设被拒绝，即变量 LNSKI 与 LNSGDPR、LNSZZ 之间至少存在 1 个协整方程。其中最大似然值下的协整方程为：

$$LNSKI = -0.838226LNSGDPR + 2.763410\ LNSZZ$$

　　协整关系式显示，LNSKI 与 LNSZZ 存在正相关的长期均衡关系，与 LNSGDPR 存在负的长期均衡关系。

六、 LNSKE、 LNSKI 分别与相关变量之间的格兰杰（GRANGER）因果关系检验

协整检验说明变量之间存在长期均衡关系，但是否存在因果关系及因果关系方向如何还需要进一步进行格兰杰因果关系检验。

（一）LNSKE 与 LNKGDPR、LNKZZ、LNKJXZ 的格兰杰检验

前面通过构建 VAR 模型，得到最优滞后期为 3，因此格兰杰因果关系检验的最优滞后期设定为 3，结果见表 5.7。根据表中数据得出结论：在 10% 的显著性水平下，LNKGDPR 不是 LNSKE 的格兰杰原因被拒绝，因此，LNKGDPR 是 LN-SKE 的格兰杰原因，即 LNKGDPR 的变动会引起 LNSKE 的变动。同理，LNKZZ 也是 LNSKE 的格兰杰原因，但 LNKJXZ 不是 LNSKE 的格兰杰原因。

表 5.7　LNSKE 与 LNKGDPR、LNKZZ、LNKJXZ 格兰杰检验结果

Null Hypothesis	F-Statistic	Prob.	结论
LNKGDPR does not Granger Cause LNSKE	2. 61159	0. 0957	拒绝
LNSKE does not Granger Cause LNKGDPR	0. 80694	0. 5122	接受
LNKJXZ does not Granger Cause LNSKE	1. 58310	0. 2412	接受
LNSKE does not Granger Cause LNKJXZ	0. 54672	0. 6590	接受
LNKZZ does not Granger Cause LNSKE	2. 69306	0. 0894	拒绝
LNSKE does not Granger Cause LNKZZ	1. 27130	0. 3252	接受

（二）LNSKI 与 LNSGDPR、LNSZZ 的格兰杰检验

滞后 3 期的格兰杰因果关系检验结果显示：在 10% 的显著性水平下，LNSZZ 是 LNSKI 的格兰杰原因。滞后 1 期的检验结果显示：在 10% 的显著性水平下，LNSGDPR 是 LNSKI 的格兰杰原因（见表 5.8）。

表 5.8　LNSKI 与 LNSGDPR、LNSZZ 格兰杰检验结果

Null Hypothesis	Obs	F-Statistic	Prob.	结论
LNSZZ does not Granger Cause LNSKI	20	2. 65664	0. 0921	拒绝
LNSKI does not Granger Cause LNSZZ	20	1. 58524	0. 2407	接受
LNSGDPR does not Granger Cause LNSKI	22	3. 74181	0. 0681	拒绝
LNSKI does not Granger Cause LNSGDPR	22	61. 0746	2. E-07	拒绝

七、结论与分析

（一）LNSKE 与 LNKGDPR、LNKZZ、LNKJXZ 的实证分析结论

以上对 LNSKE 与 LNKGDPR、LNKZZ、LNKJXZ 的因果关系进行了分析。变量之间相关系数的分析结果显示 LNSKE 与其他三个变量均高度相关；平稳性检验得出的结论是四个变量都是平稳的时间数列；构建了 VAR 模型判断最优滞后期是 3，以此判断协整检验方程的最优滞后期为 2 期，并构建了相应的协整方程，得出上述变量之间存在长期稳定的协整关系的结论；最后对上述四个变量进行了 Granger 因果关系检验，得出结论：LNKGDPR 和 LNKZZ 都是 LNSKE 的格兰杰原因，即 LNKGDPR 和 LNKZZ 的变动影响了 LNSKE 的变动。

从数据的变动趋势来看，山东省对韩国的出口与韩国的人均 GDP、制造业产值及家庭消费支出水平的变动具有高度的关联性。韩国人均 GDP 与山东省对韩国出口额之间存在负相关，并且前者是后者的格兰杰原因，因此否定了假设 1 中的"韩国人均 GDP 与山东省对韩国出口呈正相关关系"的假设；韩国的制造业产值与山东省对韩国出口额之间存在正相关关系，并且前者是后者的格兰杰原因，因此肯定了假设 2 中的"韩国制造业产值与山东省对韩国出口呈正相关关系"的这一假设。我们也发现，韩国家庭消费支出水平并不是山东省对韩国出口额的格兰杰原因，也否定了假设 3 中的"韩国家庭消费支出水平与山东省对韩国出口呈正相关关系"。

韩国家庭消费支出与从山东省的进口没有显著关系，说明随着韩国人民收入的增加，居民的消费层次也在提高，但这种收入的提高并没有带动对山东省产品需求的扩大。这里可能的原因是山东省出口韩国的产品层次较低，不能满足更高层次的韩国消费需求。因此，努力提高山东省产品的质量，提升产品的品牌形象，针对韩国的消费特点制定专门的营销策略是下一步外贸生产企业应该努力的方向。

韩国制造业产值的提高促进了韩国从山东省的进口，主要原因可以解释为韩国制造企业在加工中需要从山东省进口有关的原料与配件等产品，说明两地企业之间的供应链合作比较密切。鉴于韩国在山东省直接投资的企业有部分从事分包业务，因此今后在与韩国的合作中，政府要鼓励本土企业与韩国企业建立稳定的产业链供应链合作关系，同时扩大对韩国的招商引资，以此巩固两地的产业链合作基础。

（二）LNSKI 与 LNSGDPR、LNSZZ 的实证分析结论

在首先进行的相关系数分析中得出 LNSKI 与 LNSGDPR、LNSZZ 均高度相关的结论；为探明这种相关关系是否具有持续性，接下来进行了协整检验，结论是三变量之间存在长期稳定的协整关系；Granger 因果关系检验的结果说明 LNSGDPR 是 LNSKI 的格兰杰原因。

从数据的分析来看，山东省从韩国的进口与山东省的人均 GDP、工业产值、家庭消费支出之间具有高度的相关性。协整检验结果表明，山东省人均 GDP 与山东省从韩国进口之间存在负的长期均衡关系，同时前者是后者的格兰杰原因，因此否定了假设 1 中的"山东省人均 GDP 与山东省从韩国进口呈正相关关系"的假设；山东省的工业产值与山东省从韩国的进口之间存在正相关关系，并且前者是后者的格兰杰原因，因此肯定了假设 2 中的"山东省工业产值与山东省从韩国进口呈正相关关系"的这一假设。由于山东省家庭消费支出与山东省从韩国进口不是同阶单整数列，这里就不对其带来的影响进行分析了。

随着山东省人均 GDP 的增加，山东省从韩国进口的产品需求却下降，说明随着山东省居民收入的增加，居民消费层次在提高，但消费层次的提高并没有带动对韩国产品需求的扩大，反而是降低了对韩国产品的需求。这里可能的原因是韩国的产品与中国市场的需求趋势不匹配，难以满足更高层次的国内消费需求。

山东省制造业产值的提高促进了山东省从韩国的进口，结合前面的分析，可以发现，两地企业之间的供应链合作比较密切，这与山东省与韩国之间产业内贸易发展迅速的现实情况吻合。产业链、供应链的拓展延伸是经济全球化的重要基础和动力，而这种功能的发挥很大程度上来源于产业链所具有的完整性、系统性。在当前部分西方国家实施逆全球化政策的背景下，加强山东省与韩国产业链合作有助于形成长期保持产业链完整性的预期，消除不确定性风险，维持原有产业链的完整性与稳定性。两地政府与企业如何在合作共赢的基础上开展产业协同升级、科技创新合作、国际市场开拓等方面的合作，这是一个现实而紧迫的课题。

第六章　山东省对韩国出口贸易中的金融因素

第一节　韩元汇率市场化发展与贸易影响

20 世纪 60 年代，韩国政府控制了银行体系并深度干预信贷资源配置，通过控制韩元兑美元的汇率水平帮助企业扩大国际市场，成效显著。从 20 世纪 80 年代开始，韩国政府进行了放松金融管制尝试，但直到 1997 年亚洲金融危机之后，韩国才彻底开启了金融自由化改革。韩国的金融改革大致可以分为以下三个阶段。

一、　20 世纪 60—70 年代末

20 世纪 60—70 年代末，是韩国工业化快速发展的时期，同时也伴随着政府对大企业经营的深度干预与对金融业的严格管控。政府不仅通过制定各种宏观经济政策引导金融运行，通过金融法规条例规范金融主体行为，而且直接介入金融领域进行广泛的干预与操作，通过主导产业与资本的方向来保障国际战略产业政策的实施。

这一时期，韩国实行固定汇率制度，政府通过汇率低估策略，来实现促进出口和经济增长的双重目标。与此同时，政府高度控制金融业，为了配合出口导向的发展战略，韩国开启了韩元不断贬值的操作。1961 年 1 月韩元对美元汇率由 65∶1 大幅贬至 130∶1；1964 年 5 月韩元对美元汇率从 130∶1 大幅贬至 255∶1，并且一直保持这一趋势到 1965 年；1965 年 3 月韩元对美元汇率又由 255∶1 贬值到 260∶1；1967 年 12 月，韩国由固定汇率制度转向了钉住制度，同时韩元汇率不断贬值；1971 年 12 月至 1972 年 2 月，韩元对美元汇率再次贬值 8%；1975 年 1 月韩元再度贬值 21%，汇率定为 484∶1。汇率低估政策增强了产品的国际竞争力，1965—1970 年韩国制造业产值增长率平均达到了 29%，出口保持了 37% 的年均高增长速度。

二、 20 世纪 80 年代初至 1997 年年末

20 世纪 80 年代初，全斗焕政府意识到了政府控制金融体系带来的局限，开始尝试进行金融体制改革。韩国政府承诺放松对国内金融的监管，尝试推行利率自由化，但由于利率不稳定影响了大企业的对外业务，政府不得不放弃利率自由化，1989 年重新对利率进行管制。

金泳三政府时期，采取系列措施放松金融管制，扩大金融业对外开放。对内韩国再次启动利率自由化，放松利率管制，并放松金融机构的准入限制，允许金融机构拓展业务内容。对外加速资本市场对外开放，提高外资投资韩国股市上限，放宽与贸易有关的短期借贷，放宽公司在国外发行证券与借款的限制。解除资本流动的一些限制导致对外借款规模增加，相比偿债能力与外汇储备，韩国短期外债比例过高，经济极易受国际资本流动突然逆转的影响。

1980 年 2 月，韩国将其固定汇率制度改为多篮子钉住汇率制度，允许汇率对主要货币波动，但政府仍然根据需要干预外汇市场。1990 年 3 月，多篮子钉住汇率制度被市场平均汇率制度替代，汇率原则上由外汇市场的供求关系决定，银行间即期汇率在基本汇率的基础上做一定范围的波动。这种有管理的浮动汇率制的实施，维持了汇率的相对稳定，为企业对外经营提供了较好的外部条件。

韩国企业投资和外贸出口在这一时期高速增长，整个经济呈现繁荣景象。大企业不断扩大生产投资，提高国际借款规模，推动产品国际市场占有率提高。1980—1997 年，韩国 GDP 增长了 7.7 倍，年均约增长 13.6%；对外直接投资增长了 11.48 倍，年均增长 16%；1988—1997 年，外贸出口增长了 125%，年均增长 9.42%。在亚洲金融危机爆发前，半导体市场受到冲击，国外需求下降，加之利润率降低，以及众多企业短期国际借款到期无力偿还，最终导致大量出口企业亏损甚至破产。

三、 1997 年至今

1997 年 9 月，在东南亚金融危机愈演愈烈和起亚、韩宝等六家大企业相继破产的影响下，外国投资者丧失信心，率先大规模撤离。当时韩国中央银行外汇储备有 300 亿美元，在消耗了大量外汇储备仍不足扭转外汇市场局势的情况下，被迫宣布放弃固定汇率，韩元对美元暴跌 75%，股市下挫超过 70%，外汇储备锐减到 40 亿美元。1997 年 11 月，韩国金融危机正式爆发。

金融危机爆发后，韩国整个金融系统几乎崩溃，经济也陷入了严重的危机之

中。到 1997 年 11 月底，韩国排名前 30 的财阀中有 6 家申请了破产保护，12 月又有 7 家申请破产。这些大型财阀，加之不断增加的中小企业的破产，在金融机构的资产端形成大量损失。33 家大型银行里有 15 家宣告倒闭，2100 家金融机构中约三分之一破产关门。

因外汇无法偿还到期的外债，韩国政府面临破产，被迫向国际货币基金组织（IMF）请求援助。1997 年 12 月，韩国政府与 IMF 达成了一揽子援助贷款协定，IMF 的贷款为约束性贷款，韩国承诺对金融部门进行全面改革。接受了 IMF 提供的 580 亿美元援助后，韩国开始了一次根本性的经济与金融改革。逐步取消了对市场利率和汇率的控制；逐步取消了对银行和其他金融机构资产负债管理，以及资本账户交易的多数监管限制，建立了新的金融监管体系。

1997 年 12 月，银行间汇率的每日波动限制被取消，韩国转向浮动汇率制度，汇率由市场供求决定。韩国政府积极推动外汇市场发展，并于 1999 年 4 月和 2001 年 1 月分批解除了对所有外汇交易的限制，至此，韩国汇率进入完全市场化阶段。为防止汇率异常波动及其产生的负面影响，韩国货币当局把对外汇市场的干预作为稳定汇率的重要手段。经过改革，韩国建立了以利率和汇率为核心的金融自由化市场，韩国金融体系是目前全球开放的金融体系之一。

在汇率自由化制度改革下，韩国对外贸易与投资在 2008 年全球金融危机出现之前保持了高速发展。1998—2008 年，韩国出口增长了 2.18 倍，年均增长 12.3%；进口增长了 3.67 倍，年均增长 16.65%；对外直接投资增长了 4 倍，年均增长 17.5%。2008 年全球金融危机的爆发又一次拖累了韩国经济。2009—2020 年，韩国的进口与出口年均增长率分别为 3.76% 和 3.50%，对外直接投资年均增长 9.5%，增速明显放缓。

第二节 影响山东省与韩国贸易的重大金融因素

金融危机后，经济通常会大衰退，经济复苏步伐缓慢。乔达、舒拉里克和泰勒研究了过去 140 年中 14 个发达国家的 50 次金融危机，结果表明：在金融危机后引发的经济衰退中，人均 GDP 在第 1 年和第 2 年急剧下降，并且在危机爆发后的 5 年内都不会恢复正值。陷入金融危机后，经济体的收入降低会遏制居民消费需求，降低企业对外投资能力，减少进口商品需求，从而对全球贸易与投资活动造成重大破坏。

一、 1997 年亚洲金融危机

1997 年 7 月 2 日，亚洲金融风暴席卷泰国，拉开了亚洲金融危机的序幕。不久，马来西亚、新加坡、日本、韩国、印尼、菲律宾、中国香港等东亚地区也被卷入危机。各国（地区）出现本币大幅贬值，股票市场大幅下挫，外贸交易严重受阻，一大批企业倒闭，亚洲经济由高速发展很快转入萧条。中国大陆地区和中国台湾地区金融市场幸免于难。

亚洲金融危机使韩国金融遭受重创。从 1997 年年初开始，韩国就出现众多大型企业集团陷入经营危机，其中多个大型企业集团宣布破产，无力偿还企业到期银行贷款，大量的坏账、呆账严重拖累了韩国金融业。外商与国际游资从 1997 年 8 月起纷纷抛售韩元和韩国股票，股市急挫，韩元大幅贬值，外汇储备急降。韩国政府采取多种措施意图稳定金融市场，但形势仍不断恶化，1997 年 11 月，面对无法到期偿还的外债，韩国政府被迫向 IMF 请求援助。1997 年 12 月，韩国接受 IMF 有条件提供的援助后，开始了 IMF 建议的一揽子改革，大约 2 年之后，韩国经济恢复到了金融危机爆发前的水平。这次亚洲金融危机，韩元最高贬值75%，股市暴跌超 70%，利率大幅上涨，外汇储备减至 40 亿美元，多家大企业和银行倒闭。

虽然此次中国大陆金融市场没有直接受到游资的冲击，但外资外贸受到严重影响。长期以来，亚洲一直是中国最大的出口市场。根据中国海关数据，1997年中国前 10 大贸易伙伴有 6 个位于亚洲地区，全部被卷入金融危机之中。在股市、汇市与地产危机的交织作用下，东亚各国的购买能力大大减弱，对外投资能力也受到极大限制；危机发生后各国采取紧缩的财政与货币政策，恢复金融秩序的同时也抑制了全社会的有效需求；本币大幅度贬值使进口成本大幅增加，中国在坚持本币不贬值的条件下，对东亚国家的出口成本上升，国际竞争力下降。

金融危机后，中国同东亚地区的经贸合作受到严重影响。1997 年，中国对包括日韩、东盟 9 国、中国台湾和中国香港在内的亚洲 13 个伙伴的出口为 1798亿美元，占中国贸易总额的 55%；1998 年中国对上述伙伴的出口总额降为895.73 亿美元，占比降为 48.75%；而上述伙伴对中国直接投资降到 29.65 亿美元，同比降低 8.8%。根据联合国数据库数据，1998 年韩国进口同比减少 513 亿美元，仅相当于危机前 1996 年的 62%；韩国从中国进口减少 38.89 亿美元，同比下降 38.4%。

韩国是山东省的重要亚洲贸易伙伴，亚洲金融危机极大遏制了山东省对韩国贸易与投资发展的规模与速度。1992 年中韩建交，山东省与韩国的贸易与投资几乎从零起步，但发展势头良好，到 1997 年，山东省对韩国出口已经由 1992 年的 4.2 亿美元增加到 34.4 亿美元，但 1998 年锐减到 12.4 亿美元，1999 年仅仅恢复到 15.8 亿美元。韩国对山东省的直接投资在金融危机前表现为快速上升态势，1997 年达到 7.7 亿美元，受金融危机影响，1998 年骤降至 6 亿美元，1999 年更是降到 5.3 亿美元。直到 2000 年，山东省与韩国的贸易和投资才恢复到金融危机前的水平。

二、 2008 年金融危机

2008 年金融危机是由美国次贷危机引发的波及全球的一场严重的金融大危机，很快演变成全球经济危机。2007 年，由于投资者对按揭证券价值失去信心，引发流动性恐慌，造成大量次级抵押贷款机构破产、投资基金被迫关闭、股市剧烈震荡。2008 年 8 月，美国财政部和美联储被迫接管房利美和房地美两大房贷巨头，紧接着雷曼兄弟公司申请破产，美国保险巨头 AIG 陷入困境，美林证券被低价收购，美国国际集团公司遭到客户攻击，华尔街五大银行全部消失，金融危机猛烈爆发。即使多国中央银行多次向金融市场注入巨额资金，仍然没能阻止金融危机的爆发，此次金融危机直到 2009 年年初才得到了遏制。

经济金融全球化背景下，世界各国的经济与金融相关度非常密切，各国商业银行持有大量美国金融衍生品，使得美国金融危机在短时间内传导至世界主要经济体，从金融领域传导至实体经济领域，给各国经济发展和人民生活带来了严重破坏。此次危机造成美国 2008 年 GDP 下降超过 5%，有超过 850 万人失业，失业率高达 10%；在危机发生后，美国从全球回收美元，造成国际流动性紧缺，众多国家遭受流动性冲击。以希腊、西班牙等国为代表的欧洲国家陷入长期债务危机之中。全球贸易遭到严重破坏，几乎没再出现金融危机爆发之前的 6% 年增速，甚至出现了萎缩。

作为全球主要消费市场，美国国内消费需求大幅下降，直接导致进口下降。中国对美出口减速，海外企业的违约率也开始上升，出口企业的外部信用环境恶化，外贸损失明显。韩国也受到全球金融危机的重大冲击。1997 年亚洲金融危机后，韩国接受 IMF 援助，并按要求推行了一系列金融改革，参照西方发达国际金融体系，开放金融市场，推行贸易自由化，韩国金融与欧美国家高度关联。自由化金融体系也让韩国背上巨额外债，2008 年韩国外债规模已经接近 1800 亿美元。金融危机爆发后，韩国股票市场大幅下挫，韩元兑美元大幅贬值，韩国采取一系列的政策措施紧急应对。2008 年 10 月 19 日，韩国政府宣布向国内银行提供国家担保，向缺乏美元的银行和出口商注资；对长期证券投资者税收优惠，为本国银行外债提供担保，以及向中小出口企业提供资金；等等。

2008 年金融危机对中韩贸易与投资造成严重影响。危机后的 2009 年，中韩进出口贸易额降低 273.67 亿美元，其中韩国对中国出口减少 46.86 亿美元，同比降低 5.13%；韩国从中国进口减少 226.81 亿美元，同比降低 29.5%；韩国对中国的实际直接投资下降 43.7%。就山东省来看，2009 年山东省与韩国进出口贸易额减少 26.3 亿美元，同比降低 10.3%；山东省对韩国出口贸易额降低 20.4 亿美元，同比下降 15.5%；山东省从韩国进口减少 5.9 亿美元，同比下降 4.8%。全球金融危机对山东省吸引的韩国实际直接投资影响从 2007 年就开始显现，这种下降一直持续到 2011 年，2011 年韩国在山东省的 FDI 较次贷危机前的 2006 年下降了 77%。

第三节　汇率波动对山东省与韩国贸易影响的实证研究

一、已有研究成果回顾

传统的宏观经济学理论认为，汇率的变动会在价格上给予体现，本币对外贬值，会降低以外币计价的本国商品的价格，从而提高产品在国际市场上的价格竞争力，有助于出口的扩大。反之，本币增值会提高以外币计价的本国商品价格，从而降低产品的价格国际竞争力，不利于本国产品的出口，因而理论上认为汇率的波动通过价格传导机制会影响一国（地区）的对外贸易发展。这给一国政府提供了一种操作可能，即通过影响或控制本币的升值与贬值来对经常项目收支进行调节。但在实践中，大量的研究成果并没有得出一致的结论，有的研究认为汇率的波动会对贸易额产生显著影响，但有的研究成果却不支持这一观点，还有学者得出不确定的结论。

Rose 和 Yellen（1989）采用 1960 年至 1985 年间美国季度经济数据，分别就美国与其他 G7 国家的双边贸易弹性及美国的总体贸易弹性进行了实证分析。研究结果发现，美元的实际汇率波动对美国的进出口贸易既无长期影响，也无短期效应，马歇尔-勒纳条件和 J 曲线效应①都不成立。Krugman（1989）选取了美国的经济数据，研究了实际汇率与美国进出口贸易的关系，发现美元实际汇率的贬值能够使该国贸易收支不平衡状况得以改善。

Rose 和 Andrew（2000）利用 1970 年至 1990 年世界上 186 个国家的面板经济数据，经实证分析得到结论：货币名义汇率的波动对贸易收支具有一定的负面影响，但影响程度并不大；Baharumshah（2001）通过对泰国和马来西亚与美日双边贸易收支进行实证研究发现，实际汇率与贸易收支之间存在长期稳定的正向影响。

卢向前和戴国强（2005）选择了以美元、欧元、日元等国际主要储备货币作为加权篮子，研究了 1994 年至 2003 年 10 年间的月度经济数据，得出结论：人民币实际汇率与我国进出口贸易收支间有长期稳定的协整均衡关系。其研究也同时验证了我国进出口贸易 J 曲线效应的存在。

范方志和赵大平（2006）以中国的 14 个主要贸易合作伙伴为研究对象，分别检验了人民币汇率与贸易收支额的相互关系，并考察了对不同国家间的长短期影响差别。结果表明：长期来看，人民币升值会恶化对全部样本国家间的贸易收支，短期内只会对部分国家的贸易收支产生负面影响。

王细芳和叶全良（2008）利用 2005 年 8 月到 2008 年 1 月的月度数据，对人民币兑美元汇率和中美贸易顺差进行协整分析与格兰杰因果关系检验，结果表明：二者并不存在因果关系。

方敏（2013）则论述了日元贬值对中日双边贸易的影响和挑战，认为日元的持续贬值的影响会在中日贸易、日企对华直接投资和人民币未来走势三个方面体现出来，并提出我国应该"主动迎战"而非"被动承担"。吕淑芳（2015）的研究发现人民币汇率变化和出口贸易呈正向关系，但是这种变化是适度的。

王素玉（2016）利用协整和误差修正模型对我国货物贸易的进、出口依存度与人民币实际有效汇率之间的关系进行了实证分析，结果表明：我国货物贸易的进口依存度对出口依存度存在长期的正向影响，对人民币实际有效汇率则存在长期的负向影响，而人民币实际有效汇率只对我国货物贸易的出口依存度存在影响，且这种效应为短期的正向效应。

---

① 本国货币贬值后，最初发生的情况往往正好相反，经常项目收支状况反而会比原先恶化，进口增加而出口减少，经过一段时间，贸易收入才会增加。因为这一运动过程的函数图像酷似字母"J"，所以这一变化被称为"J 曲线效应"。

王兴帅和王波（2019）通过对2005年中国"汇改"后至2016年的季度数据进行有关计量分析得出结论：人民币实际汇率变动对中韩贸易的收支改善作用有限，而两国的政治环境变化、经济发展水平与贸易结构等存在一定影响作用。

二、汇率波动对贸易可能产生的影响分析

通过梳理已有研究成果可以发现，汇率波动与对外贸易的关系并不明确。研究者结论的差异性也揭示了一种现象，即汇率对不同贸易伙伴之间的交易影响存在差异。这种差异有可能来自研究方法的不同，也可能来源于研究期间、研究样本的不同，还有一种可能，就是汇率的波动对不同国家（地区）之间的贸易会产生不同的影响，这种现象可能与贸易商品结构、产业链合作、产品品牌与可替代性及市场偏好等有关。

国际贸易中的商品主要分为消费品与工业产品。其中，工业产品贸易有很多是在产业链合作中进行的，甚至是由跨国公司直接进行FDI生产，然后再返销回国，还有很多是以加工贸易方式开展的。以加工贸易为例，尽管双边汇率发生了较大幅度的变动，但由于加工贸易企业通常会通过金融市场的远期交易对冲汇率风险，因此短期的汇率随机波动不会是贸易变动的主要影响因素。但长期来看，企业可能会考虑重新进行产业投资布局。

如果两国（地区）的消费品结构互补性与偏好性很强，那么即使汇率导致价格有所波动，消费者的消费习惯也不会轻易发生改变而会继续购买原商品，汇率波动就不会显著影响两国（地区）之间的消费品贸易，反之如果贸易商品的外国替代性很强，进口方很容易从第三方找到替代商品，情况就会发生改变。对于工业用产品，如果两国（地区）的经济交融性很强，产业链高度融合及关税与非关税壁垒很少，那么企业开展进出口贸易更多地会从整个产业角度出发，不会在意较小的汇率波动。但是如果汇率波动幅度过大，以至于影响了产业链终端产品的价格国际竞争力，长期来看情况就会发生改变，跨国公司会重新考虑直接投资与产业链的转移，但短期来看，影响应该不大。另外，汇率的变动如果仅仅是短期的随机波动，而不是长期的趋势性的贬值或者升值，企业就可以对冲短期的波动风险，那么汇率对贸易的影响应该不会显著。因此，汇率波动的贸易影响应该根据不同的交易情况进行具体分析。

人民币对韩元汇率的波动会对山东省同韩国进出口贸易产生什么影响，这是我们要重点研究的问题。如果实证分析结果认为，汇率波动对山东省同韩国贸易

造成了统计学上的显著影响，那么企业采取措施规避汇率风险就显得非常重要。尤其是产业链上当前合作关系比较密切的企业，就需要认真思考后续的合作方式：是通过金融市场对冲风险继续保持原有合作模式，还是共同合作寻求在第三方市场的投资合作？

三、双边实际汇率波动对山东省同韩国贸易影响的实证分析

（一）数据来源与说明

研究中韩双边汇率波动是否会对山东省同韩国的贸易产生影响主要从三点展开，即：二者的相关性如何，是否存在因果关系，长期是否存在协整关系。采用的研究指标：人民币兑韩元的双边汇率（SBHL），山东省对韩国货物出口贸易额（SKE），山东省从韩国货物进口贸易额（SKI），由于数据可获得性限制，研究时间确定为 1998—2021 年。

人民币兑韩元的双边汇率通过美元汇率间接换算得到，其中的人民币兑美元及韩元对美元的汇率均来自"英为财情（Investing.com）"。这里需要说明的是，汇率的波动对贸易的影响具有滞后性，国际贸易合作中，双方签订合同后，通常会给出口商留出一段时间备货。出口方要么直接组织生产，要么间接组织货源，这个时间长短不定，综合考虑之后，决定留出 3 个月的备货与运输时间。因此，采用上一年度 10 月 1 日至本年度 9 月 30 日之间的当日汇率中间价的算术平均数作为该年度的实际汇率，并以此为基础进行换算，作为当年的人民币兑韩元的实际双边汇率（结果见附表 14）。山东省对韩国货物出口贸易额及进口贸易额均来自山东统计信息网。为减少可能存在的异方差现象同时又不影响各变量间的关系，这里对原始变量值取了自然对数，分别得到 LNSBHL 与 LNSKE 和 LNSKI 时间序列。分析软件为 EViews3.1。

图 6.1 显示的是 1998—2021 年调整后的人民币兑韩元双边汇率的变动。由图可以看出，人民币兑韩元双边汇率大体变动经历了三个阶段：第一阶段是 1998—2007 年，人民币兑换韩元基本呈现波动下降趋势，说明韩元总体处于相对升值的过程之中，这段时间也刚好是韩国在经历了亚洲金融危机后，完成了金融自由化改革而促进经济快速发展的阶段。第二阶段是 2008—2009 年，韩元相对人民币出现较大幅度的贬值，最高 1 人民币兑换 193.5 韩元，可以看出在全球经济危机影响下，韩元选择了贬值的方向以维护对外贸易出口。第三阶段是 2010 年以来，人民币兑韩元尽管也有波动，但整体维持在 1 人民币兑换 167~180 韩

元，中韩双边汇率处于相对平稳的状态。

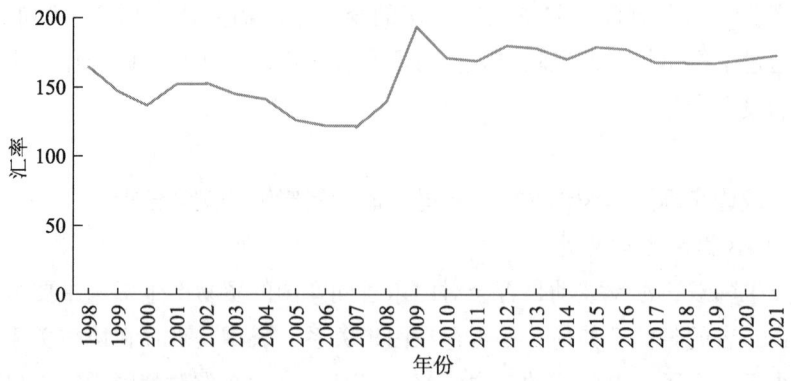

图 6.1　1998—2021 年调整后的人民币对韩元汇率

（二）变量数列的相关性分析

利用 EViews3.1 软件进行人民币兑韩元双边汇率与山东省同韩国进出口额的相关性分析，结果见表 6.1。LNSBHL 与 LNSKE 和 LNSKI 的相关系数分别为 0.384447 和 0.369034，均处于 0.3~0.5，属于弱相关。只能据此判断，人民币兑韩元双边汇率的波动与山东省对韩国进口、出口的变动之间有轻微相关性，但相关的方向不明，需要通过协整检验进一步确定。

表 6.1　LNSBHL、LNSKE、LNSKI 的相关性分析结果

	LNSKE	LNSKI	LNSBHL
LNSKE	1	0.9626915	0.384447
LNSKI	0.9626915	1	0.369034
LNSBHL	0.384447	0.369034	1

（三）单位根检验

进行协整检验之前需要进行时间变量数列的平稳性检验，采用 ADF 法对 LNSBHL、LNSKE 和 LNSKI 分别进行平稳性检验，结果见表 6.2。

根据表 6.2 中的检验结果：在 5% 的显著性水平下，序列 LNSKE 的 ADF 统计检验值小于临界值，拒绝原假设"LNSKE 存在单位根"，因此 LNSKE 是平稳时间序列。在 5% 的显著性水平下，LNSBHL 和 LNSKI 的 ADF 检验值的绝对值大于临界值，接受原假设，即 LNSBHL 和 LNSKI 均为非平稳时间序列。一阶差分后得到的 DLNSBHL 和 DLNSKI 的 P 值均小于 0.05，说明在 5% 的显著性水平下，

DLNSBHL 和 DLNSKI 均不存在单位根，是平稳时间序列。综上，LNSKE 是 0 阶单整数列，LNSBHL 和 LNSKI 同为一阶单整数列。

表 6.2　变量的单位根检验结果

变量	检验类型 (C, T, K)	ADF 检验值	5%临界值	10%临界值	P 值	结论
LNSBHL	C, T, 4	−2.5141	−3.6328	−3.2546	0.3187	不平稳
LNSKE	C, 0, 4	−4.1710	−3.0048	−2.6422	0.0041	平稳*
LNSKI	C, T, 4	0.2952	−3.6328	−3.2546	0.9972	不平稳
DLNSBHL	C, 0, 4	−4.2490	−3.0123	−2.6461	0.0037	平稳*
DLNSKI	C, T, 4	−3.9626	−3.6449	−3.2614	0.0273	平稳*
RSKI	C, 0, 4	−2.8589	−1.9572	−1.6081	0.0064	平稳*
RSKE	C, 0, 4	−1.8764	−1.9580	−1.6078	0.0591	平稳**

注：检验类型（C，T，K）中的 C，T，K 分别表示单位根检验方程中包含的常数项、时间趋势和滞后阶数。其中，滞后期的确定是按 AIC 或 SC 最小原则由系统自动完成。LNSKE 是原序列，DLNSKE 是一阶差分序列。＊表示在 5% 的显著性水平下，检验时间序列平稳。＊＊表示在 10% 的显著性水平下，检验时间序列平稳。

（四）协整检验

根据单位根检验的结果，LNSBHL 和 LNSKI 为同阶单整数列，可以直接建立协整检验方程。但由于 LNSBHL 和 LNSKE 不是同阶单整数列，因此需要对 LNS-BHL 进行一阶差分，一阶差分后的 DLNSBHL 与 LNSKE 均为 0 阶单整数列，满足协整检验的条件。这里采用 EG 两步法，分别进行人民币兑韩元双边汇率与山东省对韩国出口贸易额，以及人民币兑韩元双边汇率与山东省自韩国进口贸易额的协整关系检验。

（1）时间序列 LNSBHL 和 LNSKI 的协整关系检验

以 LNSBHL 为自变量，以 LNSKI 为因变量，利用最小二乘法构建回归模型，结果如下：

LNSKI = 2.712640 LNSBHL

　　T = （107.8197）

$R^2 = 0.09946$　　　P = 0.0000

从估计结果看，P = 0.0000，方程的 T 检验显著，说明方程拟合程度较好。$R^2 = 0.09946$ 表明还有其他变量影响 LNSKI，LNSBHL 对于 LNSKI 的影响程度较小，这与前面的相关性分析结果基本一致。时间序列 LNEX 与 LNRAT 的回归方程的残差序列记为 RSKI，接下来对生成的残差 RSKI 进行平稳性检验，结果见表 6.2。ADF 检验结果表明 RSKI 是平稳的，据此可以判断，时间序列 LNSBHL 和 LNSKI 之间存在稳定的协整关系。

（2）时间序列 DLNSBHL 和 LNSKE 的关系检验

以 DLNSBHL 为自变量，以 LNSKE 为因变量，利用最小二乘法构建回归模型，反映的是人民币兑韩元双边汇率的变动结果对山东省对韩国出口贸易产生的影响。回归结果如下：

$$LNSKE = 13.54699 - 2.285076\ DLNSBHL$$
$$T = (78.06135) \qquad (-1.262832)$$
$$R^2 = 0.073849$$

从估计结果看，DLNSBHL 的系数的 T 检验没有通过，说明没有证据能证明 DLNSBHL 的系数不为 0。考虑到 DLNSBHL 与 LNSKE 之间的弱相关性，初步判断回归方程存在。接下来生成残差序列 RSKE 并检验残差的平稳性，结果见表 6.2。在 10% 的显著性水平下，时间序列 DLNSBHL 与 LNSKE 的回归方程的残差序列 RSKE 平稳，因此，时间序列 LNIM 与 LNRAT 之间存在长期稳定的协整关系。

（五）格兰杰因果关系检验

由于进行格兰杰因果关系检验的前提是要求检验变量均是平稳的，而变量序列 LNSKI 和 LNSBHL 均是一阶单整的非平稳序列，因此只能对各变量序列的一阶差分变量 DLNSK 和 DLNSBHL 进行格兰杰关系检验（结果见表 6.3）。格兰杰因果关系检验结果表明：在 5% 的显著性水平下，DLNSBHL 与 LNSKE 不互为格兰杰因果原因，DLNSBHL 也不是 DLNSKI 的格兰杰原因。因此得出结论，人民币兑韩元双边汇率与山东省对韩国出口贸易额及山东省从韩国进口贸易额之间不构成统计学上的格兰杰因果关系。

表 6.3　格兰杰因果关系检验结果

Null Hypothesis	Obs	F-Statistic	Prob.
DLNSKI does not Granger Cause DLNSBHL	20	4.62062	0.0273
DLNSBHL does not Granger Cause DLNSKI	20	1.08138	0.3642
LNSKE does not Granger Cause DLNSBHL	21	1.87674	0.1853
DLNSBHL does not Granger Cause LNSKE	21	0.36137	0.7023

（六）数据分析与结论

从人民币兑韩元双边汇率的变动来看，尽管分了明显的三个阶段，但整体的汇率变动幅度较小，尤其是 2010 年以后，基本上 1 人民币对韩元以 174 为中心做振幅为 6 的波动，平稳的汇率没有同不断上升的进出口额形成同步，但汇率的平稳增加了投资者与贸易者的市场预期，对中韩合作企业长期发展战略的制定是具有积极作用的。

由协整关系检验结果来看，人民币兑韩元双边汇率与山东省自韩国进口贸易额具有长期稳定的关系，协整方程残差检验通过，说明方程有效。由于人民币兑韩元双边汇率采用的是直接标价法，因此 LNSBHL 的上升代表人民币的升值和韩元的贬值。从协整方程系数的符号看，LNSBHL 的系数为正数，说明 LNSBHL 与 LNSKI 同向变化，即在人民币升值的同时，山东省扩大了从韩国的进口。从人民币兑韩元双边汇率的变动值与山东省对韩国货物出口额的协整关系来看，二者存在长期稳定的协整关系。从系数的正负来看，系数为负值，说明人民币兑韩元的贬值与山东省对韩国出口的扩大同向变化。

因果关系检验结果表明，人民币兑韩元双边汇率既不是山东省自韩国进口贸易变动的原因，也不是山东省对韩国出口贸易变动的原因。这一结论与王细芳和叶全良（2008）的研究结论基本一致。人民币兑韩元双边汇率与山东省自韩国进口贸易额具有长期稳定的关系，统计检验方程显著，但方程系数很小，说明这种影响程度非常微弱。这一结论与王兴帅和王波（2019）的研究结论基本一致。

中韩双边汇率对山东省同韩国的贸易没有产生显著影响，其中的原因可以从以下几点分析。首先，山东省与韩国贸易中的消费品在双方市场具有稳定的需求，这种需求偏好建立在两地居民相似的文化背景、相近的地缘之上，产品的特色、产品工艺与品牌等营销因素给消费者带来的影响更为明显，消费者对于价格的较小幅度的变动并不敏感，因此，尽管汇率变动带来了一定幅度的价格变动，但双边贸易仍能够维持。其次看加工贸易产品，一直以来，得益于地理位置相近与山东省劳动力资源优势，韩国在山东省做了大量直接投资，其中有很多企业从事加工贸易，原材料从韩国进口到山东省，在山东省加工后产成品又部分返销韩国，这部分的交易随着韩国在山东省直接投资的扩大而稳步扩大，因此受价格因素影响较小。再其次看农产品，山东省是农业大省，苹果、大蒜、白菜、大葱等各种蔬果产品量全国占比很高，韩国是农产品的主要进口国，由于地缘相近，便于农产品尤其是蔬菜产品的保鲜与运输，山东省自然就成了韩国农产品的重要供应地之一。作为生活消费品，农产品的需求弹性小，因此对于价格变动的敏感性不强。最后看纺织品，山东省劳动力的平均工资远低于韩国，仅相当于韩国的1/3左右，对于纺织品这类劳动密集型的产品，即使韩元贬值，山东省生产的产品的价格相比较韩国本国产品仍然具有优势。山东省与韩国双方一直以来经济合作密切，双方建立了良好的经贸合作关系，经贸合作基础稳固，政治关系稳定，即便韩国整体的进口水平降低，其同山东省的经贸合作相对来说还是具有较强的抗波动性。但是，韩国对山东省的直接投资，更主要的还是考虑长期投资收益，而不是短期的汇率影响，如果韩国企业在国家"南方政策"诱导下转向东南亚国家，那么会对山东省与韩国的贸易额产生显著的影响。因此，在山东省劳动力优势逐渐丧失，中国内陆其他地区及东南亚国家加大对韩国资本吸引的背景下，稳定韩资是稳住山东省与韩国外贸的重要路径。山东省政府在政策、制度、产业链合作、海外市场合作等方面应该认真研究对策。

第七章　山东省对韩国出口贸易中的文化因素

第一节　中韩文化价值观比较

文化并没有统一的概念，一般来说，人们把文化理解为人类在认识和改造自我、认识和改造自然的过程中所创造的物质财富与精神财富的总和。狭义文化主要是指思想、艺术、伦理、宗教、哲学及风俗习惯等观念形态的文化；广义文化是指一切含有精神性质的东西。文化具体可以分为物质文化、行为文化、制度文化和心态文化。文化的形成需要漫长的时间，在生产生活实践中逐步积累与优化形成，它所反映的价值观与世界观被人们广泛接受与遵守，并且一代一代传承下来，其中的价值观、信仰、礼仪、语言、思维过程等都是文化的体现①。文化奠定了人类社会进步的基础，也被视作全社会共同的道德标准。文化的差异性特征是区分不同种族、民族和国家的最根本的依据，即不同文化下，人们在行为习惯、思维方式、风俗礼仪、标志符号及价值取向等方面表现出一定的差异。一国的文化渗透体现在生产生活的方方面面，也体现在组织的经营与管理之中。

价值观是人们在判断事物的对与错、好与坏时所依据的标准，是文化中最深层次部分的内容，支配着人的信念、态度与行动，具有稳定性、持久性、历史性和主观性的特点。孔子的《论语·卫灵公》中有句成语："道不同，不相为谋。"道就是原则，是价值观，谋就是一起做事业。意思是价值观不同的人或组织无法共事，具有相似价值观的人或组织则容易相处共事，并取得成功。不同文化背景下人们的价值观念、行为方式不同，充分了解内在差异，求同存异，有助于解决因文化差异而产生的冲突和矛盾。

东西方的文化差异非常显著，多数情况下，投资者对东西方文化差异所可能带来的文化风险比较敏感。但当跨国经营者来自同一文化圈时，多年积累的经验与方法能够更好地加以利用，沟通协商压力与障碍会更小，能让经营者感觉更安

---

① 菲利普·凯特奥拉，玛丽·吉利，约翰·格雷厄姆. 国际营销 [M]. 16版. 北京：中国人民大学出版社，2013.

全。中国与韩国、日本、新加坡等同属于东方文化的国家，经贸合作者对于对方的文化比较熟悉，做事的风格与行事的方法有相似之处，容易降低由于文化冲突带来的不安。中韩传统文化同根同源，高度相似，但近代文明发展的结果又让两国文化存在明显的差异。

根据荷兰著名心理学家吉尔特·霍夫斯泰德的研究成果，世界各国在文化上存在差异性，主要表现在以下四个方面，即个人主义/集体主义、权力距离、不确定性规避、男性气质/女性气质，其中前三个指数的研究成果得到实践的证明，被广泛应用。一种文化表现出的与另一种文化在上述四个维度的差异，会给跨国经营管理决策带来障碍，跨国经营者必须认识到这种差异，并据此及时做出决策改变与调整。当面临巨大文化差异时，决策者如果不能很好地做出文化调整与整合，往往会导致工作效率低下，甚至经营失败。

一、个人主义/集体主义指数

个人主义/集体主义指数简称 IDV 指数，是测量个人与集体关系的指标。IDV 指数高的社会倾向于个人主义，是一种结合松散的社会结构，每个人都重视自身的价值和需要，倾向于强调个人自由与权利，倡导依靠个人努力为自己赢得利益，关注自尊。IDV 指数低的社会倾向于集体主义，是一种结合紧密的社会组织，关注团队并推崇成员之间和谐共处，成员期望得到团队其他成员的帮助与认可，个人利益服从团队整体利益。一般来说，具有集体主义倾向的公司，通常是通过委员会或小组集体商讨做出决策，决策时间相对较长，但是执行起来非常迅速。而具有强烈个人主义倾向的公司，常常是高层领导单独做决策，决策制定迅速，但是由于对决策的理解不够，决策实施往往需要耗费较长时间，执行效率低。

根据吉尔特·霍夫斯泰德的调查结果，韩国的 IDV 指数是 18，中国的 IDV 指数是 20，远远低于美国（91）、澳大利亚（90）和英国（89），也低于日本（46），同哥伦比亚（13）、巴基斯坦（14）和中国台湾（17）比较接近。因此，中韩都属于集体主义倾向的文化，这也是中韩传统儒家文化在现实生活中的反映。

二、权力距离指数

权力距离指数简称 PDI 指数，是用来测量人们对社会中权力在管理者与被管理者之间不平等分配的容忍程度的指标，反映了一种特定文化中重视和尊重权威的程度。权力距离指数的高低可以根据上级决策的方式、上下级发生冲突时下级的恐惧心理等因素来确定。PDI 指数高的文化，社会等级严格，掌权者享有特权，被管理者通常被要求对管理者尊重顺从。组织内上下级之间的情感距离较大，下级通常不被允许参与重大问题讨论，通常不会直接反驳上级，这样的组织通常具有较强的执行力。PDI 指数低的文化，社会成员在组织中强调权力分散与自主决定，领导层会刻意将自己的光环去掉，让下级更容易接近，下级有更多机会与上级讨论问题并提出不同意见，上下级之间关系讲求实效，多采用协商方式处理问题。

根据吉尔特·霍夫斯泰德的调查结果，韩国的 PDI 指数是 60，处于中等偏上水平，与法国（68）、希腊（60）、伊朗（58）、土耳其（66）比较接近。中国的 PDI 指数是 80，与阿拉伯国家（80）、印度（77）、墨西哥（81）、委内瑞拉（81）等国同属于 PDI 指数较高的文化集团。因此，中韩文化中都有领导权威和特权的存在，但相对来说，中国文化中的上下级关系更为明显。

在 PDI 指数高的文化中，下级表现出对领导的尊重与服从，通常用含蓄、温和、委婉的方式表达自己的意愿，"言有尽而意无穷，余意尽在不言中"。美国文化人类学家爱德华·T. 霍尔的研究成果也表明，中国、日本、韩国、美洲土著、美洲墨西哥及拉丁国家的语言都属于高语意文化环境语言，信息解码更多地依赖于交际者双方共享的文化规约和交际时的情境。同为高语意文化环境，中国人与韩国人打交道时，更适应彼此的表达方式，更容易理解彼此意图，能够顾全对方面子，从而在谈判与贸易中更容易达成共识，这在客观上也有助于经贸合作的开展。

三、不确定性规避指数

不确定性规避指数简称 UAI 指数，是用来测量某种文化中的成员在面对不确定性或模糊情景时感受到的威胁程度的指数。在 UAI 指数高的文化中，社会成员无法容忍模棱两可，设置的标准与规范众多，对新观点、新行为等新事物持怀疑与排斥态度，固执地坚持已经验证了的安全的行为模式，社会崇尚秩序，往往对创新鼓励不足，因此压抑了社会创新成果的出现，但往往对引进技术的消化吸收比较重视。社会试图以提供较大的职业安全和建立更正式的规则来缓解人们的高度紧迫感，社会成员进取心高，容易形成一种努力工作的内心冲动。而在 UAI 指数低的文化中，组织成员倾向于顺其自然和宽容的生活态度，能够坦然面对不确定性和未知事物，愿意尝试创新，勇于探索未知世界，社会整体焦虑水平较低。因此在 UAI 指数低的文化中，社会对于创新失败更加宽容，创新活动更活跃，创新的成果也更加丰富。

根据吉尔特·霍夫斯泰德的调查结果，韩国的 UAI 指数是 85，与日本（92）、法国（86）、墨西哥（82）、哥伦比亚（80）比较接近，处于绝对高的水平。中国的 UAI 指数是 30，属于绝对低的文化集团，比英国（35）、印度（40）和美国（46）还要低。中国古代有伟大的四大发明，中国文化中有数不清的独特元素，都是创新的结果。韩国的高 UAI 与中国的低 UAI 形成鲜明对比，如果能够将中国的创新精神全面激发，结合韩国的严谨与规范，将有助于中韩企业国际竞争力的提升。

第二节　文化与经济贸易发展关系

二战后日韩经济的快速恢复与发展，以及中国改革开放之后的迅速发展，让世界开始关注东方文化在经济发展中的作用。理论界关于文化因素对经济发展的影响及影响程度早有研究，韩国的文化与韩国经济发展的关系研究成果也比较丰富，文化因素对国际贸易开展的影响及影响程度成为近几年人们关注比较多的话题，并逐渐形成了丰富的研究成果。

文化对经济影响的国际研究。阿尔弗雷德·马歇尔在其著作《经济学原理》中提到了文化因素对经济发展的作用，认为文化因素同经济动机一样，对人们的经济行为起着决定作用。威廉·阿瑟·刘易斯在《经济增长理论》一书中提出，"工作态度、节约的意愿、冒险精神是影响经济发展的主要因素"。Guiso、Sapienza 和 Zingales（2006，2009）解释了一国价值观和信仰的起源、传递与持续过程，并在此基础上研究了这些社会价值对一国经济产生影响的机制。Rode 和 Revuelta（2011）提出文化是通过作用于政策制度来影响一国的经济，并且通过实证分析得出民粹主义和制度之间存在显著的负效应。

文化对经济影响的国内研究。李增福和刘万琪（2011）使用灰色关联度方法分析了文化产业对经济增长的影响，结果发现：文化产业对经济增长有较大的影响；文化产业对第三产业的带动作用尤为明显；文化产业创新对经济增长具有巨大的拉动作用。成学真和李玉（2013）在罗默经济增长理论的基础上建立计量经济模型，针对文化产业的发展对经济增长的影响进行了实证分析，得出结论：我国文化产业的发展与经济增长之间存在长期稳定的均衡关系，但是现阶段文化产业的发展对经济增长的贡献并不显著。

李国璋和肖锋（2013）基于软投入理论，认为文化直接作用于经济主体的行为选择，间接影响综合政策投入和综合科技投入，形成软投入组合，软投入组合矢量的方向和大小最终决定了经济增长方式和速度，由经济主体选择的集合所形成的文化是经济增长最根本的解释变量。裴春梅（2016）提出，国际经济合作是在不同文化载体之间发生的经济活动，与国家之间的地理、社会、制度及文化等各种因素紧密地连系在一起。在全球化时代出现的"政冷经热"现象，一个重要的原因是民间文化交流、非政府文化交流及国际社会文化接触。张娅萍和张晓（2017）认为，日本经济能够在二战之后迅速恢复，并在世界经济中长期占据优势地位，是有多方面的原因的，但主要原因是日本文化的熏陶和发展。

韩国文化与韩国经济发展关系的研究。焦润明（1995）认为儒学文化是韩国经济腾飞的主要文化动力。郭庆涛（1996）认为，"亚洲四小龙"的腾飞和中国大陆经济的高速发展被称作"东亚模式"，东亚经济得到飞速发展，虽然得益于每个国家和地区各自独特的体制和方法，但是在把它作为整体来研究时发现，它们有着共同的文化背景，即深受以汉字为载体的儒家思想的浸润。崔天模（1997）认为，传统儒家文化对韩国经济发展既有积极影响，也有消极影响。为了适应现代经济发展，必须吸收世界先进文化成果，又要防止西方消极思想的入侵，加强教育投资。朱星焕（2001）认为，韩国经济发展模式是儒教市场经济模式，这种模式是韩国儒教文化与市场经济制度互相作用而产生的。韩国儒教本身充分具备推进经济发展的潜在能力，只是在引入市场经济制度以后才发挥出这一潜能，从而韩国经济得以发展。

宋魁和郝剑锋（2005）认为，政府对文化建设高度重视，文化因素为韩国经济发展提供了有力的支撑，东西方文化兼容并蓄不仅使韩国文化保持了自身的特点，同时也形成了韩国经济的深层底蕴。李忠斌（2020）从多维的角度探讨民族文化经济价值的度量，特别是依循传统经济学模型分析的思路，考察了民族文化在经济产出中的总效用和文化贡献率，从而证明文化经济价值计量不仅可行，而且具有重要的实践价值，由此提出了"民族文化产权弹性系数"这一全新的概念。文华和李天国（2020）认为，儒教文化是韩国经济迅速发展的重要因素。儒教文化对经济发展的影响主要表现为高储蓄率、教育热、政府主导的经济发展模式、家族式企业经营方式、共享资本主义发展模式、和谐的经济发展观、精英主义治理模式及国民的忠诚与团结。

文化对国际贸易作用的理论研究。Neal（1998）提出，认知差异会导致交流复杂化，并阻碍信任的建立，不利于交易成本的降低，因此国家间巨大的文化距离会增加交易成本，进而减少它们之间的贸易活动。Etzioni（2010）认为，投机行为可能在贸易达成后出现，导致交易成本增加，而文化对机会主义有制约作用，机会主义行为在很大程度上会受到具有共同信仰、规范、习俗的社会关系的约束，受到个人主义/集体主义价值观影响。当与"圈内"成员交易时，个人主义者更易搞机会主义；当与"圈外"成员交易时，集体主义者更易搞机会主义。因此，理解各国 IDV 指数的差异，可以增加对机会主义的认识，从而减少交易成本，有利于国际贸易的开展。

文化对国际贸易作用的实证研究。阚大学和罗良文（2011）实证研究结果表明，文化差异与国际贸易量呈倒 U 关系，当文化差异较小时，会促进双边贸易开展，但当文化差异较大时，贸易双方的协调与沟通成本增大，会降低对外贸易量。曲如晓等（2015）在文化差异视角下，就不同贸易成本对中国文化产品出口影响进行了定量研究，发现中国文化产品出口主要是沿着集约边际方向增长，文化差异性对中国文化产品出口的扩展边际影响显著为负，而对集约边际无影响，且在不同文化维度的考察下，上述结论依然稳健。施炳展（2016）实证分析了文化认同对外贸出口的影响，结果显示，韩剧热播提高了中韩贸易增长速度，这一促进作用对于差异化产品尤为显著，这意味着文化认同是促进对外贸易发展的一个积极因素。

通过梳理可以发现，文化对经济贸易发展产生影响在理论界获得普遍认可，但这种影响的逻辑体系和传导机制至今未明确化。文化对经济的影响可以是通过文化产业直接对经济发展做出贡献，也可以是通过信仰、价值观和行为方式间接影响经济绩效，这一点在对韩国的研究中得到充分验证。尽管多数学者认为相似的文化有助于沟通协调，更容易促进贸易开展，文化相似对国际贸易具有正向促进作用，但也有学者认为由于好奇与追求多样性，较小的文化差异有利于贸易开展。因此，文化对贸易的作用及方向到底如何，从目前的研究来看，并没有完全统一。但主流的观点认为，将传统文化与现代文明相结合，留存精华，去除糟粕，会更好发挥文化对经济的促进作用，文化价值观越相似越有助于推动国际贸易的开展。中韩同属于儒家文化，中韩扩大经贸合作具有良好的文化基础。

第三节　消费者民族中心主义的调查比较

消费者民族中心主义来源于民族主义概念，民族主义强调一个族群的团结、统一、忠诚、合作，族群成员一般都对本族群有着一份特别的情感并忠于本族群。消费者民族中心主义的存在使个体产生认同感与归属感，并让个体了解何种购买行为是所在群体能或不能接受的。在两个国家（地区）之间政治关系紧张、贸易摩擦加大的情况下，消费者的爱国主义、民族中心主义情绪会被激发，往往会将"购买产品"与公民道义及国家情感联系起来，由单纯的商品购买者变成利益维护者，相信通过抵制来自不友好国家的产品可以惩罚该国并促使其"改邪归正"。比如，2016 年"萨德"入韩事件引起的中国民众大规模抵制韩国货，2019 年日本断供韩国半导体关键原材料而引发的韩国消费者抵制日货，2008 年因法国政府在保护奥运火炬传递过程中的失职而引发的大规模抵制家乐福的事件，等等。这些都表明当前的消费者不再只是消费个体，而是借助网络等渠道相互连接形成群体，并在民族中心主义思潮的影响下，成为国际贸易中一股不可忽视的影响力量。

研究山东省与韩国消费者民族中心主义的强烈程度，有助于企业制定恰当的营销策略，引导当地消费者理性选择商品，从而减少对贸易的影响。从国际营销角度看，消费者民族中心主义可能会成为企业国外营销成功的阻碍，也可能有助于产品的国外市场定位，因此跨国测量消费者民族中心主义水平是必要的（Han and Terpstra 1988）。

一、消费者民族中心主义综述

（一）消费者民族中心主义及其量表

消费者民族中心主义的概念最早由 Shimp 于 1984 年提出，主要用来表达消费者对于选购外国产品是否符合道德规范所持的信念。当消费者面临国产货与外国货选择时，会产生对本国产品的自然认同和偏爱，而对外国产品有一种心理抗拒。民族中心主义消费者认为，购买进口货是错误的和不爱国的，这伤害了本国经济，导致本国同胞失业；而非民族中心主义消费者主要依产品本身属性加以评价，不会想到产品是哪里生产的。消费者民族中心主义可以部分地解释为什么消费者比较偏好购买本国品牌产品而非外国品牌产品或进口产品。

　　每个国家的消费者都存在消费者民族中心主义，为了测量消费者民族中心主义水平的高低，Shimp 和 Sharma 在 1987 年构建了一个包含 17 个测量项目的"消费者民族中心主义倾向量表"，简称 CETSCALE 量表，并通过对美国四个城市的调查，实证检验了该量表的内部一致性和可靠性。后来，Netemeyer 等（1991）在德国、法国、日本和美国进行了跨文化 CETSCALE 量表检验，Anupam Bawa（2004）在一些东欧国家应用了该量表，调查验证结果一致认为 CETSCALE 量表在各国都具有满意的可靠性和内部一致性，证明了 CETSCALE 量表具有跨文化适用性。因此，CETSCALE 量表成为国内外学者研究消费者民族中心主义时普遍采用的一种工具。

（二）消费者民族中心主义研究回顾

　　在利用 CETSCALE 量表对特定国家或地区消费者进行调查时，调查者并不满足于仅仅调查该国的消费者民族中心主义得分高低，多数研究人员将调查出的 CETSCALE 分值与总体敌意、经济敌意、战争敌意、产品评价或者购买意愿等相结合进行分析，并得出相应的结论。就研究方法来看，既有对单一国家（地区）进行消费者民族中心主义调查分析的，也有开展两个或多个国家（地区）的对比分析的。

　　Shimp 和 Grainzin（1987）等将 CETSCALE 量表运用到欧美日发达国家，研究结果表明，消费者民族中心主义与消费者对外国产品的态度、评价和购买意愿呈负相关关系，与消费者对本国产品的态度、评价和购买意愿呈正相关关系。Good（1995）和 Marcoux（1997）等研究发现，东欧国家的消费者民族中心主义分值较低，消费者认为外国货质量更优，更愿意接受外国品牌产品，主要原因是本国产品竞争力弱，外国产品充斥了该国市场。

　　Gardner 等（2005）考察了法国消费者的民族中心主义倾向及对外国产品的购买意愿，结果显示，法国消费者 CETSCALE 得分 59.84，说明法国消费者并没有表现出过度的消费者民族中心主义。当法国消费者认为进口某产品是必须的时，他们对进口产品的负面态度就会减弱，相反，他们对认为没有必要进口的产品的负面态度会增强。

　　Shimp 等（1995）将 CETSCALE 量表应用到韩国，发现韩国的 CETSCALE 测量值非常高，达 85.07，并归纳出影响消费者民族中心主义的先行变量有社会心理因素、人口统计因素，以及影响它的两个调节因素。

　　Julie 和 Albaum（2002）以中国香港的永久性居民为抽样对象，调查了香港回归前后消费者民族中心主义倾向的变化，发现消费者民族中心主义分值在香港回归祖国之后有所上升。但是，香港消费者的 CETSCALE 得分低于现有研究考察的其他地理区域的消费者，研究者给出的解释是，香港一直以来都是一个国际化大都市，开放程度高，消费者和外国产品接触较多，潜意识中乐于接受外国产品。

王海忠（2003）选取北京、上海、广州、重庆的消费者，对中国消费者的民族中心主义倾向进行了调查研究。结果显示，中国消费者的民族中心主义倾向值总体与美国相当，低于韩国，并呈现区域差异性特征，上海 CETSCALE 分值最低，对外国产品的接受程度较高，而北京与重庆的分值低于广州。王海忠等（2005）的进一步研究结果表明，中国消费者的民族中心主义倾向值越高，其对外国产品的评价与购买意愿就越低。

从单一国家（地区）的研究结果来看，现有研究认为每个国家都存在不同程度的消费者民族中心主义倾向。多数研究结论表明，消费者民族中心主义倾向越高的国家和地区，消费者对外国产品的评价越低，购买意愿也越低；消费者民族中心主义倾向越低的国家和地区，消费者思想越开放，对外国产品越容易接受。还有众多学者运用 CETSCALE 量表对两个或者两个以上的国家或地区进行消费者民族中心主义的比较研究，得出了丰富的研究成果。

Hsu 和 Nien（2008）选取上海和台北的消费者进行调查。调查结果显示，上海消费者比台北消费者具有更强的民族中心主义倾向，年龄与消费者民族中心主义成正比，受教育程度与消费者民族中心主义成反比，收入高低对消费者购买外国品牌的倾向并没有显著性影响。

Balabanis 和 Diamantopoulos（2001）对土耳其和捷克的消费者民族中心主义进行了比较研究。结果显示，土耳其消费者 CETSCALE 得分 25.92，捷克消费者CETSCALE 得分 24.02，说明土耳其消费者的民族中心主义倾向更强。土耳其的女性、老年和低收入消费者有较高的民族中心主义倾向，而捷克高收入消费者的民族中心主义倾向则比低收入消费者高。

Saffu 和 Walker（2005）对俄罗斯和加拿大进行了比较研究。结果显示，俄罗斯消费者 CETSCALE 得分高于加拿大消费者，说明俄罗斯消费者比加拿大消费者表现出更强的民族中心主义倾向。相比 10 年前的研究，俄罗斯消费者的CETSCALE 分提高了 20 分，原因在于俄罗斯经济的快速复苏和消费者对本土品牌信心的剧增。

隋红霞和李萍（2018）采用 1—7 级的 CETSCALE 量表，在 2015 年调查了山东省消费者与韩国消费者的消费者民族中心主义倾向。结果显示，山东省消费者与韩国消费者的民族中心主义的平均值分别为 3.5342 和 2.7108，折合成百分制分别为 50.49 和 38.73，表明韩国被调查者更加开放，排外的情绪较低。这一研究结论与 Shimp 认为的韩国消费者民族中心主义分值非常高不一致，造成不一致的原因可能来自样本，也可能来自消费者生活环境的变化，韩国经济近年来发展速度明显变慢，国内消费产品市场国际竞争激烈。

通过梳理发现，大量研究成果表明，消费者民族中心主义影响了消费者对外国产品的选择，CETSCALE 分值高的国家和地区，消费者整体上排外情绪偏高，不愿意接受外国产品，并且会自发避免购买和消费进口产品。山东省消费者与韩国消费者的消费者民族中心主义倾向自然会影响对彼此进口产品的接受。

王海忠调查发现中国消费者民族中心主义呈现区域差异性特征，即不同地区的消费者民族中心主义倾向存在明显差别。Saffu 和 Walker 在研究俄罗斯时，发现一国经济的发展变化会对本国居民的消费者民族中心主义产生动态影响，即随着一国（地区）经济的发展进步，消费者的民族中心主义会增强。山东省作为韩国近邻，与韩国经贸往来密切，而且山东省的 GDP 总额及人均 GDP 都在上升，随着经济条件的改变，山东省消费者的民族中心主义倾向是否会提高值得研究。

二、问卷设计与调查

此次调查主要研究两个问题，一是比较中韩青年消费者民族中心主义水平，并比较分析消费者民族中心主义各问题得分差异；二是将山东省关于消费者民族中心主义的 2022 年最新调查数据与 2013 年及 2015 年的调查数据进行对比，探讨时间与经济发展因素是否会对山东省消费者民族中心主义产生影响。

鉴于 CETSCALE 量表的跨文化适用性，采用 CETSCALE 简化量表进行调查，简化量表包括 10 个问题，利用平行翻译法对量表进行翻译，最终确定调查问卷（见附表 15）。量表采用李克特 7 级量表形式，强烈反对项赋值 1 分，完全同意项赋值 7 分，分值越高说明消费者民族中心主义越强。本次调查在山东省部分高校开展，利用微信的腾讯问卷小程序进行。搜集数据后，形成数据库，用 SPSS 20.0 进行分析并得出结论。作为比较的山东省调查数据及韩国调查数据均借用隋红霞在此前有关研究中的调查数据。

三、调查数据分析

此次调查收回有效样本 366 个，男性 181 人，女性 185 人，男女比例相当。由于并没有资料表明量表在调查地具有可靠性，因此，首先利用 SPSS 20.0 对量表信度的阿尔法值进行测度，得到阿尔法值为 0.72。根据 Nunnaly（1978）的理论，信度的阿尔法值只要高于 0.7 就可以认为该量表具有内部的高度一致性，因此消费者民族中心主义量表的内部一致性良好。调查所采用的量表经过多国多次验证，已经表明其具有良好的效度。

调查问卷各题目得分统计见表 7.1。从表 7.1 中的数据可以发现，2022 年山东省消费者的民族中心主义 CET 平均得分 3.71，高于 2013 年的 3.34 和 2015 年的 3.37，而且这种差距很明显。从时间顺序来看，近 10 年来，山东省消费者的民族中心主义有提高的倾向。韩国消费者的 CET 值为 2.71，显著地低于 2022 年山东省消费者的 CET 值，山东省消费者与韩国消费者的民族中心主义分值均低于中间值 4，说明山东省与韩国消费者民族中心主义整体都不算高。

表 7.1　不同样本下的 CET 平均值及各问题平均值

样本	Q1	Q2	Q3	Q4	Q5	Q6	Q7	Q8	Q9	Q10	CET 值
2013	3.77	3.66	2.50	2.58	3.03	3.41	2.91	5.41	3.39	2.74	3.34
2015	4.17	3.63	2.52	2.95	2.95	3.44	3.09	4.49	3.68	2.77	3.37
2022	5.74	2.93	3.11	3.55	3.57	3.63	3.22	4.69	3.62	3.03	3.71
韩国	3.09	3.63	2.19	2.57	2.31	2.61	2.49	3.24	2.65	2.33	2.71
差值 1	2.65	-0.7	0.92	0.98	1.26	1.02	0.73	1.45	0.97	0.7	1.0
差值 2	1.97	-0.73	0.61	0.97	0.54	0.22	0.31	-0.72	0.23	0.29	0.37

说明：Q1 代表调查问卷的第一个问题，以此类推。"2013""2015"和"2022"分别代表 2013 年、2015 年和 2022 年对山东省的消费者调查得到的数据，"韩国"一行是对韩国消费者进行调查得到的数据。"差值 1"指 2022 年山东省消费者与韩国消费者各个调查问题得分之差。"差值 2"指 2022 年与 2013 年山东省消费者各个调查问题得分之差。

从具体问题的回答得分来看，韩国消费者只有第二个问题的得分高于山东省消费者，即"Q2：本国国产产品的质量是一流的，耐用的，最好的"，说明韩国消费者对本国产品的质量更加认可。相较于韩国消费者，中国消费者更加认同"Q1：只有那些在中国市场买不到的产品才应该进口"、"Q5：一个真正的中国人就应该总是购买中国制造的产品"和"Q8：长期来看，购买国产货会让我花费更多，但我仍然愿意支持国产货"，明显具有较强的支持和购买国货的意愿。

当对 2022 年与 2013 年山东省消费者各个调查问题做差值后发现，在"Q1：只有那些在中国市场买不到的产品才应该进口"和"Q4：购买外国货是不对的，因为那会使中国人失去工作机会"的回答上得分显著增加，表明山东省消费者具有更高的爱国主义情怀，将购买国货与民族大义相结合。但我们也能够发现，"Q2：本国国产产品的质量是一流的，耐用的，最好的"和"Q8：长期来看，购买国产货会让我花费更多，但我仍然愿意支持国产货"的得分明显下降了，表明中国消费者对国产产品的质量认可度在下降，多花钱支持国货的意愿在下降。

四、调查结论与启示

山东省消费者的 CET 值高于韩国消费者，山东省消费者具有比韩国消费者更高的民族中心主义倾向，说明山东省消费者具有更高的购买国货意愿，民族自豪感更强，这不利于韩国消费品对山东省地区的出口，反之韩国较低的消费者民族中心主义倾向对从中国进口产品消费形成的障碍较低。

山东省消费者的 CET 值有随时间而增加的变化趋势，说明随着时间的推移，山东省消费者购买国货的意愿在增加，但这种驱动因素并不是来自于本国产品质量的提高，应该是与经济发展水平的提高有关。这一结论与 Saffu 和 Walker 的基本一致。

韩国消费者对本国的产品质量高度认可，说明山东省企业在韩国销售产品时必须要重视产品的质量，从材料、技术、工艺到品牌，力争获得韩国消费者认可，单纯靠低价竞争很难站稳市场。山东省消费者比较认可进口产品的质量，今后韩国高品质、高技术含量的产品在山东省仍然会有良好的发展机会，两地今后的贸易合作市场基础良好。上述分析结果提醒山东省政府，山东省与韩国经贸合作尽管未来的市场潜力巨大，但要警惕民族中心主义的潜在负面影响。企业应该充分了解消费者的民族中心主义的结构性特点，实施有针对性的市场营销战略。

第八章

山东省对韩国出口贸易中的经贸合作协议

第一节　国际多边贸易体系

一、 WTO 取得巨大成绩

WTO 前身是 1947 年签订的关税与贸易总协定（GATT），1995 年 1 月 1 日，WTO 正式运作，目标是建立一个完整的包括货物、服务、与贸易有关的投资及知识产权等更具活力、更持久的多边贸易体系。WTO 有三大主要职能：一是监督现行的多边贸易规则体系和诸多贸易协定的执行；二是提供独特的争端解决机制；三是组织和主持多边贸易谈判。截至 2021 年年底，WTO 已有 164 个成员，成员间贸易额全球占比超过 98%。

在全球经贸治理体系中，WTO 在推动全球贸易增长、解决贸易争端及推动经济发展方面发挥了重要的作用。据 WTO 统计，全球货物贸易额 1995 年仅为 5.17 万亿美元，2021 年达到 22.33 万亿美元，增长了约 3.3 倍；全球商业服务贸易额从 2005 年的 2.63 万亿美元上升到了 2021 年的 5.97 万亿美元，增长了约 1.3 倍。WTO 成员数量包括了全球超过 80% 的国家，由 1995 的 73 位增加到 2021 年的 164 位。同时全球 GDP 也由 1995 年的 31.04 万亿美元增加到 2021 年的 96.1 万亿美元，增长了约 2.1 倍。WTO 争端解决机制处于为多边贸易体制提供稳定性和可预见性的核心地位，为维护和平繁荣的国际贸易秩序做出了重大贡献，被誉为多边贸易体制的"皇冠明珠"。[①]

然而，受经济全球化深刻调整、WTO 自身制度设计、大国战略博弈等诸多因素共同作用，WTO 规则体系的权威性遭受挑战，机构运行的有效性无法维持，与国际贸易现实的相关性受到影响。2001 年启动的多哈回合谈判[②]处于无限期暂

---

① 赵宏. 世贸组织争端解决机制 25 年：辉煌、困境与出路［J］. 国际贸易，2021（12）：4-8.

② 多哈回合谈判始于 2001 年 11 月，谈判包括农业、非农产品市场准入、服务贸易、规则谈判、争端解决、知识产权、贸易与发展及贸易与环境 8 个主要议题。由于发达国家和发展中国家在农业政策问题上始终无法弥合分歧，其历经多次谈判也没能取得突破性进展，并被搁置至今。

停状态，在推动贸易和投资进一步自由化和便利化，特别是在农产品关税与补贴、开放服务市场，以及形成新规则方面无法达成共识。2020 年 11 月底，争端解决机制上诉机构在最后一名法官卸任后彻底陷入瘫痪，部分成员方暂时成立了多方临时上诉仲裁安排，最终目标是恢复上诉机构正常运转。尽管 WTO 运行遇到了不少问题，但 WTO 仍是当今国际贸易体系中的权威机构，对推动世界经济发展有很大贡献。

二、中国积极履行 WTO 承诺

2001 年 12 月 11 日，中国以发展中国家身份正式成为 WTO 的第 143 个成员。加入 WTO 以来，我国严格履行入世承诺，降低关税与非关税壁垒，不断扩大市场开放，国内经济贸易环境持续改善，充分展示了负责任发展中大国的良好守信形象。事实上，我国不仅全面履行了入世承诺，而且还在进一步扩大开放上做出了巨大努力。

在关税与非关税承诺方面，按照加入时的承诺，我国大幅降低关税，显著削减了非关税壁垒。2010 年，我国货物降税承诺全部履行完毕，关税总水平由 2001 年的 15.3% 降至 9.8%；工业品平均税率由 14.8% 降至 8.9%；农产品平均税率由 23.2% 降至 15.2%，约为世界农产品平均关税税率的 1/4，远低于发展中成员 56% 和发达成员 39% 的平均关税水平。2021 年，我国关税总水平已经降低到 7.4%，超过所有发展中大国，正在接近发达国家水平。与此同时，我国努力减少非关税壁垒限制，促进贸易透明畅通。截至 2005 年 1 月，我国已按入世承诺取消了全部进口配额、进口许可证和特定招标等非关税措施。

在服务贸易领域方面，我国不断扩大金融、电信、旅游、交通、建筑等领域的开放，在 WTO 服务贸易分类的 160 个分部门中，我国入世时承诺开放的 100 个分部门在 2007 年就已全部开放到位，截至 2022 年年底，我国开放的服务部门已达到近 120 个，开放水平远超入世时的承诺。在市场准入方面，我国积极实行准入前国民待遇加负面清单管理制度，基本全面取消了制造业领域针对外资的限制，在种业等农业领域放宽外资准入。

另外，我国逐步放开外贸经营权，促进经营主体多元化。自 2004 年 7 月起，我国对企业的外贸经营权由审批制改为备案登记制，民企进出口发展扩大，成为对外贸易的重要经营主体，其进出口全国占比由 2001 年的 6.1% 提升至 2021 年的 48.6%。在知识产权保护方面，我国逐步完善法律法规与制度体系，持续加强知识产权保护执法力度，全面履行世贸组织通报义务；在贸易合规方面，扎实开展拟定中的贸易政策的合规评估、妥善回应贸易伙伴对已出台贸易政策的关注。

我国严格履行入世承诺，积极推动 WTO 多边议题推进，为世界经济发展做出了巨大贡献。入世二十多年来，我国货物贸易进口额从 2001 年的 2436.1 亿美元增长到 2021 年的 2.26 万亿美元，全球占比也由 3.8% 提高到 11.9%，2009 年起一直是仅次于美国的全球第二大货物贸易进口国。自 2013 年起，我国成为全球第二大服务贸易进口国，目前服务贸易全球占比接近 10%。2002 年以来，我国经济持续保持中高速增长，成为全球经济复苏和可持续发展不可或缺的动力，对世界经济增长的平均贡献率接近 30%。更加开放的市场让世界各国分享我国经济发展与消费繁荣带来的红利。习近平主席曾在多个场合强调："中国一贯主张，坚定维护世界贸易组织规则，支持对世界贸易组织进行必要改革，共同捍卫多边贸易体制。"

三、韩国经济借助 WTO 发展迅速①

1967 年 3 月，韩国正式加入 GATT，直到 1995 年 WTO 取代 GATT，韩国在这期间创造了多年连续的经济高增长。1970—1994 年，韩国 GDP 由 90.05 亿美元上升到 4636 亿美元，增长了 50.48 倍；人均 GDP 由 280 美元增加到 10344 美元；对外贸易出口额、进口额分别增长了 107 倍和 58.95 倍，创造了著名的"汉江奇迹"，极大地提高了韩国的国际地位。

1995 年 1 月 1 日，WTO 正式办公后，韩国当时以发展中国家的地位加入了 WTO。WTO 宗旨中规定了发展中国家特殊与差别待遇的原则性地位，因此韩国也一直享受着 WTO 协定给予发展中国家的特殊与差别待遇，涵盖关税、补贴与反补贴、WTO 争端解决机制等多个领域。这期间韩国的对外贸易继续扩大，到 2021 年出口额达 6444 亿美元，较 1994 年增长了 5.7 倍。

美国前总统特朗普在 2019 年 7 月声称某些高度发达的国家利用发展中国家地位享受特殊待遇不公平，要求 WTO 解决该问题，否则美国将单方面终止向这些国家继续提供优惠。美国提出 4 条"发展中国家"不适用标准，包括经合组织成员国、G20 成员国、世界银行规定的高收入国家和世界贸易中占比超过 0.5% 的国家，韩国符合全部 4 条标准。2019 年 10 月 24 日，韩国召开对外经济部门长官会议，决定放弃在 WTO 中的发展中国家地位。同时明确表示，韩国并非彻底

---

① 此部分的数据来源于联合国数据库数据及 WTO 官网数据。

放弃发展中国家地位，而是在新一轮 WTO 谈判中不再要求优惠，在新的谈判达成协议前，韩国以往通过谈判获得的优惠仍将维持。

在 WTO 多边协议框架下，中韩贸易迅速扩大，对中韩两国国内经济增长起到了巨大的拉动作用，促进了韩国对中国的直接投资，提供了大量就业机会，活跃了市场，同时也促进了两国民间交流与互访，加深了两国人民的相互理解，为两国经贸合作开展打下了良好基础。山东省借助地理优势，成为中韩贸易主要的受益省份，外贸与外资双发展，对山东省的经济发展起到了积极的作用。

第二节　区域经济合作组织的形式与新特点

鉴于 WTO 的成员方多，各国的经济发展水平不同，关切的利益与需求也不同，多边谈判需要考虑的因素众多且复杂，谈判难度较高，很难达成一致。在多哈回合谈判止步不前的背景下，合作标准更高、合作伙伴参与自由度更高、谈判难度更低的区域经济合作安排成为各国各地区扩大对外合作、加快全球布局的重要选择。事实上，WTO 对区域经济组织实现更高水平的开放持欢迎和开放的态度，并鼓励成员方在区域范围内就服务贸易、知识产权保护、环境标准与投资做出更大胆的尝试，但前提必须是区域经济组织的有关协定不对区域外 WTO 成员经济体设置障碍和壁垒。以 WTO 为代表的全球多边主义对区域主义持包容态度，同时也对区域合作的发展发挥平台和指导作用，双边或地区性自由贸易协定安排是 WTO 多边贸易体制的有益补充。

一、区域经济合作组织形式

区域经济合作是指在一定区域范围内，两个或者两个以上的国家通过签订一揽子协议，分阶段消除贸易壁垒，降低非贸易壁垒，促进区域范围内的货物、服务、人员、技术、资本等各种商品和生产要素自由流动，推动贸易与投资的优势互补与自由化，最终实现区域内贸易增长与经济繁荣的目的。

按照合作程度由低到高排列，区域经济合作的组织形式主要有：优惠贸易安排、自由贸易区、关税同盟、共同市场、经济联盟和完全经济一体化。其中，自由贸易区因为其效率高、成本低及开放度高的特点，成为当今众多区域经济合作的主要形式。WTO 官网数据显示，截至 2021 年年底，向 WTO 通报的并已经生效的自由贸易协定有 354 个，几乎所有的世界贸易组织成员都至少参加了一个区域自贸协定。目前，世界上规模和影响力较大的区域经济合作组织主要有欧洲联盟（EU）、美国—墨西哥—加拿大协定（USMCA）、亚太经济合作组织（APEC）、全面与进步跨太平洋伙伴关系协定（CPTPP）及区域全面经济伙伴关系协定（RCEP）等。

二、区域经济合作组织新特点

（一）合作地域范围扩大

当前区域经济合作组织的合作范围已经不仅仅局限于地理位置邻近的国家或地区，还出现了若干跨区域合作及次区域经济合作。例如，亚太经济合作组织（APEC）的 21 个成员分别来自亚洲、大洋洲、北美洲和南美洲等不同地区；金砖国家（BRICS）的 5 个成员（巴西、俄罗斯、印度、中国和南非）分别来自南美洲、欧洲、亚洲和非洲等不同地区；区域全面经济伙伴关系协定（RCEP）的 15 个成员国有 3 个来自东北亚，10 个来自东南亚，还有 2 个分别来自大洋洲和太平洋地区。分属不同文化背景的成员通过搭建区域经济一体化的组织平台与规则体系，突破地理空间障碍，形成新的区域市场结构与区域市场体系。次区域经济合作形式的典型代表是由新加坡、印尼的廖内群岛及马来西亚的柔佛州形成的"新柔廖增长三角"，另外我国的珠—港—澳合作区、图们江地区、澜沧江—湄公河地区的合作都属于次区域经济合作区，次区域经济合作已经成为区域经济合作乃至全球多边经济合作的一种重要补充形式。

（二）合作议题更广更深入

WTO 成员谈判取得的主要成果集中于关税与非关税壁垒的大幅降低与投资便利化，尽管也涉及其他有关议题，但取得的成果不理想，有些只能以诸边协议的形式进行。区域经济合作组织涉及的合作领域更宽，而且开放范围更宽，开放水平更高，如电子商务、贸易与投资便利化、知识产权保护、服务业开放、货币合作、环境标准、劳工标准和政府采购等，这些领域都已经出现在有关的区域合作协议中。自贸协定在规则领域的水平也比 WTO 要高得多，有的是 WTO 所没有的。例如，随着电子商务的迅速发展，86 个 WTO 成员发布了《电子商务联合声明》，但截至 2021 年年底尚未能够达成关于电子商务的多边协定。相比之下，电子商务作为 RCEP 的创新领域，对消费者保护、电子认证、网络安全、跨境电子方式信息传输等方面进行规则保护和创新。全面与进步跨太平洋伙伴关系协定（CPTPP）在数字贸易关键议题方面具有继承性、创新性和前瞻性的特点，既延续了电子传输免关税、个人信息保护、线上消费者保护等传统电子商务议题，又创新性地引入了跨境数据流动、计算设施本地化、源代码保护等争议性议题，代表了数字贸易规则的未来发展方向。随着经济的发展和创新技术的出现，区域经济合作的议题必将逐渐向更广泛、更深层次的合作方向发展，这也为相关议题WTO多边协议的最终签署提供了一定的借鉴。

（三）合作组织形式复杂多样

各国参与的区域经济合作组织大体可以分为两种类型，即论坛性区域经合组织和机制化区域经合组织。其中，论坛性区域经合组织遵循平等互利、相互尊重、协商一致的基本原则，涉及的论坛议题广泛而具有一定的随意性，成员的各种承诺和政策的实施都建立在自主自愿的基础上，对任何一方都无强制约束力，如 APEC、ASEM（亚欧会议）等。而机制化的区域经合组织则具有强制性特征，涉及的自由化内容具体，路线图明确，市场开放承诺由相关法律制度保障落实，基于自由贸易协定基础上形成的经合组织都属于此类，如 RCEP、CPTPP 等。除了原始成员方共同签署协议建立外，成员具体加入形式趋于多样化。例如，单个或几个经济体加入已有的区域经合组织，如中国申请加入 APEC；单个或几个经济体与已经生效的区域经合组织形成一个新的经合组织，但新经合组织的安排与原组织并不完全一致，如中国与东盟的"10+1"合作；单独的两个区域经合组织联合形成一个新的更大的组织，如欧盟—南方共同市场、加勒比共同体—中美洲共同市场。

第三节　中韩参与的机制化区域经济合作组织

中国与韩国都是自由贸易协定的积极拥护者与参与者。尽管 2008 年以来逆全球化在欧美一些国家逐步兴起，但中国与韩国始终坚持推动对外开放，积极参与全球经济合作。到 2022 年年底，中韩分别参与的自由贸易协定均接近 20 个。仅 2015 年以来，中国与韩国各自参与的自贸协定就分别有 7 个和 8 个，反映出中韩两国坚定支持自由贸易和经济全球化的态度与意愿，在为两国企业深化经贸合作提供便利的同时，也助推了世界经济环境的稳定发展。

一、中国参与的自由贸易协定

加入 WTO 后，对符合 WTO 原则的、开放性的、包容性的自由贸易协定，我国始终保持开放态度，积极参与双边与多边区域贸易协定谈判。党的十七大把自由贸易区建设上升为国家战略，党的十八大提出要加快实施自由贸易区战略，党的十八届三中全会提出要坚持世界贸易体制规则，坚持双边、多边、区域次区域开放合作，扩大同各国各地区利益汇合点，以周边为基础加快实施自由贸易区战略。到 2022 年年底，我国已经和全球 26 个贸易伙伴签署了 19 个自由贸易协定（不含升级，见附表 16）。2021 年 9 月 18 日，我国正式向主要由发达国家形成的代表当前最高开放标准的"全面与进步跨太平洋伙伴关系协定"（CPTPP）提交了加入申请。

2021 年，我国对部分已经生效的自由贸易协定完成了升级谈判，推动伙伴合作议题与内涵向纵深和广度发展。

自贸协定下，贸易伙伴之间享有更低的关税与更高的开放，加快了我国对外开放的步伐。2021 年，我国超额完成入世承诺，货物贸易的最惠国平均关税为 7.4%。在自贸协定下，我国与自贸伙伴之间 90% 以上的商品实现零关税，货物贸易关税自由化水平更高。在服务贸易方面，开放的投资领域与开放程度也远高于 WTO 承诺水平。

自贸协定对于稳定我国外贸外资基本盘作用非常显著。例如，2012 年自贸协定伙伴占我国对外贸易的比重为 12.3%，这一指标值在 2021 年提高到接近 35%。自贸协定极大地促进了我国和特定区域自贸伙伴的经贸合作与民间交流。2003 年中国与东盟的贸易额约为 780 亿美元，2021 年双边贸易额达到 6851 亿美元，增长了约 7.8 倍。

二、韩国参与的自由贸易协定

自 2004 年韩国与智利签订首个自由贸易协定（FTA），韩国政府积极推进 FTA，以应对 FTA 扩大的全球趋势，确保稳定的海外市场，通过开放加强韩国经济的竞争力。韩国构建了以主要市场为中心的自贸协定网络，截至 2023 年 1 月底，已经同全球 61 个国家签订了 22 个自由贸易协定（见附表 17），自贸伙伴覆盖了亚洲、大洋洲、拉丁美洲、欧洲和非洲，并且还有多个同其他新兴国家的自贸协定正在磋商之中。韩国政府表示正在积极改善一系列国内制度，为加入 CPTPP 和 DEPA 做准备。

韩国的自由贸易协定推进策略可以归纳为"创新""拓展""利用"：首先，在创新方面，通过自贸协定确保新的产业和服务出口市场，并通过协调国内体系与全球贸易标准促进产业发展；其次，在拓展方面，在加强与发展中国家合作的同时，在数量和质量上完善与"新北方""新南方"和中南美洲地区的自贸网络，推进"双赢自贸区"；最后，在利用方面，引入"全周期 FTA 平台"，将产业政策与 FTA 利用和实施联系起来，对中小企业利用 FTA、创造就业机会及增强消费者福利提出建议。

三、中韩自由贸易区

经过前期关于中韩自由贸易区的民间可行性研究及官产学联合研究，中韩自由贸易区谈判于 2012 年 5 月正式启动，2015 年 6 月结束，2015 年 12 月 20 日正式生效。这是中国同东北亚国家签订的第一个双边贸易协定，为两国经贸合作构建了一个规范稳定可预期的制度性框架，从长期和战略层面指明了中韩未来的合作发展方向，也为后期中日韩三国自由贸易协定的谈判奠定了基础。

中韩自贸协定涉及 17 个领域、22 个章节，涉及关税与非关税以外的众多议题。货物贸易方面，经过最长 20 年过渡期后，中方产品税目的 90% 和进口额 85% 的商品实现零关税；韩方税目的 92% 与进口额 91% 的产品实施零关税。在服务贸易方面，不仅在出境游、视听合作合拍、环境、快递、建筑、医疗、投资者和跨国公司内部往来人员、商务人员多次往返签证等多个方面达成一致，还涉及电子商务与地方合作、金融与电信服务等现代服务业合作。同时，双方承诺在协定生效后两年内，以准入前国民待遇和负面清单方式开展服务贸易和投资谈判，并达成了进一步加强合作和规制整合的制度性安排。中韩自贸协定创新性地引入了地方经济合作条款，即明确中国威海市和韩国仁川自由经济区作为地方经济合作示范区，发挥示范和引导作用。

中韩自贸区签订时，习近平总书记在贺信中指出：作为东亚与亚太地区的两个重要经济体，中韩两国签署自贸协定具有里程碑意义，不仅将会推动双边经贸关系实现新的飞跃，给两国民众带来更多实在的好处，而且也将为东亚与亚太地区经济一体化进程乃至全球经济发展做出更大贡献。理论界也一致认为中韩自贸区签订将会极大刺激双边贸易，甚至有专家预计 5 年内贸易规模就会突破 4000 亿美元。但可惜的是，由于"萨德"反导系统的部署，影响了中韩自贸协定实施的深度与效果，2016—2020 年中韩贸易增长缓慢，2020 年中韩进出口贸易额为 2852.6 亿美元，仅仅比 2016 年的 2526.8 亿美元多出 325.8 亿美元。显然，如何发掘中韩自贸协定的制度优势，扩大山东省与韩国贸易是需要认真研究的问题。

四、区域全面经济伙伴关系协定（RCEP）

区域全面经济伙伴关系协定是由东盟十国于 2012 年发起的，2020 年 11 月 15 日正式签署并于 2022 年 1 月 1 日正式生效。RCEP 有 15 个成员国，是目前世界上涵盖人口最多、规模最大的自贸区。中国和韩国都是 RCEP 的成员，这也是中韩共同参与的第二个机制化区域经合组织。在逆全球化思潮泛起、单边主义与贸易保护主义愈演愈烈的国际背景下，RCEP 的签署展现了地区国家以实际行动维护多边贸易体制、建设开放型世界经济的坚定信念，对进一步推动区域内自由贸易、稳定产业链供应链、稳定全球经济具有标志性意义。

RCEP 是一个比较全面的、高质量的区域贸易协定。涵盖领域方面，拓展了原有的"10+1"自贸协定合作领域，纳入了知识产权、电子商务、竞争，又在中小企业、经济技术合作、政府采购相关规则等领域作出了加强合作的规定。货物贸易方面，协定生效后区域内 90% 以上的货物贸易将最终实现零关税，对原产地规则、海关程序、检验检疫、技术标准等设定了统一规则。服务贸易方面，日本、韩国、澳大利亚、新加坡、文莱、马来西亚和印尼 7 国采用负面清单承诺，我国等其余 8 国采用正面清单承诺，并于协定生效后 6 年内转化为负面清单管理。投资方面，15 方均采用负面清单承诺方式对制造业、农业、林业、渔业、采矿业 5 个投资领域做出开放承诺。

第四节　中韩参与的论坛性区域经济合作组织

论坛性区域经济合作组织尽管对成员方没有法律约束力，但在自主自愿的基础上开展的各个议题探讨更有助于打消成员方顾虑，使各方坦诚相待，彼此关切核心利益，为机制性区域经济合作组织难以达成一致的议题提供了深度探讨平台。中国与韩国都参加的论坛性区域经济合作组织主要有亚太经济合作组织（APEC）、亚欧会议（ASEM）、"10+3"合作机制及二十国集团（G20）等，另外对于开放性的"一带一路"合作倡议，韩国政府也表现出极大的兴趣。中韩在各个论坛性区域经济合作组织务实合作，对中韩自由贸易区、RCEP 等机制性区域经济合作组织的建立起到了抛砖引玉的作用，也为双方提供了务实探讨、消弭误解、解决争议的平台，对中韩增加政治互信、经济合作、文化交流等起到了极大的促进作用。

一、亚太经济合作组织（APEC）

亚太经济合作组织简称亚太经合，成立于 1989 年，是亚太地区重要的具有开放性的官方经济合作论坛，也是亚太地区最高级别的政府间经济合作机构。其宗旨为"通过推动自由开放的贸易投资，深化区域经济一体化，加强经济技术合作，改善商业环境，以建立一个充满活力、和谐共赢的亚太大家庭"。

韩国是 APEC 原始会员国，中国于 1991 年 11 月正式加入，截至 2022 年年底，APEC 有 21 个成员，3 个观察员。1993 年以来，APEC 每年举办一次亚太经合领导人非正式会议，至今已经举办 28 次①，其中第 13 次在韩国举办，中国举办了第 9 届与第 22 届论坛。会议重点围绕贸易投资自由化与经济技术合作进行讨论，并紧跟经济发展实际需要不断拓展议题。例如，2013 年议题涉及"茂物目标、互联互通、可持续和公平增长等"；2018 年议题讨论了"数字经济、互联互通、包容增长等"；2021 年就"共同应对新冠肺炎疫情、支持多边贸易体制等"深入讨论；2022 年主题为"开放、连通、平衡"，高官会围绕推动贸易和投资自由化、恢复与促进区域互联互通，以及促进经济可持续增长展开探讨。

二、亚欧会议（ASEM）

亚欧会议成立于 1996 年，是亚欧之间规模最大的跨区域政府间论坛，首脑会议、外长会议和高官会议是亚欧会议的核心。ASEM 旨在通过政治对话、经济合作与社会文化交流等奠定亚欧对话与合作基础，增进亚欧了解互信，进而推动亚欧务实合作，维护世界和平与稳定。截至 2022 年年底，亚欧会议有 53 个成员，中国与韩国都是亚欧会议的原始成员国。

亚欧会议坚持自主自愿和协商一致的运作原则，会议结果对任何一方均无强制约束性。亚欧会议议题主要有政治对话、经贸合作与社会文化，另外在科技、教育、劳动、能源、环境、执法、反恐等领域也开展了广泛务实的交流与合作。ASEM 密切了亚欧两大洲的直接联系，推动了亚欧新型平等伙伴关系的深入发展。中国与韩国都非常重视和支持亚欧会议，并本着积极务实、求同存异、扩大共识、推动合作的方针，积极参与其中。

---

① 说明：原本打算于 2019 年 11 月 16 日至 17 日在智利的圣地亚哥举行的 APEC 峰会，由于智利国内局势紧张，不得不取消。因为 2019 年没有召开 APEC 峰会，所以 1993 年至 2022 年期间只举办了 28 届峰会。

三、"10+3"合作机制

"10+3"合作机制是指东盟十国与中日韩三国领导人定期举行非正式会议的机制，是在原来达成的东盟分别与中、日、韩领导人（"10+1"）会议的基础上进一步形成的论坛性的区域经合组织，也是目前唯一一个完全由东亚国家参与的经济组织，1997年正式成立。"10+3"合作机制的主要目的是通过国家之间的对话与合作，增进相互理解与信任，促进东亚地区的和平、稳定与发展。

"10+3"合作机制不是单纯的13个国家之间的合作，而是东盟十国作为一个整体与中日韩3个国家之间的合作。该机制有4条合作路径：整个东亚范围的对话（10+3）、东盟分别与中日韩的对话（10+1）、东盟十国内部的对话（10），以及中日韩三国之间的对话合作（3）。多渠道的沟通机制为后续地区机制化经济合作组织的建立提供了讨论平台。

"10+3"合作机制具有官方论坛性质，每次会议结束后都会发表联合声明，在自愿的基础上，成员方履行会议结果。会议议题主要涉及经济、货币与金融、科技、社会及人力资源开发、文化与信息、发展合作、政治安全和跨国问题等8个重点领域，并随着国际环境的变化不断拓展议题。"10+3"合作机制已发展成为东亚地区合作的重要通道，不仅推动了本地区经济增长和社会进步，而且提高了东亚地区在国际社会的地位与影响力。

四、二十国集团（G20）

二十国集团是论坛性的区域经济合作组织，成立于1999年6月，早期由各国财长和各国中央银行行长参加论坛，目的是防止类似亚洲金融危机的重演，就国际经济、货币政策举行非正式对话，以稳定国际金融与货币体系。2008年全球金融危机爆发后，开始举行二十国集团首脑会议。二十国集团因有20个成员国而得名，中国与韩国都是其中的成员。

二十国集团峰会早期议题主要集中于金融领域，之后不断根据国际新形势扩展议题。例如，2014年举行的第9次峰会，以"增长、就业和抗风险"为主题，主要讨论世界经济形势、全面增长战略、经济改革、就业、国际贸易、能源等议题；2021年峰会重点讨论了应对新冠疫情、推动经济复苏和应对气候变化等全球重大议题；2022年主题为"共同复苏、强劲复苏"。经过十几年的发展，二十国集团现已成为国际经济合作的重要平台之一。尽管其成果的约束性尚无法律依据，但其仍在全球经济治理中发挥着重要的顶层设计作用，对国际经济的良性运行不可或缺。

五、"一带一路"合作倡议（B&R）

"一带一路"合作倡议致力于亚欧非大陆及附近海洋的互联互通，陆上依托国际大通道，以沿线中心城市为支撑，以重点经贸产业园区为合作平台，共同打造新国际经济合作走廊；海上以重点港口为节点，共建通畅安全的运输大通道。依靠中国与有关国家既有的多双边机制，借助既有的区域合作平台，促进经济要素有序自由流动、资源高效配置和市场深度融合，推动沿线各国实现经济政策协调，开展更大范围、更高水平、更深层次的区域合作。

"一带一路"合作倡议是一个开放性、包容性的区域合作倡议，是一个多国务实合作的平台，是对现有机制的对接与互补，也是促进人文交流的桥梁，坚持共商共建共享合作原则。"一带一路"合作倡议提出后，我国不断加强与沿线有关国家的沟通磋商，在基础设施互联互通、经贸合作、产业投资、金融合作、资源开发、人文交流、生态保护、海上合作等领域推进了一大批合作项目。

截止到 2022 年年底，我国仍然没有同韩国签署"一带一路"合作正式文件，但韩国政府对参与"一带一路"建设持开放和积极的态度。2017 年韩国派代表参加"一带一路"论坛，希望"一带一路"将欧亚大陆东部的朝鲜半岛连接起来。2019 年在首尔举办了"'一带一路'与韩国：合作前景与展望"论坛，中韩与会人员分享对"一带一路"倡议的经验思考，共同展望合作前景。2020 年时任韩国总统文在寅表示，韩国将继续加快自身"新南方新北方政策"同"一带一路"倡议的对接和推进步伐。2018 年韩国"一带一路"研究院成立，到 2022 年年底，该研究院已经举办了八届"一带一路"国际青年论坛，为深化中韩互惠合作探索新方案。我国政府欢迎韩国参与"一带一路"建设，愿推动"一带一路"同韩国发展战略对接，实现互利共赢。在中韩自贸区与 RCEP 建设背景下，在中韩两国相向而行努力下，我们有理由相信，不久的将来就会迎来中韩"一带一路"合作具体方案，助力东北亚地区繁荣发展。

第五节　区域经济合作组织对山东省与韩国贸易的影响

一、区域经合组织经贸效果的分析综述

区域经合组织对经济贸易发展的具体作用方向如何及效果大小如何，理论界早已经展开研究并取得了丰富的研究成果。这种研究结果分为两大类，一类是在经合组织协定签订之前，设定相关前提条件，运用某种经济模型，对区域经合组

织生效后的经济、贸易、投资效果做出预测。另一类则是在区域经合组织生效并运行一段时间以后，利用有关的数据和模型对区域经合组织基于过去一段时间的运行效果对未来做出分析。

中韩自由贸易协定签订之前，两国政府就对协定签订后的经济效果做了测算。根据中国国务院发展研究中心测算的结果，中韩自贸协定实施后，将拉动中国实际 GDP 增长 0.34 个百分点，拉动韩国实际 GDP 增长 0.97 个百分点。显然，中韩自由贸易协定的签订应该是一个双赢的结果。

RCEP 刚刚生效不久，商务部研究院发布《RCEP 对区域经济影响评估报告》，就 RCEP 生效后对区域贸易、投资及经济产业发展的影响进行了全面预测。到 2035 年，RCEP 将带动区域整体实际 GDP 累计增长 0.86%；出口与进口累计增量将分别达 8571 亿美元和 9837 亿美元，较基准期分别增长 18.30% 和 9.63%；区域投资将累计增长 1.47%；区域经济福利将累计增加 1628 亿美元；带动全球实际 GDP 和进出口贸易分别增长 0.12% 和 2.91%。

从受益程度来看，东盟成员国家宏观经济层面相对受益最大，经济、贸易与投资都得到大幅增长，中韩等 5 国在经济福利、总量增加方面则更为明显。具体到中国，到 2035 年，RCEP 将使中国实际 GDP 累计增长 0.35%；出口与进口分别增长 7.59% 和 10.55%，累计增量将分别达 3154 亿美元和 3068 亿美元；经济福利将累计增加 996 亿美元。

区域经合组织贸易潜力测算的研究一般用贸易引力模型和一般均衡模型，贸易引力模型因其原理简单、数据可获得性好、可信度高等特点而被广泛应用。Tinbergen（1962）和 Poyhonen（1963）最早应用引力模型研究国际贸易量，并得出两国之间的贸易量与两国 GDP 成正比、与两国间的地理距离成反比的结论。此后，有大量学者对原有解释变量进行了精练并提出了一些新的变量，例如增加虚拟变量或制度性质指标变量，使贸易引力模型的实证研究内容更加丰富。

金缀桥、杨逢珉（2015）运用贸易引力模型对中韩双边贸易潜力进行分析，结果表明中韩两国双边贸易规模大、增长快，双边贸易潜力有很大的扩展空间。蒋冠、霍强（2015）通过构建进口和出口贸易引力模型，检验中国与东盟国家进出口贸易创造效应，结果显示，中国—东盟自贸区对中国与东盟国家进口贸易创造效应较为微弱，出口贸易创造效应较为明显。田燕梅（2017）通过贸易引力模型实证分析了中韩自贸区对山东省货物贸易的影响，结果显示，中韩自由贸易区对促进山东省与韩国贸易影响显著。

二、区域经合组织对山东省与韩国贸易影响的实证分析

（一）模型建立

在传统的贸易引力模型基础上，引进了两个虚拟变量，来考察区域经合组织对山东省与韩国贸易与投资的影响。假设山东省与贸易伙伴的出口贸易额与下列变量有关：山东省 GDP、贸易伙伴的 GDP、山东省省会济南至各国或地区首都之间的直线距离、是否与中国同为 APEC 成员国、是否与中国同为某一自由贸易协定成员。

贸易模型设定如下：

$$\mathrm{LNMY}_t = C_0 + C_1\mathrm{LNGDPSD}_t + C_2\mathrm{LNGDP}_{jt} + C_3\mathrm{LNDIS}_j + C_4\mathrm{APEC}_{jt} + C_5\mathrm{FTA}_{jt}$$

其中，LNMY_t 代表 t 年度山东省对各个主要贸易伙伴的出口额；C_i 代表各个系数；GDPSD_t 代表 t 年度山东省 GDP；GDP_{jt} 代表 t 年度主要贸易伙伴 j 国的 GDP，DIS_j 代表济南至主要贸易投资伙伴 j 国首都（省会）之间的直线距离；APEC_{jt} 代表中国与主要贸易伙伴 j 在 t 年度是否同为 APEC 成员；FTA_{jt} 代表中国与主要贸易伙伴 j 在 t 年度是否同为某一自由贸易协定的成员①。

（二）贸易投资伙伴确定与数据说明

在贸易投资伙伴的选择上，根据山东省对贸易伙伴的出口额，以及投资伙伴对山东省的 FDI 金额，选择同时在上述两个指标中都具有较高占比的国家或地区，结果得到 27 个贸易与投资伙伴符合要求，分别是阿根廷、澳大利亚、巴西、比利时、德国、俄罗斯、法国、韩国、荷兰、加拿大、马来西亚、美国、南非、墨西哥、日本、瑞典、中国台湾、泰国、西班牙、中国香港、新加坡、新西兰、意大利、印度、印度尼西亚、英国、智利。上述 27 个贸易投资伙伴分布在世界各大洲，山东省在 2020 年约有 74.5% 的商品出口到这 27 个国家（地区），具有较好代表性。研究数据兼顾可获得性及可比性原则，选取 2007—2021 年山东省同上述贸易伙伴相关面板数据。其中，山东省 GDP、贸易额及 FDI 数据来源于山东统计年鉴；其他各国 GDP 数据来源于联合国数据库；济南至主要贸易投资伙伴首都（省会）之间的直线距离根据互联网距离计算工具算得。若为 APEC 成员则赋值 1，否则赋值 0；与中国签订了多双边自由贸易协定的成员赋值 1，否则赋值 0。利用 EViews3.1 软件进行分析。

---

① 截至 2022 年年底，中国签订的对外贸易协定有 19 个，在 t 年度与中国共同处在其中任何一个协定中的成员，当年的赋值都是 1，否则是 0。

（三）区域经合组织对山东省与韩国贸易的影响结果分析

1. 模型分析结果

利用 EViews3.1 软件对面板数据进行回归分析时，需要先确定利用混合效应模型、固定效应模型和随机效应模型中的哪一个更好，在进行模型比较分析之后，确定采用混合效应模型。回归结果如表 8.1。

表 8.1　山东省与主要贸易伙伴贸易引力模型回归结果

Variable	Coefficient	Std. Error	t-Statistic	Prob.
LNGDP?	0.632395	0.028080	22.52117	0.0000
LNGDPSD?	0.898608	0.027339	32.86916	0.0000
LNDIS?	−0.379523	0.031171	−12.17547	0.0000
APEC?	0.455762	0.089646	5.084028	0.0000
FTA?	−0.090439	0.036347	−2.488208	0.0132

R-squared = 0.812206　　　　Durbin−Watson stat = 2.004863

从模型运行结果来看，山东省 GDP、贸易伙伴 GDP 系数都为正数，而且都通过了 5% 的显著性水平检验，说明山东省 GDP 及贸易伙伴 GDP 的增长都对山东省的出口起到正向的拉动作用。LNDIS？的系数为负值，在 5% 的显著性水平通过检验，说明贸易与地理距离存在反向变化，距离山东省越远的合作伙伴，贸易合作的机会也越小。这些分析结果与已有的研究成果基本一致，贸易伙伴 GDP 增长及山东省 GDP 增长都能带动山东省出口贸易额的正向增长。

模型中，APEC？的系数为正，通过了 5% 的显著性水平检验，说明是否共同为 APEC 成员这一条件对山东省的出口产生正向影响。FTA？的系数为负，说明签订了自由贸易协定对山东省的出口并没有产生实质性拉大影响，反倒抑制了出口。这一结论与现有的大多数研究成果出现背离，其中原因值得思考。

2. 结果分析与对策建议

APEC 是中国较早参与的区域论坛性经合组织，其成员均为亚太国家，此后中国陆续参加了亚欧会议、"10+3"合作机制、二十国集团，以及提出了"一带一路"建设倡议，越来越多的国家（地区）也陆续加入不同的论坛性经合组织。本次实证分析中选择的 27 个合作伙伴都至少与中国在一个论坛性经合组织中。尽管不同的论坛主要议题有所不同，但都起着一个重要的作用，那就是为外资外贸的发展提供宽松友好的外围环境。两国（地区）高层通过 APEC 保持高层中层沟通，有助于消除误解，求同存异，共谋发展。

中国通过签订自由贸易协定，促进了对外贸易的发展，这是众多实证分析的结果。例如，刘青峰、姜书竹（2002）的实证分析结果肯定了签署自由贸易协定为我国对外贸易发展带来的积极作用；向艳、杨习铭（2022）认为中国—东盟自由贸易区的建设增进了中国与东盟成员国之间的经贸往来，带来显著的贸易创造效应。但具体到山东一个省，自由贸易协定给外贸发展带来的最终影响则未必是明显的。分析其中原因有二：其一，自贸协定的规格不高。我国签订了 19 个自由贸易协定，其中有 9 个协定是和亚洲国家签订的，区域集中性非常明显，后签订的有些协定可以看作是之前的升级版，因此尽管我国签订了众多的贸易协定，但贸易伙伴辐射面小，限制了自贸协定作用的发挥。其余 10 个贸易协定的伙伴国（地区）大都为发展中国家（地区），而且从 GDP 总量看属于小国，市场需求拓展空间不大，对于山东省出口没有大的拉动作用。其二，山东省对外贸易主要集中在亚洲，尤其是日韩与东盟，2021 年，山东 47% 商品出口亚洲市场，其中对日韩、东盟出口约占 32%，签订贸易协定的其他亚非国家（地区）一直都不是山东省出口的重要市场，这可能与企业对这些市场的重视程度不够有关。

综上，自贸协定没能显著拉动山东省对贸易伙伴的出口，应该引起政府与企业的重视。机制化区域经合组织安排属于政府层面的制度安排，成员方加入某种经合组织，并不代表其一定会从该组织的运作中获得利益。国家要持续拓展并巩固自贸协定关系，尤其是积极建立与经济体量大的国家（地区）之间的自贸伙伴关系，充分释放自贸协定红利。要想做到强化自贸成员之间的贸易投资与社会服务等要素深度融合，关键要看经济活动主体是否能够充分理解认知自贸协定内涵，并采取积极的态度和实际行动去挖掘这一制度红利。因此，政府应该大力推动企业认真研究每一个自贸协定条款，积极用好用活，利用自贸协定降低贸易成本，发掘市场机会，做好产业链的布局与调整。

第九章

山东省对韩国出口贸易中的重大突发事件

第一节　近年来暴发的重大疫情

由细菌、病毒引发的传染性流行疾病一直伴随着人类社会。17、18 世纪，天花是欧洲最严重的传染病，死亡人数高达 1.5 亿；1918 年暴发的西班牙型流行性感冒使世界约 5 亿~10 亿人感染，2500 万到 4000 万人死亡。疯牛病、黄热病、疟疾、禽流感、猪流感等传染病都曾肆虐，给人类的生命造成严重威胁。仅全球近 20 年来主要传染性疾病所带来的重大疫情就有十几起，如 1994 年的肺鼠疫、2003 年的非典、2006 年的禽流感、2012 年和 2015 年的中东呼吸综合征，以及 2019 年的 COVID-19 等，其中世界卫生组织宣布的国际关注的突发公共卫生事件（PHEIC）就有 5 起。这其中，对中国和韩国经济与贸易影响最大的当属严重急性呼吸综合征（SARS）、中东呼吸综合征（MERS）和新型冠状病毒肺炎（COVID-19）。

一、严重急性呼吸综合征

2002 年 11 月 16 日，在我国广东佛山发现第一例已知的"非典"病例，2003 年 2 月开始，世界各地陆续报道更多病例，同年 3 月 12 日，世界卫生组织向全球发出非典型肺炎警报。2003 年 3 月至 5 月，全球报告 SARS 病例数大幅增加，6 月份后疫情逐步得到控制。

疫情对中国的交通运输、住宿餐饮、旅游等行业冲击较大。2003 年第二季度的交通运输、仓储和邮政业增加值增速比前后两个季度平均低 5.4 个百分点；住宿餐饮业增速比前后两个季度平均低 6.6 个百分点。2003 年 5 月，入境中国的游客数量同比下降了 31%，旅游外汇收入同比下降 59%，国内旅客运输量同比下降 42%；社会消费品零售总额同比增速降至 3.6%，显著低于全年 9.1% 的增速。

二、中东呼吸综合征

中东呼吸综合征（MERS）是由一种新型冠状病毒（MERS-CoV）引起的呼吸道疾病。MERS 病毒属于冠状病毒，传染性不及非典，但病死率高于非典，根据全球 20 多个国家报告的数据，平均死亡率为 40.7%。该病毒于 2012 年在沙特阿拉伯首次被发现，由于该病例主要在沙特阿拉伯、阿联酋等中东地区，因此被称为中东呼吸综合征。

2015 年 5 月 20 日，韩国向世界卫生组织通报了首例 MERS 患者，随后疫情在韩国境内快速蔓延，在持续对抗病毒 7 个月之后，2015 年 12 月 23 日韩国宣布中东 MERS 结束。此次疫情共导致 187 人感染，38 人死亡，近 1.7 万人隔离。尽管中东呼吸综合征的传播速度不快，但由于早期防控措施疏忽、信息公开渠道不畅，加之病死率高，引起韩国民众恐慌。疫情引发的恐慌给韩国人的日常生活带来严重影响。全国 2000 多所学校停课，众多公共活动、学校郊游和体育赛事取消，电影院、餐饮店、主题公园和商场顾客数量大幅下滑，外国游客数量急速下降。

为摆脱中东呼吸综合征造成的经济影响，韩国政府专门编制了补充预算以刺激内需，接连出台一系列法案和方案来完善政府和社会卫生防疫体系，以减少疫情给经济带来的负面影响。韩国旅游业协会数据显示，6 月份旅游收入损失约 5.67 亿美元，7、8 月来韩旅游的外国人数同比下降 82.1%。韩国 2015 年第二季度经济增长率为 0.3%，为近 6 年来最低增幅，当年实际 GDP 增速为 2.6%，创下 2012 年以来的新低。2015 年韩国货物进出口 9634.5 亿美元，出口 5269.0 亿美元，进口 4365.5 亿美元，较上年分别下降 12.3%、8.0%和 16.9%。

三、新型冠状病毒肺炎

COVID-19 是一种新型冠状病毒肺炎，简称"新冠肺炎"，是一种可以通过直接传播、气溶胶传播和接触传播进行扩散的全球大流行疾病。2019 年 12 月，湖北省武汉市首先报告了新型冠状病毒感染的肺炎病例，中国政府及时上报世界卫生组织并通报各国政府。2020 年 1 月 30 日，世界卫生组织宣布新冠疫情构成"国际关注的突发公共卫生事件"，并于同年 2 月 11 日将新型冠状病毒感染的肺炎命名为"CO-VID-19"。2020 年 1 月至 2 月，日本、韩国、美国、意大利等国分别报告了首例患者，随着疫情的快速扩散，新冠疫情在世界全面暴发。2020 年 3 月 11 日，世界卫生组织通报当前新冠疫情为全球大流行病。与 SARS 相比，新冠肺炎的传染性要高出很多，并且患者在无感染症状情况下仍然可以传播病毒，但致死率低于 SARS。

第二节 中韩在应对新冠疫情中的合作

一、新冠疫情防控

认识到新冠疫情的严重性，我国政府在 2020 年 1 月 23 日实施了武汉封城，全国各地启动了重大突发公共卫生事件一级响应，建立全国统一的抗疫体系，集中隔离、居家隔离、停工停产、停飞停运，坚决实施"早发现、早报告、早隔离、早治疗"，控制传染源，阻断传染链，全力遏制病毒的扩散，到 2020 年 3 月，疫情基本得到控制。根据疫情防控和经济社会发展的阶段性变化，国家调整了防疫举措，外防输入、内防反弹，统筹推进疫情防控和经济社会发展，在常态化疫情防控中推进复工复产，加快生产生活秩序恢复。截至 2020 年 4 月底，全国规模以上工业企业平均开工率达 99%，中小微企业复工率超过 88.4%。随着疫情得到有效控制，社会秩序和经济生活逐步回归正轨。新冠疫苗研制成功后，从 2020 年 12 月 15 日，我国开始对重点人群开展新冠疫苗接种工作，有效遏制了病毒传播，让人们看到了彻底击败新冠病毒的希望。

在中国抗击新冠疫情形势最为严峻的时候，韩国丝毫没有放松警惕。2015 年 MERS 疫情暴发时，韩国政府防疫力度不够，造成了严重的公共卫生事件，严重打击了韩国的经济。时任韩国保健福祉部部长文亨杓召开记者会，就政府对 MERS 传染性估计不足、没有妥善监控与首位韩国病例密切接触者表示道歉，并表示政府将全力防止新发病例感染他人。总统朴槿惠也批评卫生部门在"针对新型传染病的初期应对"中存在不足，呼吁尽一切努力阻止病毒进一步传播。

韩国政府吸取 MERS 疫情时期的经验教训，对传染病防控体系进行了调整和完善，并配套制订多项传染病预防管理相关的计划，应对新型冠状病毒肺炎疫情行动迅速，措施得力。2020 年 1 月 20 日，韩国通报了第 1 例输入型新冠肺炎病例，此后病例数不断上升，经过 4 个月的抗疫，到 2020 年 5 月，第一波疫情基本得到控制，韩国也进入级别较低的"生活防疫阶段"。此后，人员的大规模聚集与流动，加上传染性更强的德尔塔毒株、奥密克戎变异毒株的出现，韩国又经历了几轮大的集中性新冠暴发，韩国政府根据疫情及时调整防疫级别与防疫措施，疫情防控工作进入常态化。2021 年 2 月 26 日，韩国开始了新冠疫苗接种工作。

二、中韩抗疫合作

武汉暴发疫情以来，韩国政府和社会各界对中方抗疫提供了大力支持和帮助。2020 年 1 月 30 日，韩国紧急向中国提供价值 500 万美元的援助物资，包括 200 万只口罩、100 万只医用口罩、10 万件防护服和 10 万副护目镜。2020 年 2 月 11 日，韩国首尔市政府向中国 12 个省、市捐赠总规模 6 亿韩元的应急物资。韩国企业也纷纷捐款捐物，截至 2020 年 2 月 1 日，中国三星、现代汽车、SK 中国、韩亚航空等 15 家韩企捐款捐物总额达 8926 万元。截至 2020 年 2 月 7 日，韩企合计捐款捐物已超 1.2 亿元。

在中国疫情稍有好转之际，韩国疫情告急，为支持韩国政府和人民抗击新冠疫情，中国中央政府和地方政府及企业纷纷向韩国提供援助，两国人民齐心协力，共克时艰。中国经济网 2020 年 3 月 21 日报道，中国政府向韩方援助的首批 10 万只 N95 口罩、100 万只医用外科口罩和 1 万套医用防护服当日通过 15 个红十字分社和 6 个红十字医院，发往韩国抗疫一线。许多地方政府和企业在力所能及的范围内积极提供抗疫物资援助：马云基金会在 3 月 5 日宣布，向韩国捐赠 100 万只口罩；3 月 10 日，河南省首批援助韩国疫情防控物资发出；3 月 12 日，中国驻韩国大使馆向首尔市捐赠 2.5 万只 KF94 口罩；3 月 14 日，黑龙江省捐赠韩国的 6 万只 N95 医用口罩顺利运至首尔仁川机场；韩国庆尚北道浦项市政府 3 月 24 日收到来自中国 8 座友好城市的慰问和价值 1.7 亿韩元的抗疫物资；等等。

2020 年 2 月 3 日，时任韩国总统文在寅在青瓦台主持会议时表示，中国是与韩国人员交流规模最大的国家，也是韩国最大的贸易国，中国的困难就是韩国的困难。他强调，作为友好邻邦，韩国将不遗余力地提供支援和配合，与中国携手抗击疫情。首尔市市长朴元淳表示，传染病不分国界，新冠疫情目前在全球蔓延，中韩两国要齐心协力，共克时艰。中国外交部发言人耿爽在 2020 年 3 月 9 日的例行记者会上表示，邻里之间面对困难和挑战就应该守望相助、同舟共济。中方愿同韩方继续本着互帮互助、共克时艰的精神，加强信息经验分享、开展联防联控等方面的沟通与合作，争取早日共同战胜疫情。

疫情发生后，中韩两国积极行动、携手合作，保障经济稳定运行。2020 年 3 月 13 日，由两国外交部门牵头，海关、移民、民航、教育、卫生等部门参加的中韩应对新冠疫情联防联控合作机制正式成立并举行首次视频会议。2020 年 4 月 29 日，召开第二次视频会议，宣布建立中韩重要商务、物流、生产和技术服务急需人员往来"快捷通道"，为中韩重要的复工复产急需人员往来提供便利，维护发展两国经贸合作。

两国不仅通过"快捷通道"等创举进一步维护和推动两国经贸合作，还在合力抗疫过程中加强了在医疗健康领域的合作，进一步拓宽了合作领域。在美国将疫情政治化，极力污蔑打压中国时，韩国作为其在亚太地区的重要盟国，始终表现出科学的溯源态度。中韩两国在联合国、二十国集团、东盟与中日韩（10+3）等多边框架内加强沟通和协调，不断推进双边和国际抗疫合作。2020 年 5 月 13 日，习近平主席在与韩国总统文在寅通电话时说："在共同抗击疫情过程中，中韩始终守望相助、风雨同舟、相互支持、相互帮助。"高度肯定了中韩在抗疫中的合作。

经过艰苦努力，中韩两国新冠疫情均得到有效控制。共同战胜疫情，不仅增进了两国人民的健康福祉，维护和促进了双边交往合作，彰显了"道不远人、人无异国"的近邻情谊，也为国际社会做出了合作抗疫的典范。在抗疫国际合作中，中国和韩国积极合作、互帮互助、分享经验，不仅加深了两国人民的友谊，也为进一步扩大两国之间经贸合作交流创造了良好的环境。

第三节　新冠疫情给山东省对韩国贸易带来的影响

通常情况下，国际突发公共卫生事件的发生都会对国际贸易造成一定程度的负面影响①。随着全球疫情的暴发，国际上的疫情防控严重影响了全球经济贸易交往和国际经济合作。每一次疫情的暴发，不但干扰了外贸企业生产与跨国运输成本、降低了国际需求、阻碍了正常国际投资、限制了人员跨国流动，而且引发了全球产业链、供应链重构和全球政策的不确定性②，叠加慢全球化及逆全球化发展，疫情对全球贸易的负面影响被进一步扩大。

一、经济受到冲击影响韩国需求

2020 年新冠疫情全球蔓延，受防疫隔离措施影响，全球主要经济体陷入突

---

① 邵柏，魏珊，刘明杰. 国际突发公共卫生事件应对措施对国际贸易的影响及对策研究［J］. 口岸卫生控制，2019（4）：1-3.

② 沈国兵，徐源晗. 疫情全球蔓延对我国进出口和全球产业链的冲击及应对举措［J］. 四川大学学报（哲学社会科学版），2020（4）：75-90.

如其来的停滞，呈现不同程度的收缩。韩国作为出口型经济体，对国际市场高度依赖，在全球疫情严重的二季度经济增长受到重创。然而，企业在接受一系列的政策救助、采取多样化措施后，自三季度开始经营状况得到持续修复。据韩国银行统计，2020 年一、二季度韩国 GDP 环比分别下降 1.3%和 3.2%，二季度创下 2008 年金融危机后单季度收缩最大幅度，失业率由年初的 3.4%升至 6 月末的 4.3%。三季度韩国经济呈现一定程度的复苏，GDP 环比实现 2.1%的正增长，失业率降至 3.6%①，2020 年韩国 GDP 增长率为-1.1%。经济的增长乏力与失业率的提高，导致韩国进口总需求下降。根据韩国产业通商资源部数据，2020 年韩国累计进口 4672.3 亿美元，同比减少 7.2%。

疫情暴发后，韩国实施了严格的防疫措施，这让零售业、餐饮业等行业深受打击。多地小型企业出现破产潮，而破产清算市场的业务量则大大增加。相关统计数据显示，2020 年上半年韩国个体经营的小型企业减少了 14 万家。韩国电影振兴委员会发布的数据显示，2020 年韩国电影产业销售额为 9132 亿韩元，同比减少 63.6%。2020 年韩国国内线客运量同比减少 23.7%，国际线客运量同比减少 84.2%，其中中韩航线减少 87.8%，航空货运量同比下降 23.9%。

作为疫情最早暴发的国家，中国各地迅速启动突发公共卫生事件一级响应，根据国务院的决策部署和统一指挥，组织协调区域内应急处置工作。2020 年 4 月，习近平总书记在《求是》杂志发表《在中央政治局常委会会议研究应对新型冠状病毒肺炎疫情工作时的讲话》一文，指出"疫情已经对宏观经济运行产生影响，春节期间部分服务行业受到较大冲击。疫情对经济运行的影响还会持续，主要会体现在加剧工业企业特别是中小企业生产经营困难、延缓投资项目建设进度、抑制内外商务经贸活动、加大稳就业压力等方面"。中韩国内经济与市场需求的变动会对双方的经贸合作产生极大的不利影响。

二、生产要素跨国流动受限

在疫情蔓延的初期，中国各地均采取了必要的交通管控措施，除了与防疫救灾相关的物资外，其他跨省、跨市运输几乎中断，企业运输成本迅速上升。面对国外疫情的暴发，多地及时采取措施，严防境外疫情输入。青岛市强化风险评估和口岸检疫，严格落实来青人员体温检测和居家隔离等措施；吉林延边州加强机场的海关、疾控、公安检查的联防联控工作，对从韩国来延人员由各县（市）统

---

① 邹茜，曹烜. 疫情下韩国银行业运行趋势［J］. 银行家，2021（2）：30-32.

一接送，州内景点暂不开放，各旅行社不接团、组团，尤其是不接韩国旅游团。

为防止病毒从中国输入，韩国政府规定：2020 年 2 月 4 日起，禁止 14 日内曾访问或居留中国湖北省的所有外国人入境，暂停济州岛免签入境政策；限制从中国来韩的签证发放，暂停发放旅游短期签证；对中国全境的旅行警报从"限制旅行"提高到"劝告撤离"，禁止以旅游为目的前往中国；强化从中国入境程序，全面掌握入境者信息，并减少赴华航班和船舶运输。山东省与韩国之间的人员流动与货物流通受到阻碍。

在确保疫情防控前提下，为了能够向中韩重要的复工复产急需人员往来提供便利，以维护发展两国经贸合作，中韩为重要商务、物流、生产和技术服务急需人员往来建立了"快捷通道"，但一般意义上的旅游、邮政包裹业务基本停止。从韩国观光公社 2020 年 3 月至 10 月发布的外国游客访问数据看，最大月份跌幅接近 99%，跌幅已超过 2015 年的中东呼吸综合征及 2003 年非典时期。

被疫情按下的暂停键严重冲击山东省与韩国的贸易和投资合作。疫情导致贸易活动大幅萎缩，投资意愿降低，尤其是无法准确判断疫情结束的时期，使贸易和投资规划难以操作，经贸活动进一步滞后。疫情会导致企业产生对政策预期的不确定性，直接影响企业管理层对未来经济形势的判断，并对企业包括投资等在内的中长期决策产生影响，降低企业的投资与融资规模。根据商务部网站信息，2020 年 4 月和 5 月，中国外商直接投资同比分别下降 8.4% 和 6.2%，直到 9 月才转正。韩国 2020 年对中国直接投资大幅降低 34.7%，山东省 2021 年韩国 FDI 仅为 2018 年的 30.8%。

三、产业链合作受到冲击

日益深化和细化的全球分工合作，已经使全球产业链上各个节点国家深度融合，相互依赖。尽管现有全球产业体系有利于跨国公司专业分工、规模生产，尤其是 JIT 生产模式更是在最大限度上降低了产品成本，但其难以应对突发危机对产业链带来的冲击。由于商品生产和供应是全球合作模式，当一国企业出现紧急需求时，就需要上下游各个国家的企业通力配合，任何一方在合作中出现问题都会对整条产业链上的企业造成重大影响，水桶效应非常明显。疫情全球蔓延引发停工停运，进而导致全球产业链上下游合作受阻，对产业链产生的冲击已经显现。

中韩同为制造业大国，但在全球价值链中所处位置不同，双方分工明确，产业链联系紧密。根据联合国数据库数据，当前中国能源和食品以外的中间工业品在全球贸易中占比超过10%，韩国28.4%的重要中间产品供应都来源于中国，韩国在大容量电池、半导体、稀土金属和医疗用品等方面尤其依赖中国供应商，2020年韩国93.3%大容量电池从中国进口。中国停工停产抗击疫情期间，影响了对韩国中间品的供应能力，尤其是对汽车制造、电子信息等韩国支柱产业的中间品的供应影响显著，由于难以在短期内找到中国以外的替代品，韩国车企不得不下调产量。反过来，中国制造业停工也造成了对韩国中间品的需求下降。

在我国有效控制好疫情、逐渐恢复生产之后，疫情全球蔓延导致国外停工停产，国外关键中间产品的供应能力不足，也直接影响到中国有关产业的发展。单从半导体行业来看，在存储芯片、电子元件与液晶面板等领域，韩国企业占据了全球一半以上的市场份额。韩国因疫情减产停工，对供应链上游产品严重依赖韩国的中国境内企业的生产和运营造成不同程度的影响。

四、全球化放缓，后疫情时期将出现产业链重构

新冠疫情加速了各国推动就业回流、供应链安全、购买国货的浪潮，表明人们对进口商品与外国企业的态度正在发生转变，部分国家甚至完全抗拒外国企业和商品。无论是各国政府还是国际组织，都无法遏制全球化的下降趋势。[①] 全球化放缓可能是当前全球经济发展面临的严峻挑战之一。

新冠疫情期间，韩国产品供应链受到严重影响，韩国国内将中国产业链回撤和迁往东南亚及南亚的呼声越来越大。新冠疫情之后，跨国公司加速原本就在进行的产业链全球分散化布局，向本土化与区域化方向发展，在努力追求高效率的同时兼顾稳定与安全，增强供应链应对政治、经济与卫生突发事件的弹性与韧性。

全球化过程中形成的北美、欧盟、亚太三大供应链中枢，正趋于区域化发展，甚至关键的生产过程正在向几个主要基地收缩。多国企业加速降低中间产品对单一国家的高度依赖，尽可能在多个地区寻找原材料供应商或开展生产经营。跨国公司的全球产业链布局与调整一直在进行。有统计显示，韩国企业早就有从山东省撤资后转向东南亚国家的现象，主要原因与劳动力成本、环境成本及优惠政策有关。但与此同时，还有大量的韩企在山东省增资扩产，也有新的韩企来山

---

① 高旸，莫里茨·舒拉里克. 金融危机的原因和后果：我们学到了什么？ [J]. 国际经济评论，2021（4）：75-91，6.

东省投资，他们在不断优化其全球产业链布局。如果说新冠疫情暴发前的韩企全球产业链调整是出于成本与市场的考虑，后疫情时期韩资在山东省的变动可能更多的是考虑产业链和供应链的安全。

为控制产业链关键环节，把韩国打造成关键设备与零部件的生产强国，降低对单一国家的进口依赖，文在寅政府出台了若干政策。例如，2019 年推出了"百大战略货品国产化"战略，争取在 5 年内实现 100 大核心战略货品的国产化；2020 年 7 月又提出"材料、零部件和设备 2.0 战略"，积极应对后疫情时代的全球供应链重组。

在新冠疫情肆虐、美国制裁不减、国际局势动荡的背景下，我国政府也提出了要解决基础薄弱环节与"卡脖子"环节，建立自主可控、安全可靠的国内生产供应体系。山东省与韩国地理邻近、文化相近，后疫情时代山东省与韩国可以以中韩自由贸易协定下的威海市和韩国仁川自由经济区合作示范区为依托，构建一个区域性的产业链小循环以应对全球产业链重构带来的不确定性。

第十章

提升山东省对韩国贸易竞争力的抓手

第一节 坚持对外开放，做好国内国际双循环

改革开放四十多年来，我国经济取得了世界瞩目的成绩。从一个人均 GDP 不足 400 元的国家稳步发展成为世界第二经济总量大国，人均 GDP 突破 8 万元，全面消灭绝对贫困，实现了从低收入国家到中等偏上收入国家的跨越。即使在近几年世界经济持续低迷、国际地缘政治关系复杂多变的背景下，中国经济也始终能够保持稳健运行，不仅为世界经济增长做出了巨大贡献，而且在全球经济面临衰退的情况下，发挥着经济发展的重要引擎与压舱石作用。回顾走过的发展道路，每个中国人都清楚，今天的成绩来之不易，对外开放实践表明，改革开放会带来进步，闭关锁国只能导致落后，对外开放是实现国家繁荣发展的必由之路，我们必须坚定地走下去。

一、继续坚持对外开放，为企业国际合作创造良好环境

党的十四大以来，中国历届政府工作报告及党的工作报告中都明确提出要坚持扩大对外开放，尤其是党的十八大以来，以习近平总书记为核心的党中央高度重视对外开放工作，提出了一系列对外开放新理论，例如推动"一带一路"建设、构建人类命运共同体、推进全球治理体系变革、推动构建新型国际关系等。党的十九大明确指出，"只有改革开放才能发展中国、发展社会主义"。人类命运共同体建设理念及欢迎世界各国搭上中国快速发展列车的胸怀，体现了一个大国的责任担当。继续加大对外开放力度向世界发出明确信号，中国不仅自身要发展，还愿意与世界分享中国经济发展带来的红利。

近年来，全球贸易保护主义不断抬头，国际经贸合作面临越来越多的挑战。逆全球化思潮在部分发达国家不断蔓延，政治因素给全球经贸合作带来的不确定性日益增强，经济全球化进程明显受阻。以美国为首的西方阵营国家担心中国的崛起会动摇其根本利益，对中国企业进行肆意制裁和打压，中美贸易摩擦还没有

彻底解决时，全球新冠疫情又突然暴发，对现行全球产业链合作造成了严重冲击。两年的全球抗疫还没有结束，俄乌冲突又突然升级，韩国总统文在寅结束任期，新当选的尹锡悦总统的对华政治主张尚不明确，这提醒我们要对国际环境进行合理预期，提高警惕，预防重大风险。

我国要继续维护多边体制，反对保护主义。面对疫情蔓延、经济衰退、地缘政治格局复杂多变、中美大国博弈升级的全球复杂环境，有人怀疑今后中国的开放战略会收缩。2022 年召开的十三届全国人大五次会议政府工作报告中明确提出："充分利用两个市场两种资源，不断拓展对外经贸合作，以高水平开放促进深层次改革、推动高质量发展。"这表明中国会坚定不移地走对外发展之路，坚决维护多边贸易体制，推进经济全球化发展的基本方向没有变化。RCEP 的实施，为中国同周边地区国家开展合作扫清了制度障碍，若干已经签署生效的，以及正在磋商之中的双多边经贸协定，把中国和友好国家的距离拉得越来越近。今后要继续同美国开展对话沟通，管控双边分歧，同周边国家及"一带一路"沿线国家保持高层沟通，为中国企业全球合作创造良好的外部环境。

国家的对外开放格局已经部署，作为地方政府，山东省应加快构建高水平的开放型经济新体制，以高水平开放促进深层次改革，推动经贸高质量发展。继续秉承"走出去"与"请进来"相结合的经贸发展战略，提升贸易和投资自由化便利化水平，建设高质量对外开放平台，推动山东省与韩国外贸外资平稳发展。同时要注意到，二战后推崇经济自由化全球化的美国等西方国家今天成为逆全球化的主要力量，美国的"亚太平衡战略"给亚太地区经济合作带来阻碍。我们要加强对世界格局的研究预判，分析世界经济的中长期走势，特别是主要经济体的中长期发展，推演中长期地缘政治经济格局走势，预判可能出现的风险挑战，科学把握潜在机遇，主动创造有利的外部环境。

二、充分利用国际资源与市场，兼顾国内市场大循环

要在全球范围整合资源，布局产业链，增强国际竞争力和抗风险能力，积极创造参与国际合作和竞争新优势。坚持推动优势企业"走出去"与吸引优质外资"走进来"相结合，形成"政府搭台、企业唱戏，全球是舞台"的对外合作新局面，全面提升山东省开放型经济核心竞争力。在努力维护原有国际市场的基础上，利用动态比较优势，实施精细化市场渗透策略，把老市场坐实做透，发挥稳住外贸外资根基的作用。

　　"以国内大循环为主体、国内国际双循环相互促进"的新发展战略是我国中央政府在面临新型复杂国际环境时提出的破局之解。"双循环"不是孤立封闭，也不是闭门造车断绝与外界往来。我国支持经济全球化发展的立场从未改变，人类命运共同体建设的发展愿望没有动摇，中国不可能主动倒退。但我们面临的外部环境发生了巨大的变化，为了适应国内基础条件和国际环境变化的新特点，我们必须做出相应改变。逆全球化思潮和美国打压中国让国际环境不确定性大增，国内中等收入消费人群数量越来越多，巨大的国内市场需求等待满足，国内的基础设施还需完善，有很多项目也需要资金支持。过去我们赋予对外贸易与投资发展很高的地位，现在需要把国内市场的潜力也发掘出来，把企业活力激起来。"双循环"就是要把国内经济循环与国际经济循环有机联系在一起，是两个市场两种资源利用关系平衡的新意境。

　　作为沿海经济大省，山东省产业门类齐全，市场空间广阔，有着毗邻日韩、陆海统筹的区位优势，有条件、有责任成为国内国际双循环的战略节点。配合"双循环"战略，山东省政府在"内循环"方面已经做了很多工作，制定了思路清晰的发展规划。例如，以新业态新模式引领新型消费加快发展；培育新热点营造放心消费环境，推动消费扩容提质；拓展投资空间、挖掘资本形成对经济增长的贡献潜力，要与转变发展方式、实现高质量发展紧密结合；推动企业积极参与制定国内市场与相关行业新标准，推动各行业规范化与标准化建设；等等。

　　在"双循环"战略实施中，山东省政府有关部门要了解这一战略提出的背景，吃透这一战略的意图与核心。"双循环"战略一定是在不能放弃国际循环的前提下加大内循环建设，外经外贸工作仍然要常抓不懈。"内循环"由科技内循环、传统经济内循环和消费内循环三个部分组成，它不等同于简单地刺激消费和扩大投资。例如，政府向居民发放消费券，制定了"新基建"规划，有的地方政府制定了企业减税措施。这些措施确实在短时间内会发挥作用，产生一定效果，但长期无助于国内产业竞争力的提升。内循环的一个重要目的是通过技术攻关和产业链完善，改变受制于人的局面，通过激发和扩大内需，减轻外部需求波动对经济的冲击，在释放消费需求空间的同时，提升经济运行效率。因此，国内经济循环战略思路的核心是促进技术创新与提高产业竞争力。具体来说，就是要促进产业链和供应链完善，掌控价值链关键环节，区域经济协调发展，实体与虚拟经济互动循环。

第二节　捕捉区域经济合作机会，构建开放发展多元化格局

一、积极参与区域经济合作，寻找更多中韩合作机遇

我国非常重视参与区域经济合作工作。党的十七大报告特别指出，加强同周边国家的睦邻友好和务实合作，积极开展区域合作，共同营造和平稳定、平等互信、合作共赢的周边环境。党的十八大也明确提出加快实施自由贸易区战略，以周边国家和地区为基础，形成面向全球的高标准自由贸易区网络。区域经济合作是我国对外开放的一项重要内容，也是我国积极参与国际经贸规则制定、争取全球经济治理制度性权力的重要平台。当前在加快形成以国内大循环为主体、国内国际双循环相互促进的新发展格局下，山东省应当紧跟国家战略布局，积极参与区域经济合作，稳固同周边国家的经贸关系，稳定外贸基本盘，应对逆全球化思潮带来的潜在威胁。

山东省在推动企业国际化发展的过程中，既要保持与不同发展水平的国家即"国别元"的合作，又要重视与主要区域经济组织的"区域元"的经贸关系发展；既要加深与现有国家和地区的合作，又要积极开拓新市场，避免对少数国家与地区的过度依赖，尤其是对美国和日本的市场依赖程度要降低，避免被对方的"软实力"制约。2022年4月，美国拜登政府贸易代表戴琪指责中国落实特朗普执政时期签署的贸易协定力度，明确提出要升级对中国的制裁，接下来中美的战略博弈还会继续，山东省与韩国经贸合作的外部政治环境充满了不确定性。

当前我国正积极同"一带一路"沿线国家和地区开辟新的合作项目，努力与沿线国家构建更加紧密的经济、文化、人文交流关系，已经取得一定成效。山东省要抓住"一带一路"、RCEP建设、中韩自贸区等国家战略重大机遇，积极利用其地缘优势，引导企业深入参与"一带一路"沿线国家基础设施建设，推动具有优势的先进装备制造、新一代信息技术产业、新能源新材料产业等企业"走出去"，寻找更多合作机遇。韩国虽然不是"一带一路"沿线合作国家，但中韩同处于两个区域性的自由贸易协定之中，还同处于若干个非制度性的论坛之中，更多的交流与沟通机会能够增加彼此的信任，山东省与韩国企业要积极合作，发挥各自互补优势，联手开辟海外市场。

二、充分利用 RCEP，捕捉对韩贸易新机遇

与中韩自由贸易协定相比，RCEP 是一个更高层次的多边经贸合作协定。2022 年 2 月 1 日，RCEP 对韩国开始生效，38.6% 的韩国产品关税在协定生效时立即降为零。降低关税后，进口成本降低，出口机遇增多，中韩贸易迎来新局面。RCEP 除了给企业带来关税的优惠之外，还在服务贸易、直接投资及产业链合作等多方面给企业提供了更多机会。为充分吸收 RCEP 带来的红利，山东省政府的工作重点主要聚焦在强化公共服务、优化营商环境及促进高质量发展等方面。

（一）强化政府的公共服务功能，帮助企业高效用好规则

建立自贸协定公共服务平台，提供关于 RCEP 的所有理论与文件内容，包括区域原产地累积规则、新型跨境物流发展、高水平的知识产权、贸易救济方案等。建议针对每个国家建立一个服务包，实时跟踪成员国的相关法律法规与政策的变动，不仅要关注反倾销反补贴内容，还要关注商标、知识产权保护、包装、环保、广告、文化等，以及成员国大型企业的主要招标项目信息，成员国企业需要的特定产品、市场需求变化等。上述信息具体建立途径需要地方政府开辟思路，部分信息由国际商务部网站提供，进行跟踪转接即可，更多的还是要聘请专家或者由商界人员补充完成，特定国家的服务包有助于所有出口该国的企业全面把握市场环境特点，及时做出调整，把握市场机会。首先，要组建专家队伍，对企业就 RCEP 的运用注意问题及可能带来的潜在问题进行宣讲，为企业提供 RCEP 利用中遇到问题的一揽子解决方案。其次，要开辟专家在线指导途径，针对企业遇到的特定问题进行"一对一"分析与指导，形成案例库后，纳入公共服务平台的内部文件，供企业查询借鉴。

（二）拓展招商新思路，留住和扩大在山东省的韩国企业

由于东盟国家的资源与劳动力优势更加明显，韩国的对外投资有可能出现重新布局，以创造更高产业链价值，对山东省的投资会造成一定影响，山东省政府必须看到这种潜在的不利。因此，招商引资要由原来的土地招商、配套招商向感情招商、制度招商及文化招商转变，依靠政府的透明与高效、环境的稳定与人员的高素质争取他们把投资留在山东，通过人文关系与文化因素加强山东省与韩国的企业感情，力争用兄弟般的友谊为长期合作打下牢固的基础。

要提高地方政府行政效率，切实解决韩资在山东省遇到的难题，以实际行动赢得韩资企业信任。落实韩资企业国民待遇，扫除韩资进入的隐形障碍。例如，

投资许可程序不规范、有关信息不透明、法律法规错综复杂、手续繁杂办事效率低、政府人员态度傲慢、制度不透明与政府腐败，以及极端民族主义分子的干扰等，这些常见的跨国投资者顾虑因素都要彻底清除。山东省要用好政策辅导员机制，加强政府联系企业，帮助企业纾困解难。地方政府公务人员要牢固树立服务意识，及时落实自由贸易试验区可供推广和复制的经验，提高办事效率，做到政策公开、信息公开、公正执法、快速高效，为外商创造良好的行政环境。良好的投资环境一定会对山东省与韩国的合作带来积极作用。例如，受新冠疫情影响，许多地方封城停工，导致企业的全球产业链合作受到影响，山东省地方政府在商务部指导下，推动韩国现代汽车 32 家配套企业及时复工，韩国产业通商资源部致信表示感谢，赢得了合作伙伴的信赖与肯定。

（三）调整产业链布局，携手韩国企业共同开辟第三国市场

对于产业链较长的企业，根据原料就近原则、劳动力廉价丰富原则，以及市场就近原则，把部分加工环节转移到东盟有关国家。在重大项目投资上，山东企业可以同韩国企业合作完成，例如共同承接造船项目。强强联合不仅有助于应对域外企业的竞争，而且避免了彼此竞争。东盟市场本身是一个 6 亿多人的大市场，消费潜力巨大，山东是制造业大省，工业产品具有较强的竞争力，随着东盟国家经济的快速发展，居民收入的增加，东盟各国的购买能力也越来越强，为企业提供了巨大的市场机会。山东的高端装备制造业、新能源新材料产业、现代海洋产业、高端化工产业等在东盟的竞争力会进一步得到释放。山东要依托济南、青岛和烟台的人才与位置优势，吸引非 RCEP 成员的企业到山东建立面向国内市场的地区总部，形成国内企业面向韩国市场的总部聚集地。

（四）重视服务贸易机遇，利用外贸新业态新媒介开发市场

RCEP 对服务业市场的开放承诺，让成员方有更多机会在金融、电信、旅游、交通、研发等服务贸易领域开展合作。随着互联网的普及，跨境电商、网上交易会、互联网金融、在线教育、在线办公、在线问诊等新业态新模式将迎来更大发展机遇。山东企业要充分意识到各种新型外贸业态带来的机遇，拓展服务贸易的深度与广度。例如，跨境电商与海外仓业务相结合，这种新型的外贸业态不仅可以让众多企业充分利用一个公共海外仓平台，发挥规模效应，降低运输与通关成本，还可以使产品就近发货，提高顾客与客户的满意度。山东省潍坊市的赛马力发电设备有限公司在菲律宾建立了自己的海外仓，该海外仓既可供自己企业使用，也可以为有需求的企业提供服务。目前，该海外仓并没有充分发挥全部作

用，每年通过海外仓发出的货物主要是赛马力自己的产品，集中服务山东企业，海外市场拓展的功能还没有被挖掘出来。山东省政府提供补贴以鼓励企业到韩国建立综合类商品的海外仓，对于韩国市场需求量大并需求稳定的产品，鼓励对韩出口企业发货到海外仓，利用海外仓的优势扩大市场份额。跨境电商业务开展途径要灵活化、现代化，例如很多企业熟悉阿里巴巴、敦煌网与速卖通，但相比南方的企业，山东企业的业务人员不善于利用 Facebook、Twitter、Instagram 等平台开发客户，对于 WeChat、TikTok 的海外客户开发功能运用也不够，对于韩国当地最受欢迎的社交软件的熟悉程度更不够高。组织相关的业务培训，提高外贸业务人员的市场开发与客户服务水平，应该列为当前对企业培训支持的一项重要内容。

（五）企业要练好内功、提高用好 RCEP 协定规则的能力

引导企业正确认识 RCEP 高标准开放下的竞争，从自身优势出发寻找同 RCEP 成员企业合作的机遇。RCEP 给外贸企业带来了货物产品关税的优惠，企业要尽快熟悉 RCEP 各国关税优惠承诺，充分利用区域贸易高度便利化机遇，扩大优势产品出口和优质商品进口。RCEP 能够通过贸易和投资的创造效应与转移效应，扩大成员的相互贸易和相互投资，延伸全球产业链分工，增强区域生产网络体系的功能。在谙熟 RCEP 原产地累积规则下，企业在 RCEP 缔约方内部采购产品原材料和零配件，能够有效降低生产成本，提高产品价格的国际竞争优势，这就对企业资源重新配置和产业链全球布局调整提出了要求。要认真研究和把握原产地累积规则，深度参与区域产业链、供应链合作，将企业生产和服务推向价值链的高端。外贸企业不仅要加快技术创新，提升核心竞争力，还要善于利用法律手段和贸易救济措施来维护合法利益，同时还应积极与有关部门保持沟通，寻求协助以有助于问题的解决。

（六）重视 RCEP 规则下的潜在风险，引导企业强化风险防范意识

提高外贸企业对市场政治风险的敏感度与预判能力，提高对韩国法律法规的熟悉程度，以及应用贸易救济手段与安全保护措施等方面的能力。RCEP 15 个成员方发展水平不同，语言文化不同，法律法规不统一，社会经济制度不一样，宗教信仰也不同，可以说是目前为止成员差异最大的一个区域经济组织。山东企业在同各国企业开展贸易与投资的合作中，要适应的方面很多，面临的风险很大，保持对市场风险的高度敏感性很有必要。近年来美国不断打压中国高科技企业，施压其盟国选边站，澳大利亚紧随美国，韩国在很多国际问题上也紧随美国，给

中韩企业之间的贸易投资及供应链合作带来一定的不确定性。因此，在韩国开展投资前应做好风险评估，尽可能在韩国的投资项目是韩国政府鼓励的、优先发展的，并能够以合资方式开展，或者扩大投资参与方，让更多的当地银行、保险，以及政府机构和企业参与进来，规避可能的风险。山东企业可主动通过驻韩国使领馆等渠道，综合掌握韩国的风险信息，综合运用多种评估方法，建立风险预警体系，制定完善的应急措施与计划。

（七）推动自贸试验区加快发展，为 RCEP 施效创造良好营商环境

山东自贸试验区成立于 2019 年 8 月，是第五批自由贸易试验区试点之一，包括济南、青岛和烟台三个片区。各片区功能定位不一样，济南片区的目标是建设全国重要的区域性经济中心、物流中心和科技创新中心；青岛片区的目标是打造东北亚国际航运枢纽、东部沿海重要的创新中心、海洋经济发展示范区；烟台片区的目标是重点打造中韩贸易和投资合作先行区、海洋智能制造基地、国家科技成果与国际技术转移转化示范区。山东自贸试验区成立以来，先行先试，仅用 2 年多时间就取得了 60 多项可在全国复制推广的经验。烟台片区在对韩贸易往来、科技合作与产业协同等方面做了一些尝试，如设立中韩风情街、举办中韩体育赛事、会展论坛等。目前烟台片区所在地——烟台开发区集聚韩资企业世界 500 强项目 20 个，累计韩资企业 540 多家。青岛海关与韩国釜山海关签订关际合作谅解备忘录，相互给予 AEO 企业①降低查验率、优先通关、简化单证审核等通关便利措施，提高货物通关效率。今后山东省要继续确保市场开放与准入准营、强化知识产权保护等措施落实到位，特别是要推进国际标准转化合作和合格评定结果互认，加强经贸交流，瞄准改革方向不断提升贸易投资环境，促进对外贸易和招商引资。

三、"威海—仁川经济合作区"构想

中韩自由贸易协定中引入了地方经济合作条款，明确规定把中国威海市与韩国仁川自由经济区作为地方经济合作示范区加以建设，发挥示范和引导作用。威海市充分把握国家给予威海的政策创新试验田机遇优势，迅速组织专门力量，加

---

① 经认证的经营者（Authorized Economic Operator）：在世界海关组织（WCO）制定的《全球贸易安全与便利标准框架》中被定义为"以任何一种方式参与货物国际流通，并被海关当局认定符合世界海关组织或相应供应链安全标准的一方，包括生产商、进口商、出口商、报关行、承运商、理货人、中间商、口岸和机场、货站经营者、综合经营者、仓储业经营者和分销商"。

强与韩对接合作。中韩自贸协定签字不久，威海市就与韩国仁川签定了加强地方经济合作议定书，双方初步计划开展全方位合作领域包括货物贸易、跨境电商、产业投资、医美健康、旅游、文化时尚、影视动漫等。凭借对韩优越的地理位置，威海市实施"借韩兴威"，抢抓中韩两国签署自由贸易协定机遇，努力创建中韩地方经济合作新机制。

目前威海市已建设了韩国商品交易中心等一批韩国商品展示交易平台，并通过举办中韩服务贸易高端论坛、中韩机器人产业合作大会、中韩电商合作大会等经贸活动，引进了一批对韩标志性项目。威海市还建设了以"线上集成+跨境贸易+综合服务"为主要特征的跨境电子商务综合服务体验基地，借助跨境电商产业园和公共服务平台、海外仓开展对韩电子商务业务。在物流一体化发展方面，威海市与韩国仁川建立了"四港联动"模式，依托两地港口与机场开展多式联运，助力内陆城市借助威海口岸开展对韩业务。

在威海与韩国仁川做了大量工作的同时，我们需要进一步思考，今后的威海如何更好地发挥作用。就目前的措施来看，取得了一定的成效，但无论如何扩大便利，始终不能让威海与仁川之间的人财物畅通无阻，金融、证券、信息技术、人工智能、数字经济、地方安全等领域的合作始终欠缺。前文国际区域经济合作相关理论一节，我们论述了新加坡、马来西亚和印度尼西亚在"新—柔—廖"地区建立的"经济增长三角"，这种跨国在邻近地区形成的"小地区经济区"能够深度融合区内的生产要素，实现资源互补，并取得比较利益。在此我们大胆提出建议，全面考察论证建立"威海—仁川经济合作区"的可行性。如果中韩都对此表现出兴趣，经过准备，最终经济合作区能够得以建立，这将给威海及山东其他地区带来前所未有的发展机遇。

第三节　扩大文化交流，巩固山东省与韩国贸易的民间基础

中国是亚洲经济体量最大的国家，韩国是亚洲仅次于日本的发达国家，在半导体、化工、造船等技术上领先世界，中韩人民相互理解与相互包容对于推动两国的交流与发展有着深远意义。山东与韩国一衣带水，两地文化渊源深厚，都受中国孔孟思想影响，尊崇儒家文化，在经济上有着强烈的互补性与依赖性。加强交流、消除隔阂、促进理解、正确引导，有利于降低文化冲突风险，为推动山东省对韩国出口贸易发展创造良好的文化环境。

一、充分发挥主流媒体作用，正确引导民族主义思想

民族主义主要是维护本民族利益、安全，实现本民族独立的一种强烈意识，是爱国主义的感情表达。但是民族主义一旦走向极端，在强烈的民族优越感下产生极强的排外情绪，就会带来强大破坏力。民众对特定民族的感情受各种主流媒体的影响，各种社交媒体也扮演着重要的角色，媒体的片面宣传容易引导民众产生错误的判断。美国西东大学外交与国际关系学院汪铮教授指出，"随着民众对国际问题的高度关注，外交和国际事务评论开始商品化和利益化，但是以吸引受众眼球为目的的商业化的运作不免会使国际问题的讨论趋于简单化和片面化。媒体往往以简单来代替复杂，以情绪来代替理智，以偏激来代替周全。因而很多观点和评论充满了狭隘的民族主义，也往往对其他国家的行为和意图进行不切实际的解读和渲染"。因此，正确理性的舆论与媒体引导，对于构建良好的中韩经贸合作关系至关重要。

随着互联网的进一步发展，网络舆论更加复杂难控，网络民族主义的表现形式也越发多样。在这一背景下，主流媒体面对复杂的网络舆情要思考如何坚守舆论阵地，既要最大限度地满足公众对新闻信息的需求，又要对公众的网络民主舆论进行引导，疏通民间舆论场和官方舆论场，构建积极理性的民族主义，把网络民族主义导向民族国家制度建设。近年来，各种新出现的新媒体极大地改变了以往民众接收信息及参与信息传播的模式，新媒体和移动终端的发展使得人人都可以成为新闻制作者与传播者。但是，信息的泛滥与传播的无序，让很多人为了吸引眼球、赚取流量而利用民众的爱国热情，也让少数极端民族主义分子有了传播极端思想的平台。当普通民众接收到带有民族主义倾向的新闻信息时，很有可能会受到民族主义的影响，失去对问题本身的冷静分析与客观态度，进而产生极端民族主义情绪甚至破坏性行为。

社会舆论与国民态度也会对政府的外交决策带来越来越多的影响，极端民族主义言论显然不利于建设稳定的经贸合作环境。近年来，围绕申遗问题网络口水战不断，中韩两国社会舆论与国民态度存在着相互认知不足与好感整体下降的问题。我们认为两国人民认同度下降的局面与有关媒体的宣传不无关联。就 2022年北京冬奥会汉服问题来说，身穿朝鲜族传统服饰的中国姑娘出现在开幕式上，部分韩国人担忧中国将韩国的历史文化占为己有，国民力量党委员会发言人黄圭焕还要求韩国政府向中国提出抗议。显然这些韩国政客与民众不了解中国的少数民族文化，做出了不该有的反应，而事件的起因是媒体的过分解读与不实报道。

韩国媒体在涉华问题上的报道，如果不能实事求是，客观公正，难免会误导韩国民众，不利于两国民众的感情培养。

山东省政府要充分利用与引导好国内媒体，积极与韩国媒体保持沟通。对于重大敏感问题，官方要通过主流媒体及时披露有关进展和结果，并做好舆论引导，防止民众臆测；提高专业记者职业素养，客观公正报道涉韩问题，把好涉韩新闻的第一关；规范引导网络言论，对影响力达到某种水平的网络意见领袖进行政治性、敏感性等问题的解读与传播时，应该要求其具有一定的资质和专业背景，培养分析客观、逻辑严谨的新闻态度；完善有关法律法规，对恶意利用网络媒体散发不当言论，煽动民众仇外的言行要及时制止，尤其要有效打击水军；对于影响两国人民感情的网络争论，中韩双方的官方与智库要联合调查分析，向公众还原事实真相；对于无定论的争论问题，提供专业平台，让民众理性研究历史资料与法律文本，分享分析逻辑，进行学术探讨，形成网络百家争鸣，在"和而不同"中增进理解。

山东省政府可以主动与韩国媒体进行良好而富有成效的合作。推进山东省与韩国地方媒体联合会建立，定期举办活动，增进了解，在有关问题的报道上争取观点一致，坚持新闻的客观性与事实性；建立山东省与韩国网络红人联谊平台，定期进行有关问题观点的探讨、分享与争鸣，让他们对两国的社会、文化、历史有更全面客观的了解；可以邀请韩国的媒体记者、网络意见领袖来山东参观联谊，让他们真正了解山东、山东文化与山东人民，争取利用他们的影响力做出有利于两国人民增进友谊和理解的宣传。

二、推动民间交往，加深彼此文化交流

民间交往是对政府间官方外交有效的补充，在中韩关系中扮演着积极角色。随着国际政治的民主化，现代国际关系开始出现政治、经济、军事等传统外交手段达到外交目的越来越难，甚至代价大而收获少的发展趋势，这就让民间交往的作用更加明显。当政府间关系顺利时，民间关系有助于加强对彼此的认识；当政府间关系遇到挫折时，民间交流则可努力抚平因为政治军事紧张造成的裂痕。加强多渠道的民间交往，增加个体的主观体验，将有助于避免民众之间不必要的误解，逐步形成对彼此较为理性和客观的认识。

中韩民间往来和文化交流一直以来比较频繁，每年大量人员的互访让双方民众对对方国家有了最直观的认识，促进了两国民众的相互认知，尤其是数目庞大

的留学生、商务人员、华侨与韩国在华定居者，成为中韩民间交往的自愿使者，传递了有关两国的最可靠、最真实的一手信息。借用习近平总书记在 2015 年中日友好交流大会上的发言，"中日友好的根基在民间，中日关系前途掌握在两国人民手里"。中韩友好的根基在民间，中韩关系前途掌握在中韩两国人民手里。

借"中韩文化交流年"，中韩两国人民拉近了距离。中韩两国政府为纪念建交 30 周年，将 2021—2022 年定为"中韩文化交流年"，推进旅游、文化艺术、体育、人文等领域的交流合作。2021 年年初，"中韩文化交流年"正式启动，一系列的交流活动随之在中韩两地有序展开。山东省政府在 2021 年 7 月 20 日开启了"中韩文化交流年——鲁韩交流周"系列活动，包括"同裳——韩国现代美术中国交流展""百济王城与王陵文物图片展""鲁韩旅游风光图片展""齐鲁文化演讲"四部分内容。除此之外，山东省政府还要广泛征集民众的意见，搜集素材，开展更多更丰富多彩的互动，人文的、文体的、旅游的，助推山东省与韩国文化旅游合作深入开展。此类活动内容丰富，但要达到效果，需要让更多的民众参与进来。山东省政府可以向济南人民免费发放入场券，组织中小学生参观活动；组织大学生参观并演讲；征集志愿者参与宣讲；组织政府部门与事业单位人员参加活动；在山东主要的几个大城市进行巡展；邀请在中国的韩国人员，包括学生、工作者、商业人士和旅游者参观图片展；等等。要充分利用网络功能，开展网络上的各种互动活动，如艺术展览、风景区视频欣赏、网上演讲、地方风土人情等。另外，还可充分利用传统媒体与网络新媒体做好宣传与讲解，让中韩人民在了解与欣赏中国与韩国厚重的文化、优美的风光和多彩的艺术的同时，培养中韩人民对彼此文化的认同、欣赏与尊重。

民间交往需要政府推动，各国智库更应该献计献策，贡献智慧。作为中国非官方的外交与国际关系智库，察哈尔学会近年来在推动中韩民间外交方面做了很多工作①。察哈尔学会秘书长柯银斌表示，民间交流的深化很重要，并提议借鉴韩国企业经验，就"企业如何利用政府的外交资源实现其战略目标"和"如何利用自身的资源和优势为国家外交作贡献"进行政府与企业关系的研究。张明舟研究员认为，中韩两国之间"求同化异"很重要，比如几年前，中韩两国曾为端午节之争闹得不愉快，但经过进一步的交流和了解，韩国的"江陵端午祭"与中国"端午节"相继申遗成功，双方最终由于相知而化解了矛盾。韩国知名智库、韩国国家经营战略研究院院长崔钟璨认为，中韩应该通过多样化的合作、

---

① 张蕾. "求同化异"是深化中韩民间交流的方向 [N]. 中国青年报，2014-07-27 (4).

人员往来及信息的交换推动两国关系发展。今后可在共享信息、中小企业、交通环保、公害防治、社会福利等多个领域进行广泛的交流。

山东是孔孟之乡，有着丰富的儒家文化基础与氛围，韩国游客在价值观上容易产生认同感。山东有五岳之首泰山、水浒故里梁山、孔孟之乡曲阜、避暑胜地青岛、风筝之都潍坊等享誉中外的旅游资源，为发展国际旅游提供了得天独厚的资源。山东省要积极推动中韩文化交流，完善国际旅游产业，传播孔孟文化，树立"好客山东"的旅游文化形象。具体到旅游服务市场，政府要制定服务标准，加强从业人员培训与监督，做好制度规范，以真诚好客的态度接待韩国游客，不仅要通过旅游产业发展经济，还要通过旅游产业的发展传递中国的"儒雅大国形象"，打造"好客山东"的品牌，让来鲁的韩国游客既能享受山东的青山绿水，也能体验山东人民的淳朴与友好。

留学生群体要充分发挥作用。留学生作为一个高素质群体，通过一段时间的在韩国的学习与生活，对彼此的社会与文化特点有更多的了解，也会更理性、更客观地评价历史与现实，他们可以充当文化使者，传播彼此的文化，促进双方建立信任关系。韩国留学生在中国队伍的扩大，也会让年轻人用他们的视角来看待中国的发展与中国的文化，这对培养韩国的年轻一代对华好感很有帮助。韩国留学生由于语言的限制，与中国本地居民的互动较少，到中国各地旅游也往往走马观花，缺乏对中国文化的深入理解。因此，教育部门在制订教学计划时，可以考虑增加带有中华文化元素的课程；关心韩国留学生的学习生活，赢得留学生的认可；组织韩国留学生与中国学生就有关问题开展交流，增进理解；鼓励韩国留学生省内巡游，在汉语流利的学哥学姐们的陪伴下，让学生实地感受山东的经济发展与风土人情，体验繁荣美丽好客的山东。

韩国劳务输出人员要发挥沟通作用。山东是对韩国劳务输出的大省，有大量在韩国务工的劳动人员，他们在工作与生活中的表现，传递着中国的文化，成为当地人了解山东乃至中国的一个重要窗口，务工人员返回后的口碑宣传也有助于国内亲朋好友了解韩国的民俗风情，这对于增强山东省与韩国民众的相互了解十分重要。因此，要注意对劳务外派人员进行充分的专业技能培训、礼仪培训及中国传统文化的培训，让其认识到传播中国文化的重要性，从而肩负更多的社会责任。

华侨要发挥作用。国务院侨务办公室原副主任何亚非对华侨在文化传播中的作用给予充分肯定，他曾指出，"旅居韩国的广大华侨华人是中韩之间天然的纽带和桥梁，为推动两国和两国人民友好作出了重要贡献"。旅居韩国的华侨华人中有大批的专业人士，他们都具有较高的知识与专业技能，对祖国有着深深的依恋和热爱，同时他们也深深了解韩国的本土文化，与当地韩国人关系紧密，可调动他们的积极性，使其在搭建中韩友谊桥梁中发挥独特作用。具体措施由国务院侨务办公室牵头，地方侨办参与，与韩国当地的华人协会或华人的地方民间组织建立联系，邀请广大中青年侨商企业家组团来山东考察，让他们有机会参与国内项目建设，有机会与山东企业合作开拓第三方市场，在与祖国加强经贸联系的同时，鼓励他们担负传播中国文化的重要社会责任。

三、继续中韩友好城市关系，增强山东省与韩国民间互信

国际"友好城市"是世界各国地方政府之间通过协议形式建立起来的一种国际联谊与合作关系，是国家总体外交政策的地方延伸，也是民间外交的重要形式。随着全球化的不断推进，友好城市服务地方经济社会发展的优势和作用日益明显。改革开放以来，随着中国经济逐步融入全球价值链体系，地方政府之间的国际交流与合作也得到了广泛深入的展开，地方政府国际合作已成为一个普遍而又重要的国际政治现象，成为国家之间国际合作的重要补充形式。

我国政府高度重视中韩友好城市建设，中国外事办对于地方友好城市建设给予了大力支持和协助，中日韩友好城市交流大会更是为地方政府开展友好城市建设搭建了良好平台。中日韩友好城市交流大会开始于 1999 年，由中日韩三国协会每年在三国轮流举办。2022 年 11 月 4 日，中日韩友好城市交流大会以线上线下相结合的方式在我国江西省南昌市举办。会议期间，中日韩专家学者及地方政府代表，围绕"数字经济与智慧城市、节能环保与绿色低碳、医疗合作与健康养老"等议题展开交流探讨。江西省省长叶建春在致辞中指出，"相信乘着友好城市交流大会的东风，中日韩友城关系必将更加稳固，交流合作必将更加深化，人民友谊必将更加深厚"。韩国市道知事协议会事务总长李映漣表示，"相信城市与城市、地区与地区携手合作的地方政府间交流与合作，可以建立比现有国与国之间的合作更加深远、更加友好、更可持续的合作关系"。

山东省充分认识到对韩开展友好城市建设对于山东省与韩国加强文化交流、经贸合作具有重要作用，无论从起步时间还是友好城市数量，它都远远走在全国前列。中韩友好城市建设始于 1993 年，当年建设的友好城市共有 9 对，其中有 4 对是山东省参与的，包括山东省—庆尚南道、济南市—水原市、青岛市—大邱

市、烟台市—群山市。据山东省外事办数据，截止到 2022 年年底，山东共缔结省级友好城市 36 对、市级友好城市 159 对，其中对韩国缔结的省级友好城市 2 对，市级友好城市 17 对（见附表 18）。除济宁、枣庄外，山东省其他地市都至少同韩国缔结了一个友好城市，可以说中韩友好城市在山东省遍地开花。

山东省同韩国友好城市的合作形式多样，议题领域广泛。跨国建设友好城市，开展城市外交，有助于加深民众感情，推动地方政府和民间组织在经贸、文化等多方面进行合作和交流，为城市的经济社会发展打下良好基础。但随着时间的推移，友好城市之间的交往深入，山东省同韩国的友好城市建设议题已不仅限于经贸、文化领域。目前来看，议题既包括投资、贸易、资源合作开发，也包括环境保护、科教与艺术、医疗卫生，甚至安全合作、打击跨国组织犯罪也被纳入进来。山东省对韩国友好城市建设的直接经济效果表现为扩大了招商引资的渠道，带动了贸易的开展，很多韩资项目就是在友好城市之间达成的。据不完全统计，山东省通过友好城市直接推动的合作项目达百亿美元以上。

今后要以友好城市为载体，全方位、多层次、宽领域地开展中韩民间友好合作。要拓宽人员交流层次，不仅要加强地方领导、企业家之间的沟通，还应该加强友好城市之间的学生、教师、艺术家、工程师甚至网红的互访交流。交流形式要多样化，除了城市之间举办专题学术会议、邀请专家到大学做客座教授、互派劳务人员和进修人员、在科研领域开展合作等传统方式外，还要充分利用互联网开展友好城市互动，例如在网络上开辟讨论议题、在网上举办文化艺术展览、就重要合作事项网上征求居民的意见与建议等。要加强友好城市宣传，通过传统新闻媒体与网络自媒体等多种形式进行双方城市特征、经济发展、风土人情、历史文化等信息的传达，建立互信、友谊，消除隔阂，为山东省与韩国经贸合作的深入开展创造良好的文化氛围。

第四节　提高防范意识，规避各类重大风险

一、提高防范意识，防范金融风险

随着中国对外开放程度扩大，中国政府逐步放松资本管制，推动人民币国际化发展。中国经济的高质量发展需要高水平的对外开放，也迫切需要提升金融国际化水平。尤其在 RCEP 生效之后，金融领域的开放承诺要逐步落实，要达到加入更高规格的 CPTPP 标准，意味着金融市场开放力度必须进一步扩大。逐步放

松对资本账户的监管力度，有助于引入境外资本，缓解国内投资不足，但跨境资本流动规模的快速扩大，增加了金融体系的系统性风险，必须引起重视。

系统性金融风险的暴发将导致区域性甚至全球性的金融危机。改革开放以来，中国经历了两次重大国际系统性金融危机，一次是1997年暴发的亚洲金融危机，另一次是2008年的美国次贷危机。这两次危机对全球经济造成了严重的冲击和破坏，甚至直到今天还有国家没有完全走出2008年次贷危机引发的全球经济危机阴霾。金融危机引发的经济危机导致全球贸易与投资严重受损，这在前文已有论述。因此，在扩大对外经贸合作中，各级政府必须警惕系统性金融风险。

理论界把与金融有关的风险都归类为金融风险，例如金融市场风险、金融产品风险、金融机构风险等，具有不确定性、相关性、隐蔽性、高杠杆性、传染性和破坏性。其中，外贸企业直接面对的金融风险是汇率风险，外贸企业要提高汇率风险防范意识和汇率风险管理能力，充分运用远期、掉期、期权等金融衍生品工具进行风险规避。系统性金融风险是基于内生风险累积或外生事件冲击，再通过金融机构之间的联系，导致多个金融机构或整个金融体系出现的危机，由于金融功能受损，传导到实体经济，进而对经济发展造成破坏。系统性金融风险传染性和破坏性很强，会从一个金融机构迅速传染给其他多个金融机构，局部的金融风险迅速会演变成全球性的金融危机。一旦系统性金融风险暴发，造成的损害巨大，而且消除损害的难度和代价很高。预防为主，这是应对金融危机最好的办法。

我国非常重视对金融风险的防范。早在2017年第五次全国金融工作会议就已经指出："防范化解金融风险，特别是防止发生系统性金融风险，是金融工作的根本性任务，也是金融工作的永恒主题。要把主动防范化解系统性金融风险放在更加重要的位置。"党的十九大报告也强调了"守住不发生系统性金融风险的底线"，将防范化解重大风险确定为三大攻坚战的重要任务。2021年中央经济工作会议提出，"加强金融法治建设、完善金融风险处置机制、为资本设置'红绿灯'"。为资本设置"红绿灯"，就是要加强对资本的有效监管。既要鼓励资本积极寻找市场机会，发挥企业家精神，加大实体经济投资，又要防止资本野蛮扩张，避免垄断和产融的不当结合，应疏堵结合，有效监管。有正外部性企业的发展经营与全社会利益提升是共融的，应该鼓励；但对社会有负外部性的企业，要继续加强监管。

2022 年以来，受美国通胀压力影响，美联储开始了货币政策正常化操作，在 3 月份加息了 0.25%，但突然升级的俄乌冲突引起西方纷纷制裁，国际大宗商品价格迅速攀升，进一步推高了美国的通货膨胀，到 2022 年年底，美联储连续加息缩表七次，全球金融市场波动幅度也因此加大。在新冠疫情全球肆虐的背景下，全球经济金融在过去长期积累的各种矛盾和问题会日益凸显，国际金融市场各种潜在的风险有可能暴发。美国金融资本善于利用他国金融体系的漏洞，找准薄弱时机，发动金融战争来掠夺别国财富。俄乌冲突持续进行中，美国持续拉长制裁中国企业的名单，国际复杂局势下，必须警惕金融市场可能遭受的攻击。未来一段时期，面对巨大挑战，世界各国应当密切合作，并付诸智慧与行动，进行积极有效的应对。

山东省地方政府要坚决贯彻落实国家金融风险防范政策，落实金融市场监督职责，配合中央坚决维持国内金融市场稳定。中国人民银行在 2016 年推出了宏观审慎评估体系，目的是提升监管机构间的协调效率，降低社会融资成本，提高实体经济支持效果，同时更有力地防范系统性金融风险。山东地方金融部门要配合宏观审慎评估，建立健全地方金融风险预警体系，全面评估反映风险状况，并有针对性地采取适当措施及早化解。

山东省政府要持续提升经济发展韧性，增强应对外部冲击的能力。面对复杂的外部环境，山东省政府要做好供给侧结构性改革和需求侧管理，加快落实国内国际双循环战略，持续推进外贸发展，持续扩大招商引资，提高疫苗接种速度，推进经济稳定复苏。关注美国经济复苏进展，提前研判美联储货币政策取向对我国金融市场和流动性的影响，提前做好应急应对预案。强化跨境资本流动管理，降低输入性金融风险，抑制市场主体过度加杠杆和跨境资金短期炒作行为，尤其是加强对国际股市、跨境融资、离岸人民币等高风险领域的风险监控与管理，更好地维护经济稳定和金融安全。

二、中韩合作应对突发公共卫生事件

此次新冠疫情首先在中国武汉暴发，在中国人民奋力与病毒做斗争之际，美国政客不是携手世界各国联合抗疫，而是忙着嘲讽指责和甩锅中国，作为邻国的韩国并没有加入指责中国的队伍，而是保持了清醒客观的态度，关键时刻向中国捐款捐物，两国携手共同抗疫。经过此次疫情的考验，中韩两国政府加强了沟通，积累了经验，增进了友谊，而且最大限度地保持了两国贸易与人员的往来，降低了因疫情带来的经济损失，为中韩经济的复苏发展提供了条件。今后要继续探索中韩共同应对突发公共卫生事件的合作路径。

（一）树立全球健康治理意识

公共卫生危机需要加强全球健康治理。全球健康治理是有意识地形成、完善、指导、加强和利用国际与国家间机构和体制的原则、规范和决策制定程序，从而促进和保护全球范围的健康。某种程度上，国际社会正经历由全球化向全球治理转变，前者关注的是机遇，后者关注的是危机与危机治理。公共卫生问题不仅仅是一个主权国家国内的问题，或者是其简单的对外政策问题，更是典型的全球性问题，健康卫生、外交政策和经济贸易三者之间应该处于相对平衡的状态。

在经济全球化发展背景下，各国人员、商品与运输设备进行着大规模跨国流动，一旦感染病毒，就会以惊人的速度跨国传播。因此，应对病毒最重要的是早发现早隔离，及时交流沟通非常重要。各国需要建立快速反应机制，争取第一时间控制传染源、切断传染途径和保护易感染群体，这需要建立国家间防疫合作机制，互相信任，携手合作。2015 年 MERS 在韩国暴发时，韩国政府及时向驻韩外交使节介绍当时的疫情情况及韩国政府的应对状况，使我国有充分的准备应对。此次新冠疫情暴发后，中国在第一时间向世界卫生组织和有关国家、地区组织通报疫情信息，分享新冠病毒全基因组序列信息和新冠病毒核酸检测引物探针序列信息，为全球抗疫提供了基础性支持。中韩两国元首也第一时间先后两次通话，引领两国合作抗击疫情，做到了及时沟通、相互支持、信息透明、目标一致。中韩加强了协调处理机制，同时也加强了与其他国家间的交流与合作。

（二）建立中韩防疫合作交流平台

建立中韩流行病防疫合作交流中心，主要为两国医护工作者提供共同分享研究成果和相互学习交流的平台，有助于提高专业人员的医疗专业知识和技术水平。抗击疫情最终是要依靠医疗技术打败病毒，医护人员应保持交流，在疫情情况分析、病毒溯源、检测与临床治疗、药物与疫苗等方面开展科研交流与合作，共享科研数据，共同研究防控和救治方案，从而提高医疗效果。非疫情期间研究人员的互访、交流与联谊，也有助于在应对公共卫生危机中产生更多的理解和默契。中韩在抗击疫情中都建立了自己的一套公共卫生应急管理机制，在建设、应用与完善中积累了大量的经验，彼此分享会少走很多弯路。

中韩防疫合作交流平台还要包括政府层面的协调沟通功能。此次疫情防控涉及多个政府部门，我国外交部牵头建立了中日韩新冠肺炎联防联控多部门合作机制。在该机制下，两国卫生部门共同建立了新冠肺炎临床和防疫委员会。在委员会的推动下，两国进一步深化了疫情合作。如果地方政府之间能够利用中韩防疫合作交流平台，及时分享各地的疫情情况与防疫等级，将会更确切并有针对性地为商务人员提供行程信息，有助于行程安排及提前按照地方防疫要求做好配合工作。

（三）探索新兴技术在抗疫中的应用

科学技术是人类同疾病较量的锐利武器，人类战胜大灾大疫离不开科学发展和技术创新。在抗击新冠病毒的斗争中，科技发挥了重大作用。大数据、人工智能、物联网、5G 等新技术各显身手，成为疫情防控中的新生力量。从感染者排查、密接与次密接追踪、行程跟踪、位置上报、疫苗接种、新冠检测、人员隔离、患者护理等每一个环节都有现代科技的影子。例如，各地充分利用大数据、人工智能进行疫情研判，排查感染者，追踪密接与次密接，分类管理，有效降低了扩散风险；智能医护机器人走进医院、卫生服务中心服务，减少了医护交叉感染风险，缓解了医护人手不足困难；隔离区机器人打扫卫生、机器人送餐服务减少了交叉感染风险；绿码制度、疫情防控风险数据服务、预判各地疫情风险，为促进人员有序流动和复工复产提供了依据；等等。韩国把信息技术应用于疫情防控的时间更早，山东省政府主动和韩国友好城市进行交流沟通，共同扩大大数据分析和人工智能在病毒溯源与病毒变异等方面的持续深入合作研究，为中韩精准防控策略制定提供理论支撑。从预防到治疗再到管控，形成了有效的解决方案，减少了因疫情给各国带来的损失。

第五节　提升国际竞争力，促进山东省与韩国企业合作竞争

一、认识产业国际竞争力提升的必要性

一个国家或者地区的国际竞争力通常体现在产业竞争力水平上，而产业竞争力尤其是高科技产业的竞争力则由技术创新能力和高技术人才素质决定。我国在经济总量上远超韩国，对外贸易额与 FDI 都远超韩国，但考虑到人口因素与国土面积，韩国在经济发展的内涵质量上远在我们之上。韩国经济从 20 世纪 60 年代开始腾飞，在我国改革开放初期就提出了"科技立国"战略，人均收入远在我们之上。当前中韩产业链合作中，韩国总体处于高端和次高端，而我国处于中低端和低端，我国对韩国出口产品中劳动密集型的加工产品占比较高，而韩国主要

向我国出口高技术含量的半导体及半导体材料、机器人、网络通信产品等，同时韩国对我国的 FDI 远高于我国对韩国的 FDI。

韩国始终在东北亚复杂局势下寻找战略平衡点。韩国对中国有着巨大的贸易顺差，经济上不想放弃中国市场，但安全上却又依赖美国，既想和平解决朝鲜核问题，又想加强美韩军事同盟。在当前中美关系面临考验的背景下，尹锡悦政府总体上选择偏向美国的战略。韩国与我国在政治上始终无法达到高度互信，总是保持一定的谨慎与距离，一个重要原因在于韩国认为美国的经济实力远高于中国，依赖美国更能够得到安全保障和经济利益。因此，中国在中韩双边关系中能否占据主动权，关键取决于中国经济国际竞争力的高低。

当前，我国经济与外贸发展正处于新常态，国家注重供给侧改革，努力推动新旧动能转换，狠抓国内国际双循环。面临国际复杂环境，我国经济始终能够保持中速发展，与世界绝大多数国家保持了良好的合作关系，这为山东地方政府开展对外经贸活动提供了广阔平台，山东省与韩国经济将会继续在合作与竞争中不断发展。山东省政府要正确认识国际国内环境的复杂性特点，认识经济与外贸发展的新常态特征，紧紧围绕国家经济改革发展的战略指挥棒，扎扎实实培育地区产业国际竞争力。

二、促进重大技术创新，培育地区产业国际竞争力

（一）切实重视技术创新，政府发挥基础研发引领作用

从国际经验来看，一个国家或地区要想获得国际影响力，必须要有某一个或某几个产业走在世界前列，而且在这些产业中要有一个或几个企业处于该技术的世界前列。例如，硅谷是世界最重要的 IT 高科技产业基地；好莱坞是世界著名的影视产业基地；韩国厉害的是半导体材料与造船技术；中国深圳有华为、格力，浙江有阿里巴巴、义乌；等等。山东是工业大省，传统工业产业与高科技产业并存，自国家提出新旧动能转换战略，大批传统工业企业进行了技术升级、设备更新，提高了产品的技术含量，有一批高科技企业脱颖而出，如潍柴动力、歌尔股份、万华化学等。据山东省科技工作会议信息，2022 年全省新增 6000 多家高新技术企业，2023 年力争总数突破 3 万家。但有些惋惜的是，直到今天，还没有出现像华为这样的依靠掌握核心技术而屹立行业顶巅的企业。

借鉴韩国的经验，山东省政府在基础性研发、共性技术研发方面发挥主导作用。加快创新平台建设，重点资助国家和省级重点实验室、工程（技术）研究

中心、工程实验室等重要研发平台建设，通过搭建国家级创新平台、省部共建国家重点实验室、省级创新创业共同体，完善山东省特色创新创业生态体系。开展重大产业关键共性技术、装备和标准的研发攻关。集中财政优势在重点产业的关键技术上寻求突破，加快基础研究成果的转换与应用，发挥基础科研成果对技术创新的引领和渗透作用。

做好关键技术研发的规划与引导。围绕新一代信息技术、生物医药、新能源、海洋科学等领域，组织实施一批重大基础研究项目。构建大型龙头企业牵头，多部门联合参加的体系化、任务型创新联合体，在生物医药、新材料、高端装备、氢能等领域，组织实施技术攻关。在高端芯片、公共安全、智慧农业等领域，打造创新型产业集群。力争催生重大科研成果，解决产业发展"卡脖子"难题。

（二）鼓励关键产业龙头担当研发先锋，鼓励开展多层次技术合作

习近平总书记曾指出："企业是科技和经济紧密结合的重要力量，应该成为技术创新决策、研发投入、科研组织、成果转化的主体。"必须强化高科技企业的创新主体地位。鼓励有条件的大型企业、行业龙头企业牵头组织实施重大科技攻关，围绕产业技术创新需求，制定技术创新战略规划。将企业自身所处行业的最先进技术或者企业自身发展遇到的"卡脖子"技术列为重要攻关对象，建立技术研发支撑企业产品创新的科研发展体系，让企业技术提升与社会技术进步的目标相一致。扩大企业在创新决策中的话语权，由企业牵头制定技术创新规划、路线实施方案，政府在人才引进、开发经费、知识产权保护、成果转换等方面给予配合和重点支持。

鼓励联合创新，产学研合作。鼓励大型企业同高校科研人员联合开展科研项目；鼓励高校与科研院所联合大型企业共同组建技术研发中心，形成企业、高校、科研院所多方形成的技术攻关联盟，共同承担重大科技项目，发挥各自优势，进行联合开发。对重要产业的重大技术攻关项目，要整合省内外甚至国内外可用的优势资源，联合攻关。必要时同先进省份的重点实验室就关键技术联合攻关。全方位、多层次开展国际科技合作，加强山东省与韩国的科技交流合作，还要与日本和欧美加强科研合作。把科研经费补助向实体龙头企业倾斜，激发高科技龙头企业自主创新积极性，搞基础研发，不急功近利，厚积薄发，一鸣惊人。

三、推动制造业产业升级，促进企业名牌战略开发

（一）创造产业集群洼地效应，推动制造业转型升级

制造业是立国之本、强国之基，从根本上决定着一个国家的综合实力和国际竞争力。党的十八大以来，习近平总书记在不同时期、不同场合强调了"中国制造"转型升级的重要性与必要性。全国政协委员秦荣生对制造业产业升级表达了意见："落实国家区域发展总体战略和主体功能区规划，综合考虑资源能源、环境容量、市场空间等因素，制定和实施重点行业布局规划，调整优化重大生产力布局。完善产业转移指导目录，建设国家产业转移信息服务平台，创建一批承接产业转移示范园区，引导产业合理有序转移，推动东中西部制造业协调发展。"

山东省在推动落实制造业转型升级中，和中央的政策保持一致，在提高制造业技术创新能力、加大对制造业新基建投入、营造制造业高质量发展环境、加快制造业人才队伍建设等多个方面同上海、广东、江苏等先进省份进行沟通，互相取经，共同制定科学有效的政策，力争全国一盘棋，解决制造业转型升级的瓶颈问题。促进制造业升级，从国际经验来看，需要推动先进制造业集群发展。产业集群会创造洼地效应，人才、资金与技术的汇集，能够有效提高资源配置效率，充分发挥产业集群效应，形成制造业与生产性服务业互动发展的良性循环。努力发展高新技术产业，打造高新技术产业基地；加快传统劳动密集型产业技术改造，实现传统优势产业国际竞争力的提高；继续优化农业生产结构，大力发展绿色农业、特色农业和出口农业，推动农业产业化发展，全面提高出口产品的竞争力和经济效益。改变当前制造业产业层次低、技术创新能力弱、生产性服务业仍然内化于制造企业产品增值链体系中的状态，促进生产性服务环节有效地剥离为专业化的服务第三方，使生产性服务业拥有更多的需求，从而刺激其更好地发展。

（二）实施名牌战略，把山东产品推向全世界

经过多年的品牌发展战略的实施，山东省涌现了一批在国内有影响力的品牌，如海尔、海信、潍柴等。但客观地讲，我们缺少华为、中兴这样的在世界范围内响当当的科技名牌。而且山东这么多年培育的很多品牌，近几年并没有大的发展。例如，海尔和海信属于家电行业领先企业，但随着人口红利的下降，以及房地产开发的宏观调控，家电行业普遍增速放缓，品牌价值难以提升。在当前全球经济陷入深度调整的国际背景下，国际市场需求下降，实施品牌开发战略、培育世界知名品牌是应对市场竞争的有效手段。除此之外，还要重视现代技术的研

发与应用，多向小米、VIVO 等企业取经，赋予品牌现代元素，把企业做活，把市场做活。

外贸企业的品牌意识需强化，要使企业学会经营自身的无形资产，将品牌建设、经营与管理提升到战略高度。提高产品质量是创立名牌至关重要的基础性工作，企业狠抓质量责无旁贷。产品技术标准是衡量产品质量和品质的重要标志与具体指标，企业要主动提高出口产品在安全、卫生、环保等方面的品质，为顺利开辟国外市场和创立名牌创造条件。打造具有国际竞争力的国际名牌既需要企业的努力，也离不开政府的扶持，山东省政府要完善品牌扶持范围的标准和约束评价机制，通过动态管理，强化企业的国际品牌意识。好的品牌离不开品牌推广战略，我们可以借鉴韩国企业的成功经验，做好品牌定位、策划、传播、管理。最后还需要采取一切有效措施，运用我国知识产权保护法、商标法等法律法规，规范品牌竞争秩序，保护品牌利益。

对韩国消费者进行问卷调查后发现，韩国消费者对于本国的产品质量给予了很高的评价，这有助于理解为什么韩国人愿意购买国货。这也对山东省企业提供了明确的信息，要想赢得韩国消费者的信赖，站稳韩国市场，必须把好质量关。出口韩国的产品必须要达到甚至要超过韩国的产品技术标准规定，必须超过或对标韩国国产品牌产品质量，同时赋予产品品牌文化元素，配合目标市场差异性战略的实施，最终靠质量和品牌魅力赢得韩国消费者的喜欢。

四、加强人才队伍建设，为经贸发展提供智力支持

（一）确立人才强省战略，树立新的人才竞争力理念

推进人才竞争力创新必须坚持以思想解放为先导，以新的思维方式思考人才竞争力建设的新情况、新问题，树立与市场经济相适应和与国际接轨的人才竞争力新理念，确立人才强省战略。要客观清醒地看到政府在人才竞争力建设中的积极作用，明确"以人为本"的人才竞争力建设的核心理念。在实际行动中，要加大教育投资，并确保投入的产出效果，推动人力资本稳步上升。各级政府领导要牢固树立人才资源是第一资源的观念，以市场需求为导向，坚持培养、引进与留住相结合，将学历与能力相结合，将科研院所培养与企业职业训练相结合，通过继续教育与企业的培训促进人力资源能力与素质螺旋式上升。

（二）严格执行"双减"政策，解决高级技术人才不足问题

长期以来，我国的人才培养重理论轻实践，重高学历轻职业技能，在人口红

利下降的背景下，最终造成技术工人队伍建设相对缓慢，高水平的技工严重不足的局面。在制造业转型升级的背景下，企业对高技能人才的需求越来越迫切，对拥有"绝活"能够独当一面的技术人才的需求更是迫切。培养大批的一流技术工人，需要改变人们目前对待职业教育的态度。

2021 年 7 月，我国发布了"双减"政策：一是减少校内作业量，减轻学生负担；二是减轻校外培训负担，从严治理校外培训机构。有很多人不理解，为上千万人提供工作的教培市场一夜之间就被取消了，付出的代价可谓不小。其实问题的关键是我国原有的教育模式不适应新时代人才培养的需要了。未来的世界是人才的竞争，掌握了技术制高点的企业和国家一定会屹立于世界之巅。在严重的学习负担之下，我们的学生创造力受到压制，整日做题导致思维固化，上大学之后明显学习动力不足，工作后创新能力不够。从"双减"开始，培养孩子好奇心与专注力，让学生有更多时间探索世界，淡化分数观念，逐步接受职业教育，将会有效解决高技术工人数量不足的问题。

山东省政府要严格执行国家"双减"政策不打折，同时向家长、社会解读政策实施背景与目的，做好学生的思想工作。以往各个高中学校都在比拼考上北大清华的学生的数量，却很少关注这些高考状元毕业之后的成就。今后的各层次学校评价指标，都应该纳入培养出多少行业优秀人才这一指标。同时大力提高职业技术教育的师资水平，提高教学与管理水平，让更多的学生掌握专业技能，毕业后能够尽快融入社会。

（三）做好人才需求的结构调查，实施分层培养方案

政府有关部门要对区内企业的培训情况进行摸底调查，组织专家对区内相关企业的岗位培训进行规划，分行业分模块建设培养体系。对于公共需求较集中的知识，政府有关部门应统一聘请专家，定期开展培训；对于专业技能人才，要对接好学校，通过订单式培养的校企联合办学形式，定向向企业输送人才；大企业可以自己组织人员培训，小企业可以联合组织参加培训。通过政府部门、学校、社会与企业多层次、全方位实施人才培养计划，最终达到为企业发展提供人力资源支撑的目的。在人才培养中，政府要重视做好人才的结构性需求调查，重点解决当前专业人才短缺的突出矛盾，同时还要监督人才培养程序，对于各类各层次培训跟踪调查，确保培训的知识与技能是企业发展所需要的，内容与形式力求务实。

（四）培育人才培养载体，吸引国内外高层次人才

高校是培养人才的重要阵地，支持高等院校、职业院校、科研院所联合建立专业人才培养基地，鼓励职业培训机构业务开展，加强企业内部培训，鼓励民间资本进入职业教育领域，解决职业技术教育发展资金瓶颈。产业集群发展战略有助于产生技术与管理溢出效应，有助于专业人才培养。因此，政府在推动产业集群建设时，要鼓励企业加大员工技术培训投入，确保人力资本与集群企业发展相适应。

山东省政府应利用多渠道吸引国际高层次人才。（1）完善留学人员回国鼓励机制，尤其是在某一行业已经有一定建树并且有意向回国发展的海外人员应该作为引进重点，发挥他们的辐射作用，以带动相关产业人才整体素质的提高。（2）大力引进通晓国际规则、熟悉现代企业管理的高层次外国专家，聘请外国专家来山东省进行学术交流、合作研究、讲学任教及工作任职。（3）鼓励各类人才带项目、技术来山东省创业、发展，促进山东省服务业的国际交流与合作。（4）拓宽与海外交流合作渠道，支持服务业人才出国留学、进修，接受国外系统服务理论与技能的培训。（5）确立高层次人才的核心与主体地位，营造尊重知识、尊重人才、尊重创造的良好社会环境，增强对人才的凝聚力，做到"人才培养得出，引得进，留得住"，彻底解决经贸人才短缺问题。

参考文献

［1］李建民. 冷战后日本的"普通国家化"与中日关系的发展［M］. 北京：中国社会科学出版社，2005.

［2］罗伯特·吉尔平. 国际关系政治经济学［M］. 杨宇光，等译. 北京：经济科学出版社，1989.

［3］吉尔·德拉诺瓦. 民族与民族主义［M］. 郑文彬，洪晖，译. 北京：生活·读书·新知三联书店，2005.

［4］罗伯特·基欧汉，约瑟夫·奈. 权力与相互依赖［M］. 门洪华，译. 4版. 北京：北京大学出版社，2012.

［5］高鸿业. 西方经济学（宏观部分）［M］. 6版. 北京：中国人民大学出版社，2014.

［6］迈克尔·波特. 竞争优势［M］. 陈小悦，译. 北京：华夏出版社，1997.

［7］保罗·克鲁格曼，茅瑞斯·奥伯斯法尔德. 国际经济学［M］. 海闻，等译. 北京：中国人民大学出版社，2002.

［8］庞皓. 计量经济学［M］. 4版. 北京：科学出版社，2019.

［9］薛荣久. 国际贸易［M］. 7版. 北京：对外经济贸易大学出版社，2020.

［10］李钢，李俊. 迈向贸易强国：中国外经贸战略的深化与升级［M］. 北京：人民出版社，2006.

［11］李悦，等. 产业经济学［M］. 3版. 北京：中国人民大学出版社，2008.

［12］苑涛. 中国对外贸易竞争优势研究［M］. 北京：中国财政经济出版社，2005.

［13］隋红霞. 外贸竞争力制约因素研究［M］. 北京：中国言实出版社，2013.

［14］张晓峒. 计量经济学软件 EViews 使用指南［M］. 天津：南开大学出

版社，2003.

［15］宁骚. 民族与国家：民族关系与民族政策的国际比较［M］. 北京：北京大学出版社，1995.

［16］隋红霞. 对外贸易与区域经济国际竞争力：理论与实证——基于山东省的数据分析［M］. 北京：中国社会科学出版社，2016.

［17］李萍，隋红霞. 鲁日经贸合作：障碍、风险与对策［M］. 北京：中国社会科学出版社，2017.

［18］何曼青. 后疫情时代全球产业链供应链重构及外贸走势［J］. 中国外资，2021（10）：30-32.

［19］隆国强. 新常态为外资提供新机遇［N］. 人民日报，2015-04-07（7）.

［20］王聪悦. 新一轮"中国威胁论"：酝酿、表征与应对［J］. 世界社会主义研究，2019（1）：68-77.

［21］孟献丽. "中国威胁论"批判［J］. 马克思主义研究，2021（3）：110-119.

［22］刘力. 当前区域经济合作的特点与趋势［J］. 上海教育，2008（Z2）：48.

［23］邝艳湘，向洪金. 国际政治冲突的贸易破坏与转移效应：基于中日关系的实证研究［J］. 世界经济与政治，2017（9）：139-155.

［24］杜映昕. 国家间政治冲突对贸易的影响：文献综述及基于中国与大国关系的实证研究［J］. 经济学报，2015（1）：124-144.

［25］谢建国，徐苹苹. 政治冲突与国际贸易：韩国萨德事件对中韩贸易的影响分析［J］. 财经理论与实践，2019，40（6）：106-113.

［26］门洪华，刘笑阳. 中韩关系的不确定性因素及其战略应对［J］. 东北亚论坛，2017（4）：66-77.

［27］王俊生. 中日韩"政谐"方能"经热"［N］. 环球时报，2019-12-23（14）.

［28］宋雪梅. 美国重返亚太及其背后的中国因素［J］. 理论界，2014（4）：150-152.

［29］庞祉慧，张文江. 不只萨德：美韩反导合作的多元进展［J］. 当代韩国，2018（4）：14-29.

［30］王俊生. 联合国安理会第 2270 号决议与中韩关系新课题［J］. 东北亚学刊, 2016（5）: 35-41.

［31］潘飞. "印太战略"考虑下的特朗普政府对台政策［J］. 台湾研究, 2019（4）: 55-66.

［32］张一飞. 特朗普政府"联欧制华"战略的形成与评估［J］. 国际展望, 2020, 12（2）: 103-125.

［33］齐桐萱. 中韩关系的改善限度［J］. 国际政治科学, 2020（1）: 161-163.

［34］刘荣荣, 王珊. 沉疴与新患: 日韩关系恶化探析［J］. 现代国际关系, 2019（8）: 12-18.

［35］金承权. 韩国经济起步时期的进口替代战略: 韩国经济发展战略研究之一［J］. 延边党校学报, 1994（4）: 62-65.

［36］刘信一. 韩国经济发展中的对外贸易［J］. 中国工业经济, 2006（7）: 59-64.

［37］宋利芳, 冀玥竹, 朴敏淑. 韩国"制造业革新 3.0"战略及启示［J］. 经济纵横, 2016（12）: 115-119.

［38］张丽平, 赵允济. 韩国金融自由化改革的经验与借鉴［N］. 中国经济时报, 2015-08-26（5）.

［39］大卫·斯坦伯格, 王宇. 为什么韩国选择汇率低估政策?（下）［J］. 金融发展研究, 2018（4）: 61-63.

［40］王永桓, 姚宁. 韩国应对亚洲金融危机的经验及启示［J］. 吉林金融研究, 2016（3）: 31-35, 66.

［41］张娅萍, 张晓. 论日本文化对日本经济影响的相关研究［J］. 经济研究导刊, 2017（22）: 160-161.

［42］李忠斌. 民族文化经济价值度量及其实践意义［J］. 西南民族大学学报（人文社科版）, 2020, 41（3）: 28-37.

［43］赵瑛. 亚洲金融危机前后的韩国金融改革［J］. 生产力研究, 2010（3）: 34-37.

［44］王艳霞. 韩国金融改革及对中国的启示［J］. 黑龙江对外经贸, 2006（8）: 27-28.

［45］杨生平. 中国传统文化的基本特征及其价值［J］. 新视野, 2016（5）: 104-109.

［46］李世军，吴娴．韩国文化的崛起及其对我国的启示［J］．学术界，2005（4）：245-252．

［47］潘蕾，黄旭峰．极致伦人：韩国人的"基本人际状态"探析——兼与中日"基本人际状态"比较［J］．东疆学刊，2018，35（3）：18-23．

［48］李增福，刘万琪．我国文化产业对经济增长影响的实证研究［J］．产经评论，2011（5）：5-13．

［49］成学真，李玉．文化产业发展对经济增长影响的实证研究［J］．统计与决策，2013（3）：114-117．

［50］郭庆涛．儒家文化对东亚经济的影响：以韩国的现代化道路为中心［J］．当代韩国，1996（4）：54-55．

［51］朱星焕．儒教文化对韩国经济的影响［J］．当代韩国，2001（1）：14-20．

［52］宋魁，郝剑锋．文化对韩国经济发展的影响［J］．学习与探索，2005（6）：197-200．

［53］文华，李天国．儒教文化对韩国经济发展的影响及借鉴意义［J］．东北亚经济研究，2020，4（4）：97-106．

［54］许慧琳，王珍珍．文化距离与国际贸易关系的文献综述［J］．市场周刊，2021（12）：89-91．

［55］阚大学，罗良文．文化差异与我国对外贸易流量的实证研究：基于贸易引力模型［J］．中央财经大学学报，2011（7）：77-83．

［56］曲如晓，杨修，刘杨．文化差异、贸易成本与中国文化产品出口［J］．世界经济，2015，38（9）：130-143．

［57］张慧敏，刘洪钟．政治距离、文化差异与中国的对外贸易［J］．国际经贸探索，2020，36（1）：33-52．

［58］王联．关于民族和民族主义的理论［J］．世界民族，1999（1）：1-11．

［59］潘亚玲．爱国主义与民族主义辨析［J］，欧洲研究，2006，24（4）：84-99．

［60］庞中英．经济民族主义的"复兴"［J］．世界知识，2006（9）：67．

［61］郭锐，刘依函．当前韩国民族主义对中韩关系的现实影响及我国对策［J］．辽东学院学报（社会科学版），2014（4）：29-38．

［62］宫占奎，李文韬．中国参与区域经济合作组织分析［J］．国际经济评论，2008（2）：39-42．

［63］李学华．俄乌冲突威胁全球粮食安全［N］．经济日报，2022-03-15（4）．

［64］王晶晶．RCEP 已成当前世界经济增长最大亮点［N］．中国经济时报，2022-03-30（2）．

［65］金那映．韩国新闻媒体的政治性［J］．新闻传播，2011（2）：120-121．

［66］娜仁其木格．当前中日关系与民间交往的作用［J］．内蒙古师范大学学报（哲学社会科学版），2016，45（2）：22-27．

［67］郑晓瑛，韩优莉，KICKBUSCH I，等．全球健康外交：公共卫生全球化和现代外交发展的结合［J］．人口与发展，2011（5）：49-56．

［68］赵磊．全球突发公共卫生事件与国际合作［J］．中共中央党校（国家行政学院）学报，2020（3）：14-21．

［69］裴春梅．文化对越南国际经济合作的影响研究［D］．南宁：广西大学，2016．

［70］赵宏．世贸组织争端解决机制 25 年：辉煌、困境与出路［J］．国际贸易，2021（12）：4-8．

［71］王琛．WTO 二十五周年：回顾、评估和未来前景［J］．亚太经济，2021（3）：1-9．

［72］王海忠，于春玲，赵平．消费者民族中心主义的两面性及其市场战略意义［J］．管理世界，2005（2）：96-107．

［73］张磊，卢毅聪．世界贸易组织改革与中国主张［J］．世界经济研究，2021（12）：22-29．

［74］田燕梅．中韩自由贸易区对山东省货物贸易的影响：基于引力模型的实证分析［J］．商业经济研究，2017（22）：138-141．

［75］金缀桥，杨逢珉．中韩双边贸易现状及潜力的实证研究［J］．世界经济研究，2015（1）：81-90，128．

［76］蒋冠，霍强．中国—东盟自由贸易区贸易创造效应及贸易潜力：基于引力模型面板数据的实证分析［J］．当代经济管理，2015，37（2）：60-67．

［77］向艳，杨习铭．基于引力模型的中国—东盟自由贸易区贸易效应研究［J］．统计理论与实践，2022（4）：17-22．

［78］刘青峰，姜书竹．从贸易引力模型看中国双边贸易安排［J］．浙江社会科学，2002（6）：17-20．

［79］唐宜红，张鹏杨．后疫情时代全球贸易保护主义发展趋势及中国应对策略［J］．国际贸易，2020（11）：4-10．

［80］宋晓羽，苑克娟．中韩贸易受"萨德"事件影响初探［J］．现代营销（下旬刊），2018（1）：114-115．

［81］邵丹．"萨德"事件后韩国对中国出口动向分析［J］．潍坊学院学报，2019，19（1）：26-29．

［82］余亚妮，徐媛．系统性金融风险特征及管理措施研究［J］．西部金融，2021（7）：93-96．

［83］詹德斌．中韩民间交流的成效与问题［J］．现代国际关系，2012（11）：56-63．

［84］李国璋，肖锋．文化对经济增长的作用机理分析：基于软投入理论［J］．甘肃社会科学，2013（5）：160-163．

［85］焦润明．韩国经济腾飞的文化动力问题［J］．当代亚太，1995（2）：67-69．

［86］崔天模．传统儒家文化对韩国经济成长的影响［J］．太平洋学报，1997（1）：35-40．

［87］施炳展．文化认同与国际贸易［J］．世界经济，2016，39（5）：78-97．

［88］ETZIONI A. The moral dimension：toward a new economics［M］．New York：The Free Press，1988．

［89］SANTOS-PAULINO A U. The effects of trade liberalization on imports in selected developing countries［J］．World Development，2002，30（6）：959-974．

［90］STEPHAN S. German exports to the euro area［J］．Empirical Economics，2006，31（4）：871-882．

［91］ARMSTRONG S P. The politics of Japan-China trade and the role of the world trade system［J］．The World Economy，2012，35（9）：1102-1120．

［92］DAVIS C L，MEUNIER S. Business as usual? economic responses to political tensions［J］．American Journal of Political Science，2011，55（3）：628-646．

［93］HEILMANN K. Does political conflict hurt trade? evidence from consumer boycotts [J]. Journal of International Economics, 2016, 99: 179-191.

[94] GRIES P H. China's new nationalism: pride, politics, and diplomacy [M]. Berkeley and Los Angeles: University of California Press, 2004.

[95] KOHN H. Nationalism: its meaning and history [M]. Malabar, Floroda: Krieger Publishing, 1982.

[96] SHIMP T A, SHARMA S. Consumer ethnocentrism construction and validation of the CETSCALE [J]. Journal of Marketing Research, 1987, 24 (3): 280-289.

[97] JORDÀ Ò, SCHULARICK M, TAYLOR A M. When Credit Bites Back [J]. Journal of Money, Credit and Banking, 2013, 45 (2): 3-28.

[98] GARDNER W L, AVOLIO B J, LUTHANS F, et al. "Can you see the real me?" A-self-based model of authentic leader and follower development [J]. The Leadership Quarterly, 2005, 16 (3): 343-372.

[99] JULIE H Y, ALBAUM G. Sovereignty change influences on consumer ethnocentrism and product preferences: Hong Kong revisited one year later [J]. Journal of Business Research, 2002, 55 (11): 891-899.

[100] HSU J L, NIEN H-P. Who are ethnocentric? Examining consumer ethnocentrism in Chinese societies [J]. Journal of Consumer Behaviour, 2008, 7 (6): 436-447.

[101] SAFFU K, WALKER J H. An assessment of the consumer ethnocentric scale (CETSCALE) in an advanced and transitional country: the case of Canada and Russia [J]. International Journal of Management, 2005, 22 (4): 556-571.

[102] CHEN C C, PENG M W, SAPARITO P A. Individualism, collectivism, and opportunism: a cultural perspective on transaction cost economics [J]. Journal of Management, 2002, 28 (4): 567-583.

[103] BAHAEE M, PISANI M J. Iranian consumer animosity and U.S. products: a witch's brew or elixir? [J]. International Business Review, 2009, 18 (2): 199-210.

[104] CHAN T S, CHAN K K, LEUNG L C. How consumer ethnocentrism and animosity impair the economic recovery of emerging markets [J]. Journal of Global Marketing, 2010, 23 (3): 208-225.

[105] FUNK C A, ARTHURS J D, TREVIÑO L J, et al. Consumer animosity in the global value chain: the effect of international production shifts on willingness to purchase hybrid products [J]. Journal of international business studies, 2010, 41 (4): 639-651.

[106] HINCK W. The role of domestic animosity in consumer choice: empirical evidence from Germany [J]. Journal of Euromarketing, 2005, 14 (18): 87-104.

[107] LITTLE J P, COX K C, LITTLE E L. A generational comparison of economic-based and war-based consumer animosity: the cases of U. S. consumer animosity towards China and Vietnam [J]. Journal of Marketing Management, 2012, 22 (2): 31-44.

[108] KLEIN J G, ETTENSON R, MORRIS M D. The animosity model of foreign product purchase: an empirical test in the People's Republic of China [J]. Journal of Marketing, 1998, 62 (1): 89-100.

[109] LEE R, LEE K T. The longitudinal effects of a two-dimensional consumer animosity [J]. Journal of Consumer Marketing, 2013, 30 (3): 273-282.

[110] MAHER A A, MADY S. Animosity subjective norms, and anticipated emotions during an international crisis [J]. International Marketing Review, 2010, 27 (6): 630-651.

[111] MATIĆ M, PUH B. Consumer animosity and the influence of demographic variable on general and economic dimension of consumer animosity [J]. International Journal of Management Cases, 2011, 13 (3): 460-465.

[112] NIJSSEN E J, DOUGLAS S P. Examining the animosity model in a country with a high level of foreign trade [J]. International Journal of Research in Marketing, 2004, 21 (1): 23-28.

[113] NUNALLY J C. Psychometric Theory [M]. 2rd. New York: McGraw-Hill, 1978.

[114] RIEFLER P, DIAMANTOPOULOS A. Consumer animosity: a literature review and a reconsideration of its measurement [J]. International Marketing Review, 2007, 24 (1): 87-119.

[115] SHOHAM A, DAVIDOW M, KLEIN J G, et al. Animosity on the home front: the intifada in Israel and its impact on consumer behavior [J]. Journal of inter-

national marketing, 2006, 14 (3): 92-114.

[116] SHIN M. The animosity model of foreign product purchase revisited: does it work in korea? [J]. Journal of Empirical Generalisations in Marketing Science, 2001, 6 (1): 6-14.

[117] SHIMP T A, DUNN T H, KLEIN J G. Remnants of the U. S. civil war and modern consumer behavior [J]. Psychology and Marketing, 2004, 21 (2): 75-91.

[118] WANG W Y, HE H W, LI Y. Animosity and willingness to buy foreign products: moderating factors in decision-making of Chinese consumers [J]. Asia Pacific Business Review, 2013, 19 (1): 32-52

[119] HOFFMANN S, MAI R, SMIRNOVA M. Development and validation of a cross-nationally stable scale of consumer animosity [J]. Journal of Marketing Theory and Practice, 2011, 19 (2): 235-252.

[120] HAN C M. The role of consumer patriotism in the choice of domestic versus foreign products [J]. Journal of Advertising Research, 1998 (2): 25-32.

[121] KOSTERMAN R, FESHBACH S. Toward a measure of patriotic and nationalistic attitudes [J]. Political Psychology, 1989, 10 (2): 257-274.

[122] GUISO L, SAPIENZA P, ZINGALES L. Does culture affect economic outcomes? [J]. The Journal of Economic Perspectives, 2006, 20 (2): 23-43.

[123] GUISO L, SAPIENZA P, ZINGALES L. Cultural biases in economic exchange [J]. Quaterly Journal of Economics, 2009, 124 (3): 1095-1131.

[124] HAN C M, TERPSTRA V. Country-of-origin effects for uni-national and bi-national products [J]. Journal of International Business Studies, 1988, 19 (2): 235-255.

[125] NETEMEYER R, DURVASULA S, LICHTENSTEIN D R. A cross-national assessment of the reliability and validity of the CETSCALE [J]. Journal of Marketing Research, 1991, 28 (3): 320-327.

[126] BAWA A. Consumer ethnocentrism: CETSCALE validation and measurement of extent [J]. Vikalpa The Journal for Decision Makers, 2004, 29 (3): 35-47.

[127] GOOD L K, HUDDLESTON P. Ethnocentrism of Polish and Russian consumers: are feelings and intentions related? [J]. International Marketing Review,

1995, 12 (5): 35-48.

[128] MARCOUX J S, FILIATRAULT P, CHERON E. The attitudes underlying preferences of young urban educated Polish consumers towards products made in Western countries [J]. Journal of International Consumer Marketing , 1997, 9 (4): 5-29.

[129] BALABANIS G, DIAMANTOPOULOS A, MUELLER R D, et al. The impact of nationalism, patriotism and internationalism on consumer ethnocentric tendencies [J]. Journal of International Business Studies, 2001, 32 (1): 157-175.

附　表

附表 1　2006—2021 年韩国对中国出口主要商品构成　　　　　%

年份	机电产品	化工产品	光学、钟表、医疗设备	塑料橡胶	矿产品	贱金属及制品	运输设备	纺织品及原料	合计
2006	42.2	12.3	8.7	7.8	7.6	9.5	4.6	4.1	96.8
2007	42.5	13.1	11.7	7.7	6.8	8.3	3.8	3.4	97.3
2008	38.9	12.3	13.5	7.9	9.9	8.4	3.8	2.8	97.5
2009	39.2	11.2	17.2	9.0	5.9	8.5	4.0	2.6	97.6
2010	40.5	10.4	18.2	8.5	6.3	7.0	4.6	2.3	97.8
2011	37.3	12.3	17.1	8.2	8.8	6.8	4.9	2.2	97.6
2012	38.9	12.4	17.7	8.1	8.0	6.2	4.3	2.0	97.6
2013	42.8	12.7	14.9	8.0	6.2	5.6	5.6	1.9	97.7
2014	45.4	12.2	14.0	7.7	5.5	5.6	5.5	1.7	97.6
2015	49.4	11.1	14.1	7.2	3.7	5.4	5.0	1.6	97.5
2016	47.6	12.8	13.4	7.9	4.1	5.7	4.0	1.6	97.1
2017	52.0	13.6	10.2	7.5	5.1	5.5	2.3	1.3	97.5
2018	54.3	13.8	8.4	7.1	6.3	5.2	1.6	1.1	97.8
2019	52.0	14.7	7.2	8.0	6.3	5.8	2.0	1.2	97.2
2021	52.5	15.0	6.8	8.9	5.5	6.5	1.0	1.0	97.2

资料来源：根据商务部国别报告网数据及联合国数据库数据整理得到。

附表2　1990—2020年主要国家来鲁旅游人数占比统计　　　　　　%

年份	日本	韩国	英国	德国	法国	意大利	加拿大	美国	澳大利亚	合计
1990	38.54	11.12	2.41	6.18	2.59	2.39	4.75	13.70	1.16	82.84
1995	26.64	32.39	1.48	2.70	1.21	0.77	1.61	7.65	1.00	75.45
2000	27.62	38.24	1.42	1.89	1.28	0.79	1.46	6.66	1.24	80.60
2001	28.19	41.17	1.33	1.69	1.07	0.58	1.42	5.68	0.94	82.07
2002	30.45	40.57	1.19	1.61	0.89	0.59	1.24	4.77	0.94	82.25
2003	26.19	49.72	1.34	1.67	0.95	0.56	0.96	4.04	0.98	86.41
2004	25.80	47.02	1.29	1.55	1.00	0.59	1.12	4.18	0.98	83.53
2005	22.29	51.29	1.39	1.80	1.11	0.72	1.08	4.37	0.85	84.90
2006	22.02	51.91	1.67	1.88	1.17	0.66	1.04	4.79	1.00	86.14
2007	19.87	53.85	1.73	1.66	1.16	0.87	1.14	5.05	1.06	86.39
2008	21.07	50.89	1.86	1.77	1.19	0.85	1.22	4.79	1.30	84.94
2009	22.43	47.75	1.67	1.84	1.20	0.85	1.37	4.33	1.39	82.83
2010	20.39	46.53	2.26	2.29	1.47	0.88	1.43	4.80	1.47	81.52
2011	16.80	44.43	2.65	2.68	1.69	1.04	1.65	5.71	1.81	78.46
2012	14.09	44.80	2.90	2.72	1.98	1.01	1.65	5.80	1.83	76.78
2013	11.64	45.70	2.63	2.69	2.17	1.07	1.57	6.11	1.71	75.29
2014	10.86	46.61	2.55	2.45	2.02	1.00	1.46	5.93	1.71	74.59
2015	10.65	47.06	2.44	2.40	1.99	1.01	1.63	5.86	1.71	74.75
2016	10.65	47.75	2.51	2.44	2.03	0.98	1.51	5.99	1.78	75.64
2017	11.08	45.51	2.54	2.50	2.05	1.07	1.59	6.28	1.88	74.50
2018	11.17	44.88	2.56	2.54	2.07	1.04	1.66	5.99	1.90	73.81
2019	11.31	45.08	2.51	2.50	1.98	1.02	1.68	5.58	1.85	73.51
2020	12.47	45.58	2.90	2.58	1.24	0.69	1.50	8.98	1.65	77.59

资料来源：根据山东统计信息网数据整理得到。

附表 3　2000—2020 年入境韩国游客占全国及山东省外国游客比重统计

年份	入境外国游客人数/万人	入境中国的韩国人数/万人	山东省外国游客人数/人	山东省韩国游客人数/人	韩国游客占全国外国游客比重/%	韩国游客占山东省外国游客比重/%	山东省韩国游客占全国比重/%
2000	1016.04	134.47	480090	183567	13.23	38.24	13.65
2001	1122.64	167.88	592413	243889	14.95	41.17	14.53
2002	1343.95	212.43	741366	300767	15.81	40.57	14.16
2003	1140.29	194.55	615457	305985	17.06	49.72	15.73
2004	1693.25	284.49	961697	452231	16.80	47.02	15.90
2005	2025.51	354.53	1247842	640056	17.50	51.29	18.05
2006	2221.03	392.40	1560436	809953	17.67	51.91	20.64
2007	2610.97	477.71	2020311	1087905	18.30	53.85	22.77
2008	2432.53	396.04	2065007	1050839	16.28	50.89	26.53
2009	2193.75	319.75	2411857	1151567	14.58	47.75	36.01
2010	2612.69	407.64	2778699	1292880	15.60	46.53	31.72
2011	2711.20	418.54	3123264	1387535	15.44	44.43	33.15
2012	2719.15	406.99	3422261	1533199	14.97	44.80	37.67
2013	2629.00	396.90	3273678	1496143	15.10	45.70	37.70
2014	2636.10	418.20	3256968	1518088	15.86	46.61	36.30
2015	2598.54	444.44	3358553	1580582	17.10	47.06	35.56
2016	2815.12	477.53	3525019	1683278	16.96	47.75	35.25
2017	2916.53	386.38	3530595	1606678	13.25	45.51	41.58
2018	3054.30	419.30	3661207	1643098	13.73	44.88	39.18
2019	3188.34	431.46	3708645	1671997	13.53	45.08	38.75
2020	/	/	442477	201703	/	45.58	/

说明：受新冠疫情影响，2020 年全球旅游业务基本中断。暂未从国家官网查到入境人员统计信息。

资料来源：根据国家统计信息网和山东统计信息网数据整理得到。

附表4 1989—2022年韩国对全球和中国直接投资金额与项目数量统计

年份	全球投资 企业总数/ 个	全球投资 总额/ 千美元	在中国投 资企业数/ 个	在中国投 资总金额/ 千美元	投资中国 制造业企 业数/个	投资中国 制造业 金额/ 千美元
1989	287	583904	7	6360	7	6360
1990	367	1147944	25	22097	23	21397
1991	472	1366714	70	41867	63	40336
1992	532	1372687	174	137685	163	113883
1993	715	1490278	388	291348	356	252197
1994	1521	2436875	850	675413	703	585199
1995	1384	3342156	761	925818	650	718659
1996	1530	4835533	751	1045329	641	755055
1997	1398	4095759	646	819305	557	530792
1998	651	4838726	279	691997	234	607558
1999	1147	3434047	472	356374	418	300060
2000	2191	5411052	800	796328	684	591540
2001	2268	6083058	1083	682939	919	632056
2002	2616	4119252	1435	1158884	1213	1021458
2003	2951	4930204	1730	1940452	1403	1658652
2004	3965	7008128	2225	2610790	1688	2372628
2005	4721	7424977	2364	2915681	1575	2357238
2006	5502	12018161	2391	3545107	1540	2992056
2007	6075	23148011	2213	5702846	1340	4024515
2008	4296	24308756	1364	3945171	705	2529647
2009	2673	20980329	766	2519488	388	1758317
2010	3070	25641415	917	3720117	502	2828315
2011	2945	29648337	859	3609143	433	2758261
2012	2786	29666288	741	4254755	372	2870884
2013	3042	31203664	834	5222399	398	4513752

年份	全球投资企业总数/个	全球投资总额/千美元	在中国投资企业数/个	在中国投资总金额/千美元	投资中国制造业企业数/个	投资中国制造业金额/千美元
2014	3051	28650400	723	3226952	331	2601781
2015	3218	30382990	737	2990933	340	2399525
2016	3343	40346143	695	3441881	277	2543306
2017	3452	44872167	537	3218072	230	2412796
2018	3555	51416820	489	4804180	237	4418216
2019	4018	64390503	467	5854046	234	5434435
2020	2428	57323083	245	4511593	112	4001576
2021	2330	76770805	263	6734194	125	5923331
2022	1931	62182731	156	6216271	76	5813433

资料来源：韩国进出口银行 https：//stats. koreaexim. go. kr/en/enMain. do。

附表5　1992—2022年韩国对外直接投资额洲际分布统计　　　　%

年份	亚洲	北美洲	欧洲	南美洲	大洋洲	中东	非洲
1992	42.08	30.03	15.73	2.66	1.72	5.67	2.12
1996	45.36	33.52	12.62	5.98	1.50	0.55	0.46
2000	32.54	28.52	5.85	27.90	1.67	0.61	2.91
2004	57.78	20.59	10.56	8.74	1.09	0.54	0.71
2008	49.62	21.73	14.14	9.12	3.20	0.76	1.43
2010	40.19	18.31	24.39	9.23	5.41	1.29	1.19
2011	38.07	29.58	14.99	9.08	5.23	1.72	1.34
2012	39.92	22.51	14.28	12.47	8.27	1.24	1.32
2013	36.71	20.84	17.54	11.93	10.92	1.28	0.77
2014	32.30	24.93	14.98	15.41	7.16	4.11	1.12
2015	35.38	25.08	11.51	18.27	4.12	5.14	0.50
2016	27.67	37.12	12.58	15.42	4.04	2.75	0.42
2017	29.77	34.96	15.96	15.21	2.11	1.47	0.52
2018	34.35	22.84	23.16	16.17	1.30	1.87	0.31
2019	31.88	25.76	22.13	16.78	1.60	0.92	0.92
2020	31.97	31.68	18.05	14.41	1.99	1.37	0.53
2021	24.21	39.90	16.07	16.93	2.18	0.30	0.41
2022	23.45	38.77	20.30	14.57	2.59	0.18	0.14

资料来源：根据韩国进出口银行公布的统计数据整理得到。

附表6 1997—2021年中国FDI来源地占比分布   %

年份	自亚洲FDI占中国全部FDI比重	自韩国FDI占中国全部FDI比重	自亚洲五国（地区）FDI占自亚洲FDI比重*	自韩国FDI占自亚洲四国（地区）FDI比重	自亚洲四国（地区）FDI占自亚洲FDI比重**	自中国香港FDI占自亚洲FDI比重
1997	75.74	4.73	96.27	17.33	36.07	60.19
1998	68.92	3.97	95.85	15.65	36.78	59.07
1999	66.55	3.16	96.35	13.43	35.36	60.98
2000	62.59	3.66	95.65	16.79	34.83	60.83
2001	63.17	4.59	95.70	18.51	39.25	56.45
2002	61.75	5.16	95.42	20.58	40.59	54.84
2003	63.74	8.39	95.83	29.97	43.92	51.90
2004	62.05	10.30	95.22	37.13	44.72	50.50
2005	59.21	8.57	95.20	32.19	44.95	50.25
2006	55.67	6.18	94.41	30.22	36.74	57.67
2007	56.33	4.92	94.81	30.08	29.03	65.78
2008	60.98	3.39	96.12	23.89	23.29	72.83
2009	67.36	3.00	96.24	21.97	20.27	75.98
2010	73.38	2.55	96.98	18.34	18.92	78.06
2011	77.16	2.20	97.93	14.87	19.17	78.76
2012	77.60	2.72	98.16	15.55	22.54	75.62
2013	80.52	2.60	98.05	15.72	20.52	77.53
2014	82.51	3.32	98.74	24.58	16.36	82.38
2015	82.49	3.19	97.98	25.74	15.04	82.94
2016	78.44	3.77	98.47	29.96	16.04	82.43
2017	83.33	2.80	98.89	27.27	12.34	86.55
2018	79.29	3.46	98.10	30.22	14.08	84.02
2019	84.62	4.01	98.46	29.46	16.08	82.39
2020	85.91	2.50	97.93	23.07	12.63	85.30
2021	88.56	2.33	98.27	21.03	12.52	85.75

说明：* 这里的亚洲五国（地区）是指中国香港、新加坡、韩国、日本和中国台湾。
** 这里的亚洲四国（地区）是指新加坡、韩国、日本和中国台湾。
资料来源：根据中国国家统计局网站数据整理得到。

附表7 1998—2021年山东省实际利用FDI主要国家（地区） %

	韩国	中国香港	美国	日本	中国台湾	新加坡	英国	英属维尔京岛	德国	合计
1998	26.91	29.02	6.32	7.48	6.94	4.65	1.59	/	0.94	83.85
1999	21.38	26.86	8.03	5.70	4.67	2.68	2.16	/	1.06	72.54
2000	19.10	23.23	10.31	11.24	6.28	2.14	5.34	3.97	2.55	84.16
2001	24.42	24.66	8.88	9.47	6.79	4.07	2.22	7.32	1.19	89.02
2002	27.88	21.27	10.90	8.86	8.66	3.21	1.95	4.33	1.93	88.99
2003	40.03	19.07	7.88	6.50	8.22	2.01	1.42	2.99	0.59	88.71
2004	41.28	20.03	7.37	6.45	7.59	2.45	0.76	2.40	0.41	88.74
2005	37.74	18.10	6.71	7.59	4.30	3.26	1.00	7.79	1.33	87.82
2006	37.13	20.79	7.67	7.03	5.79	2.61	0.75	5.99	1.05	88.81
2007	19.43	22.58	6.14	6.23	4.02	4.23	1.31	7.41	1.01	72.36
2008	15.42	45.33	4.10	4.90	1.83	9.89	0.50	5.69	0.47	88.13
2009	15.05	48.23	3.65	3.79	2.26	5.64	1.31	3.15	1.06	84.14
2010	10.37	47.25	5.86	3.48	2.83	6.00	0.89	7.08	0.40	84.16
2011	7.66	62.52	1.26	4.71	1.69	4.65	0.21	4.64	1.03	88.37
2012	9.02	49.45	3.69	5.82	2.36	5.74	0.71	6.74	0.81	84.34
2013	8.54	56.73	2.73	3.49	1.86	4.10	0.81	5.32	0.60	84.18
2014	10.07	50.20	8.31	3.81	3.20	7.95	0.59	2.87	0.69	87.69
2015	12.68	46.31	3.00	4.48	2.66	8.58	0.12	3.76	1.33	82.92
2016	13.40	49.40	2.10	3.40	3.00	7.00	0.10	3.90	4.30	86.6
2017	10.12	50.19	4.03	3.50	1.66	6.22	0.70	1.64	4.98	83.04
2018	11.64	66.84	2.75	1.86	1.06	2.09	1.28	3.30	2.58	93.4
2019	2.53	74.91	1.51	0.99	0.71	5.09	0.94	4.08	2.91	93.67
2020	4.98	76.59	1.31	1.78	0.69	5.75	0.71	2.59	0.71	95.11
2021	3.28	75.52	0.45	5.17	0.51	6.93	0.75	2.26	0.36	95.23

资料来源：根据山东统计信息网数据整理得到。

附表 8　1998—2021 年山东省与韩国间贸易结合度指标值

年份	山东省对韩国出口/亿美元	山东省出口总额/亿美元	韩国进口总额/亿美元	世界进口总额/亿美元	韩国对山东省出口/亿美元	韩国出口总额/亿美元	山东省进口总额/亿美元	山东省对韩国贸易结合度	韩国对山东省贸易结合度
1998	12.4	103.5	932.8	56825.8	22.7	1323.0	62.7	7.3067	15.5201
1999	15.8	115.8	1197.5	59262.8	26.7	1436.9	66.9	6.7472	16.4646
2000	22.7	155.3	1604.8	66474.9	33.9	1722.7	94.6	6.0606	13.8391
2001	25.9	181.3	1411.0	64069.3	35.6	1504.3	108.3	6.4757	14.0084
2002	32.7	211.2	1521.2	66565.5	41.4	1624.7	128.2	6.7835	13.2338
2003	41.8	265.7	1788.3	77710.8	54.6	1938.2	180.8	6.8281	12.1135
2004	55.3	358.7	2244.6	94733.2	70.8	2538.4	249.1	6.5088	10.6143
2005	65.6	462.5	2612.4	107854.9	91.9	2844.2	306.4	5.8563	11.3747
2006	87.3	586.5	3093.8	123702.8	103.7	3254.6	366.6	5.9544	10.7557
2007	102.1	752.4	3568.4	142739.1	114.8	3714.8	473.7	5.4254	9.3121
2008	131.3	931.7	4352.7	165021.4	123.0	4220.0	649.7	5.3424	7.4015
2009	110.9	795.7	3230.8	127204.8	117.1	3635.3	590.4	5.4874	6.9383
2010	137.7	1042.5	4252.1	154439.5	143.1	4663.8	847.0	4.7982	5.5945
2011	144.1	1257.9	5244.1	184437.6	147.6	5552.1	1102.0	4.0288	4.4498
2012	133.1	1287.3	5195.8	186686.5	149.9	5478.5	1168.1	3.7157	4.3726
2013	127.1	1345.1	5155.7	189765.6	167.4	5596.2	1326.5	3.4770	4.2793
2014	138.4	1447.5	5255.6	190742.3	190.0	5730.7	1323.7	3.4696	4.7785
2015	146.0	1440.6	4364.9	167359.5	176.5	5267.5	976.9	3.8849	5.7409
2016	143.3	1371.6	4061.8	162053.9	144.9	4954.2	970.5	4.1695	4.8848
2017	153.6	1471.0	4784.7	179759.3	134.2	5736.3	1159.5	3.9230	3.6264
2018	159.2	1601.4	5351.8	198163.2	133.7	6048.1	1322.5	3.6810	3.3118
2019	167.3	1614.4	5032.6	193410.3	115.9	5421.7	1348.4	3.9828	3.0653
2020	193.1	1890.4	4675.9	178785.7	107.7	5127.1	1294.1	3.9050	2.9027
2021	270.2	2718.4	6150.7	226028.2	146.5	6444.0	1820.3	3.6522	2.8231

资料来源：根据山东统计信息网及联合国数据库和世界贸易组织数据库有关数据整理得到。

附表9　1998—2021年山东省与韩国间贸易依存度指标值　　　%

时间	山东省对韩国贸易依存度	山东省对韩国出口依存度	山东省对韩国进口依存度	韩国对山东省贸易依存度	韩国对山东省出口依存度	韩国对山东省进口依存度
1998	4.1349	1.4633	2.6716	0.9148	0.5911	0.3237
1999	4.6956	1.7442	2.9514	0.8542	0.5369	0.3173
2000	5.6645	2.2718	3.3927	0.9832	0.5889	0.3943
2001	5.6074	2.3578	3.2496	1.1228	0.6507	0.4721
2002	6.0919	2.6888	3.4031	1.1824	0.6605	0.5219
2003	7.3173	3.1696	4.1477	1.3717	0.7775	0.5942
2004	7.8468	3.4407	4.4061	1.5907	0.8932	0.6975
2005	8.0905	3.3699	4.7206	1.6847	0.9830	0.7017
2006	8.0283	3.6706	4.3577	1.8137	0.9845	0.8292
2007	7.2588	3.4159	3.8428	1.8494	0.9791	0.8703
2008	6.5148	3.3640	3.1508	2.4278	1.1741	1.2536
2009	5.2712	2.5642	2.7070	2.4149	1.2402	1.1748
2010	5.6039	2.7482	2.8557	2.4546	1.2508	1.2037
2011	4.8230	2.3823	2.4407	2.3277	1.1779	1.1497
2012	4.1589	1.9562	2.2027	2.2138	1.1725	1.0413
2013	3.8520	1.6622	2.1898	2.1481	1.2212	0.9270
2014	3.9732	1.6741	2.2991	2.2126	1.2803	0.9323
2015	3.6328	1.6443	1.9884	2.2001	1.2042	0.9958
2016	3.2584	1.6203	1.6382	1.9216	0.9661	0.9555
2017	3.0837	1.6459	1.4378	1.7722	0.8263	0.9459
2018	2.9129	1.5807	1.3272	1.7010	0.7750	0.9230
2019	2.7693	1.6362	1.1331	1.7150	0.7017	1.0132
2020	2.8602	1.8293	1.0207	1.8358	0.6551	1.1741
2021	3.2350	2.0976	1.1374	2.3008	0.8090	1.4919

资料来源：根据山东统计信息网数据整理得到。

附表 10　2021 年山东省主要产品大类贸易竞争力指数

排序	产品大类	出口额/万美元	进口额/万美元	净出口额/万美元	进出口额/万美元	TC 指数
1	二十、杂项制品	3119968	34317	3085651	3154285	0.9782
2	十二、鞋帽伞杖鞭及零件；羽毛人发制品	619937	23321	596616	643258	0.9275
3	十三、石料膏泥棉云母及制品；陶瓷玻璃	948200	38395	909805	986595	0.9222
4	十七、车辆，航空器，船舶及运输设备	1752514	127209	1625305	1879723	0.8647
5	十一、纺织原料及纺织制品	2971936	254198	2717738	3226134	0.8424
6	八、皮及皮制品；旅行用品；动物肠线	320471	51478	268993	371949	0.7232
7	四、食品饮料酒醋；烟草及代用品	801650	155491	646159	957141	0.6751
8	十五、贱金属及制品	3056691	641131	2415560	3697822	0.6532
9	六、化学工业及其相关工业产品	2357532	543234	1814298	2900766	0.6255
10	十四、珍珠宝石贵金属及制品；仿首饰	196229	49984	146245	246213	0.5940
11	七、塑料及其制品；橡胶及其制品	2668787	909329	1759458	3578116	0.4917
12	十六、机械、电气设备、电视机及音响设备	5755820	3002909	2752911	8758729	0.3143
13	九、木及软木制品、编结材料制品	501646	277560	224086	779206	0.2876
14	十八、照相计量医疗精密仪器及设备，零附件	293298	385340	−92042	678638	−0.1356
15	二、植物产品	701575	927274	−225699	1628849	−0.1386
16	十、木浆及纤维状纤维素浆；废纸纸板及制品	279707	420738	−141031	700445	−0.2013
17	一、活动物；动物产品	336584	883260	−546676	1219844	−0.4482
18	五、矿产品	372119	9369433	−8997314	9741552	−0.9236

资料来源：根据 2022 年山东省统计年鉴数据整理得到。

附表 11　2021 年韩国主要产品大类贸易竞争力指数

排序	产品大类	出口额/百万美元	进口额/百万美元	净出口额/百万美元	进出口额/百万美元	TC 指数
1	十七、车辆，航空器，船舶及运输设备	91473	25498	65975	116972	0.5640
2	七、塑料及其制品；橡胶及其制品	51428	17446	33982	68875	0.4934
3	十六、机械、电气设备、电视机及音响设备	276804	183890	92914	460693	0.2017
4	十五、贱金属及制品	56939	48705	8234	105644	0.0779
5	六、化工产品	63544	55844	7699	119388	0.0645
6	十八、光学、钟表、医疗设备	22583	23788	-1206	46371	-0.0260
7	十、木浆及纤维状纤维素浆；废纸纸板及制品	3247	4278	-1032	7525	-0.1371
8	十一、纺织原料及纺织制品	12227	17058	-4831	29285	-0.1650
9	十四、贵金属及制品	5284	8773	-3490	14057	-0.2483
10	十三、石料膏泥棉云母及制品；陶瓷玻璃	3707	6276	-2569	9983	-0.2573
11	四、食品；饮料、酒及醋；烟草	6984	12464	-5480	19449	-0.2818
12	二十、杂项制品	2477	8211	-5734	10688	-0.5365
13	五、矿产品	41938	163224	-121285	205162	-0.5912
14	八、生皮、皮革、毛皮及其制品	781	4442	-3661	5223	-0.7009
15	十二、鞋、帽、伞、杖、鞭及其零件；羽毛等	654	3898	-3244	4552	-0.7125
16	一、活动物；动物产品	1869	12787	-10919	14656	-0.7450
17	二、植物产品	1089	11426	-10337	12515	-0.8259

资料来源：根据联合国数据库韩国对外贸易额整理得到。

附表 12　1998—2021 年山东省主要出口产品 RCA 指数值

年份	化学产品	农产品	纺织服装	机械和运输设备
1998	0.5430	2.1421	4.9258	0.2926
1999	0.6200	2.7574	5.9135	0.3457
2000	0.4248	2.6682	5.5300	0.3836
2001	0.4071	2.7712	5.1593	0.4075
2002	0.3464	2.7610	4.9949	0.4791
2003	0.3627	2.7574	5.2514	0.5081
2004	0.3721	1.8398	5.0067	0.5774
2005	0.4031	1.8523	5.0113	0.6553
2006	0.4111	1.7756	4.7921	0.7213
2007	0.4282	1.5243	4.3757	0.8015
2008	0.5183	1.2898	4.3785	0.9531
2009	0.4171	1.3107	4.2311	0.9874
2010	0.4781	1.3765	4.1868	1.0407
2011	0.5760	1.3589	4.1590	1.0163
2012	0.5915	1.3051	4.0658	0.9412
2013	0.5834	1.2379	4.0323	0.9395
2014	0.6139	1.1788	3.6529	0.9798
2015	0.5603	1.1253	3.2927	0.8794
2016	0.5643	1.2030	3.3269	0.8214
2017	0.6083	1.1895	3.3826	0.8466
2018	0.6643	1.1794	3.4888	0.8457
2019	0.6295	1.1841	3.2364	0.8329
2020	0.5133	0.9392	3.1701	0.8042
2021	0.5282	0.7282	2.8922	0.8398

　　资料来源：根据 WTO 官方网站及山东统计信息网数据整理得到。其中，山东省机械和运输设备出口额是将"海关进出口商品分类"中的第 16 和 17 大类出口额加总后得到，化学产品直接采用"海关进出口商品分类"中的第 7 大类数据。纺织服装与农产品的数据来源于历年"进出口主要分类情况"统计表中的数据。

附表 13 1998—2020 年实证分析有关变量取对数后结果

年份	山东省对韩国出口额	山东省自韩国进口额	山东省家庭消费支出	山东省家庭工业产值	山东省家庭人均GDP	韩国家庭消费支出	韩国人均GDP	韩国制造业产值
代码	LNSKE	LNSKI	LNSJXZ	LNSZZ	LNSGDPR	LNKJXZ	LNKGDPR	LNKZZ
1998	13.9559	14.5579	7.7280	5.5920	8.8699	8.2140	9.5535	7.1767
1999	14.1895	14.7155	7.8340	7.9639	8.9397	8.3276	9.6536	7.3644
2000	14.5551	14.9561	7.9254	8.0863	9.0255	8.4166	9.7326	7.5143
2001	14.7020	15.0229	7.9942	8.1458	9.0909	8.4729	9.7732	7.5423
2002	14.9309	15.1665	8.0576	8.2626	9.1978	8.5589	9.8415	7.6329
2003	15.1849	15.4538	8.1550	8.3871	9.2615	8.5553	9.8670	7.6820
2004	15.5016	15.7490	8.2486	8.6145	9.4200	8.5593	9.9129	7.7804
2005	15.6786	16.0156	8.4221	8.7900	9.5774	8.6048	9.9508	7.8322
2006	15.9475	16.1191	8.5964	8.9642	9.7339	8.6529	9.9984	7.9078
2007	16.0988	16.2166	8.7021	9.0923	9.8651	8.7044	10.0516	7.9865
2008	16.3118	16.2463	8.8285	9.2104	9.9843	8.7205	10.0783*	8.0213
2009	16.1263	16.1805	8.9154	9.2608	10.0649	8.7227	10.0828	7.9977
2010	16.3628	16.4011	8.9962	9.3306	10.1653	8.7656	10.1447	8.1254
2011	16.4102	16.4344	9.1088	9.3934	10.2471	8.7947	10.1760	8.1765
2012	16.3287	16.4474	9.2031	9.4367	10.3152	8.8111	10.1943	8.1905
2013	16.2853	16.5610	9.3188	9.4701	10.3861	8.8283	10.2198	8.2208
2014	16.3809	16.6981	9.4124	9.4871	10.4324	8.8481	10.2461	8.2521
2015	16.4598	16.6498	9.4818	9.5227	10.4998	8.8700	10.2696	8.2687
2016	16.5271	16.5381	9.6920	9.5268	10.5313	8.8955	10.2954	8.2915
2017	16.6276	16.4925	9.7770	9.5488	10.5777	8.9229	10.3243	8.3280
2018	16.6679	16.4932	9.8399	9.5285	10.6040	8.9542	10.3515	8.3605
2019	16.7903	16.4230	9.8957	9.5037	10.6260	8.9751	10.3726	8.3716
2020	16.9613	16.3779	9.8985	9.4913	10.6298	8.9235	10.3633	8.3628

说明：表中的数据是经过处理得到。处理方法：首先按照各年的汇率将山东省对韩国出口额，以及山东省自韩国进口额转换成人民币，然后对所有山东省的数据按 1995 年的不变价格进行调整，最后对所有数据取自然对数得到。考虑到疫情给 2021 年与 2022 年的贸易带来的影响，这里的数据分析截止到 2020 年。

资料来源：韩国的原始数据来自联合国数据库 https://unstats.un.org/unsd/snaama/country-profile，山东省数据来自山东统计信息网 http://tjj.shandong.gov.cn/tjnj/nj2022/zk/zk/indexch.htm。

附录 14　1998—2020 年汇率波动对山东省与韩国贸易影响实证分析所需数据

年份	滞后 3 月人民币兑美元汇率	滞后 3 月的韩元兑美元汇率	人民币对韩元汇率	人民币对韩元汇率取对数值	山东省对韩国出口取对数值	山东省从韩国进口取对数值
	*	*	SBHL**	LNSBHL	LNSKE	LNSKI
1998	8.2798	1361.9196	164.4870	5.1028	11.7289	12.3308
1999	8.2782	1216.6377	146.9689	4.9902	11.9695	12.4955
2000	8.2786	1132.3735	136.7832	4.9184	12.3336	12.7346
2001	8.2773	1259.1439	152.1201	5.0247	12.4628	12.7836
2002	8.2769	1266.3886	153.0028	5.0305	12.6988	12.9343
2003	8.2772	1200.6930	145.0603	4.9771	12.9421	13.2111
2004	8.2769	1169.5327	141.3008	4.9509	13.2235	13.4708
2005	8.2411	1038.1960	125.9778	4.8361	13.3940	13.7310
2006	8.0275	979.1524	121.9748	4.8038	13.6801	13.8517
2007	7.7154	933.3739	120.9754	4.7956	13.8359	13.9536
2008	7.0996	989.415	139.3621	4.9371	14.0878	14.0223
2009	6.8336	1322.4866	193.5271	5.2654	13.9189	13.9731
2010	6.8119	1164.8469	171.0018	5.1417	14.1355	14.1739
2011	6.5378	1104.8456	168.9935	5.1299	14.1808	14.2050
2012	6.3380	1140.4084	179.9319	5.1926	14.1016	14.2203
2013	6.1870	1101.9129	178.1013	5.1824	14.0551	14.3307
2014	6.1470	1046.7183	170.2812	5.1375	14.1403	14.4576
2015	6.2226	1114.1418	179.0476	5.1877	14.1937	14.3837
2016	6.5329	1160.3004	177.6088	5.1796	14.1756	14.1866
2017	6.8137	1143.5587	167.8323	5.1230	14.2447	14.1096
2018	6.5396	1095.4923	167.5167	5.1211	14.2805	14.1058
2019	6.8761	1153.1206	167.6998	5.1222	14.3302	13.9628
2020	7.0063	1193.5792	170.3580	5.1379	14.4734	13.8899

说明：* 表示采用直接标价法。** 表示采用间接标价法，即 1 个人民币能够兑换的韩元数。表中滞后 3 月的韩元兑美元汇率和滞后 3 月人民币兑美元汇率数据根据网站"英为财情（Investing.com）"的每日中间价汇率按照算术平均数计算得到。采用上一年度 10 月 1 日至本年度 9 月 30 日之间的当日汇率中间价的算术平均数作为该年度的实际汇率。

资料来源：https://cn.investing.com/currencies/usd-krw-historical-data，http://tjj.shandong.gov.cn/tjnj/nj2022/zk/zk/indexch.htm。

附表 15　关于消费者民族中心主义的调查问卷

请针对下列陈述，根据自己的感受勾选对应项	完全同意	比较同意	同意	既不同意也不反对	不同意	比较反对	强烈反对
1. 只有那些在中国市场买不到的产品才应该进口							
2. 本国国产产品的质量是一流的，耐用的，最好的							
3. 购买外国产品就说明你不爱国							
4. 购买外国货是不对的，因为那会使中国人失去工作机会							
5. 一个真正的中国人就应该总是购买中国制造的产品							
6. 我们应该购买国产产品，不要让其他国家把钱赚走							
7. 中国人不应该购买外国货，因为这会有损民族工业，并引起失业							
8. 长期来看，购买国产货会让我花费更多，但我仍然愿意支持国产货							
9. 我们只应该从国外购买那些自己国内生产不出来的产品							
10. 购买外国货的中国人应该对自己同胞的失业负责							

附表 16　中国已经签订的自由贸易协定汇总

序号	名称	签订时间	生效时间
1	《中国—东盟全面经济合作框架协议》	2002. 11. 04	2003. 07. 01
2	《内地与澳门关于建立更紧密经贸关系的安排（澳门 CEPA）》	2003. 10. 17	2004. 01. 01
3	《内地与香港关于建立更紧密经贸关系的安排（香港 CEPA）》	2003. 06. 29	2004. 01. 01
4	《中国—智利自由贸易协定》	2005. 11. 18	2006. 10. 01
5	《中国—巴基斯坦自由贸易协定》	2006. 11. 24	2007. 07. 01
6	《中国—新加坡自由贸易协定》	2008. 10. 23	2009. 01. 01
7	《中国—新西兰自由贸易协定》	2008. 04. 07	2008. 10. 01
8	《中国—秘鲁自由贸易协定》	2009. 04. 28	2010. 03. 01
9	《中国—哥斯达黎加自由贸易协定》	2010. 04. 08	2011. 08. 01
10	《海峡两岸经济合作框架协议（ECFA）》	2010. 06. 29	2010. 09. 12
11	《中国—冰岛自由贸易协定》	2013. 04. 15	2014. 07. 01
12	《中国—瑞士自由贸易协定》	2013. 07. 06	2014. 07. 01
13	《中国—韩国自由贸易协定》	2015. 06. 01	2015. 12. 20
14	《中国—澳大利亚自由贸易协定》	2015. 06. 17	2015. 12. 20
15	《中国—马尔代夫自由贸易协定》	2017. 12. 07	国内法律审批中 [*]
16	《中国—格鲁吉亚自由贸易协定》	2017. 05. 13	2018. 01. 01
17	《中国—毛里求斯自由贸易协定》	2019. 10. 17	2021. 01. 01
18	《中国—柬埔寨自由贸易协定》	2020. 10. 12	2022. 01. 01
19	《区域全面经济伙伴关系协定（RCEP）》	2020. 11. 15	2022. 01. 01

说明：1. * 表示截止到 2022 年年底，该协议处于双方各自履行国内法律审批程序中。

2. 中国已经签订的自由贸易协定数据截止到 2022 年年底。部分自贸协定在生效后又完成了升级谈判或第二阶段谈判。

资料来源：商务部中国自由贸易区服务网 http://fta.mofcom.gov.cn/。

附表 17　韩国已经签订的自由贸易协定汇总

序号	名称	生效时间	国别
1	《韩国—智利自由贸易协定》	2004.04.01	双边
2	《韩国—新加坡自由贸易协定》	2006.03.02	双边
3	《韩国—欧洲自由贸易联盟自贸协定》	2006.09.01	多边
4	《韩国—东盟自由贸易协定》	2007.06.01	多边
5	《韩国—印度全面经济伙伴关系协定》	2010.01.01	双边
6	《韩国—欧盟自由贸易协定》	2010.10.06	多边
7	《韩国—秘鲁自由贸易协定》	2011.08.01	双边
8	《韩国—美国自由贸易协定》	2012.03.15	双边
9	《韩国—土耳其自由贸易协定》	2013.05.01	双边
10	《韩国—澳大利亚自由贸易协定》	2014.12.12	双边
11	《韩国—加拿大自由贸易协定》	2015.01.01	双边
12	《韩国—中国自由贸易协定》	2015.12.20	双边
13	《韩国—新西兰自由贸易协定》	2015.12.20	双边
14	《韩国—越南自由贸易协定》	2015.12.20	双边
15	《韩国—哥伦比亚自由贸易协定》	2016.07.15	双边
16	《韩国—英国自由贸易协定》	2021.01.01	双边
17	《韩国—中美洲国家自贸协定》	2021.03.01	多边
18	《区域全面经济伙伴关系协定（RCEP）》	2022.02.01	多边
19	《韩国—以色列自由贸易协定》	2022.12.01	双边
20	《韩国—柬埔寨自由贸易协定》	2022.12.01	双边
21	《韩国—印尼关于建立更紧密经贸关系的安排》	2023.01.01	双边
22	《韩国—新加坡数字伙伴关系协定》	2023.01.14	双边

说明：韩国已经签订的自由贸易协定数据截止到 2023 年 1 月底。

资料来源：韩国产业通商资源部 https：//www.fta.go.kr/main/。

附表 18　山东省对韩国友好城市一览

序号	省（市）	名称	批准日期	签字日期	签字地点
1	山东省	韩国 庆尚南道	/	1993.09.08	济南市
2	山东省	韩国 京畿道	2009.12.08	2009.12.11	韩国 京畿道
3	济南市	韩国水原市	1993.06.16	1993.10.27	济南市
4	烟台市	韩国群山市	1993.04.17	1993.11.03	烟台市
5	青岛市	韩国大邱市	/	1993.12.04	青岛市
6	威海市	韩国丽水市	1994.03.23	1995.02.27	威海市
7	潍坊市	韩国安养市	/	1995.05.08	潍坊市
8	泰安市	韩国泰安郡	1996.11.20	1997.04.23	韩国泰安郡
9	东营市	韩国三陟市	1998.05.29	1999.03.24	韩国三陟市
10	聊城市	韩国宜宁郡	2001.04.02	2001.06.01	韩国宜宁郡
11	临沂市	韩国镇海市	2002.09.04	2003.10.	韩国镇海市
12	淄博市	韩国广州市	2003.11.12	2003.12.05	淄博市
13	德州市	韩国始兴市	2005.02.16	2005.05.18	韩国始兴市
14	菏泽市	韩国金浦市	2005.05.24	2005.06.28	韩国金浦市
15	滨州市	韩国高阳市	2006.04.21	2006.04.28	韩国高阳市
16	日照市	韩国唐津郡	2007.04.23	2007.04.23	韩国唐津郡
17	临沂市	韩国军浦市	2009.10.19	2012.03.23	韩国军浦市
18	滨州市	韩国任实郡	2014.01.22	2014.02.21	/
19	潍坊市	韩国牙山市	2014.06.26	待签	/

资料来源：山东省人民政府外事办公室 http://www.sdfao.gov.cn/col/col114774/index.html。